Documentary Film Archives Series Vol.3

IMAGES OF POSTWAR JAPAN

Pollution, Youth Rebellion, and the Osaka Exhibition

| 記録映画アーカイブ | 3 |

戦後史の切断面

公害・若者たちの叛乱・大阪万博

丹羽美之・吉見俊哉 ──[編]

東京大学出版会

Documentary Film Archives Series Vol. 3
Images of Postwar Japan: Pollution, Youth Rebellion, and the Osaka Exhibition
Yoshiyuki NIWA and Shunya YOSHIMI, Editors
University of Tokyo Press, 2018
ISBN978-4-13-003252-0

目　次

序章　戦後史の切断面

丹羽美之

1　記録映画アーカイブとは

二十世紀を通じ、膨大な数の映画が同時代を記録してきた。日本でもこれまで数多くの記録映画が作られてきた。人々の生活や暮らしを描いた文化映画や教育映画から、日本の産業や科学技術の発展を描いたＰＲ映画にいたるまで、その分野は多岐にわたる。これらの記録映画（教育映画、文化映画、科学映画、産業映画、ＰＲ映画、ドキュメンタリー映画など様々なタイプの記録映像の総称）は、時代を映し出す鏡であり、歴史を生き生きと次世代に伝える貴重な文化遺産と言える。

しかし、いま多くの記録映画が散逸・消失の危機にさらされている。これらのフィルムのほとんどは、適正な保存環境とは言えない事務所内や常温倉庫に保管されており、急速に劣化が進みつつある（図1）。また製作会社の倒産や解散により、フィルムの廃棄や散逸もはじまっている。さらに各現像所の倉庫には、引き取り手のいなくなった原版、いわゆる「孤児フィルム（orphan film）」が多数存在している。放っておけば、これらはいずれ廃棄されてしまうだろう。一度失われてしまえば二度と見ることができない貴重な記録が消え去ろうとしているのだ。

図1　劣化したフィルム

こうした状況に危機感をもった研究者や制作者、現像所やアーカイブの関係者が集まり、二〇〇九年にスタートしたのが記録映画アーカイブ・プロジェクトである。このプロジェクトの目的は、散逸や消失の危機にある貴重な記録映画を体系的に収集・保存し、それらを用いて多様な研究・教育の可能性を探ることにある。東京大学大学院情報学環を拠点に、東京藝術大学大学院映像研究科、東京国立近代美術館フィルムセンター（二〇一八年四月に「国立映画アーカイブ」に改組）、記録映画保存センターが連携しながら、記録映画の収集・保存とその利用・活用を進めている。

記録映画アーカイブ・プロジェクトが最初のモデルケースとして取り組んだのが、戦後日本を代表する記録映画会社、岩波映画製作所（一九九八年に倒産）が制作した約四千本のフィルム原版の収集・保存である。その後、対象は他の映画会社やテレビ局にも広がり、これまでに合計で約一万本の記録映画を収集した。記録映画保存センターが中心となり、保存すべき記録映画の収集、複雑な権利処理（著作権や原版所有権など）、データベースの作成、東京国立近代美術館フィルムセンター（現「国立映画アーカイブ」）へのフィルム寄贈作業などを行っている(1)。

また同プロジェクトでは、こうして収集・保存した記録映画を活

図2　記録映画アーカイブ・プロジェクト第9回ワークショップ「フィルムを捨てないで！」

用して、映画の上映と討論を中心としたワークショップを定期的に開催してきた（図2）。記録映画は研究の資料として、教育の教材として、あるいは様々な社会的実践の素材として、大きな可能性を秘めている。人文科学・社会科学から自然科学まで、研究・教育関係者から制作者・ジャーナリストや一般の市民まで、記録映画がもつ多様な魅力や価値を引き出し、その意義を広く社会に伝えていくのがこのワークショップの目的である。

この他にも同プロジェクトでは、記録映画関係者のオーラルヒストリーの収集、記録映画作品のデータベース化、記録映画を再活用した映画制作などを行ってきた。本書は、こうした記録映画アーカイブ・プロジェクトの様々な活動の成果をDVDブックとしてまとめたものである。すでに刊行されている『記録映画アーカイブ1　岩波映画の1億フレーム』（二〇一二年）、『記録映画アーカイブ2　戦後復興から高度成長へ』（二〇一四年）に続く、『記録映画アーカイブ』シリーズの第三弾である。

2　戦後と記録映画の転換点

シリーズ最終巻となる本書が焦点を当てるのは、「戦後史の切断面」とも言える一九六〇年代末から七〇年代初頭にかけての激動の時代である。戦後復興から高度経済成長を経て、一九六〇年代の日本は目覚ましい成長を遂げた。一九七〇年に開催された大阪万博は、その繁栄を祝う記念碑的なイベントだった。一方で、急激な発展は、社会のいたる所で矛盾を引き起こした。成長を支える工場が立地した地域では、四大公害（水俣病、第二水俣病、四日市ぜんそく、イタイイタイ病）をはじめとする公害病が大きな問題になった。若者を中心に、ベトナム反戦運動や大学闘争など、戦後の日米安保体制や科学技術推進体制に異議を申し立てる運動も巻き起こった。一九七〇年前後は、成長の光と影が激しく交錯し、戦後の問い直しがはじまる大きな転換点だった。

こうした激動の時代を記録映画はどのように映し出したのだろうか。結論を先取りして言えば、戦後の転換点は記録映画そのものの転換点となって現れた。確かにこの時期、記録映画は公害や若者たちの叛乱など、新たな問題や対象にカメラを向けはじめた。しかしそれは単なる対象の変化にとどまらず、記録映画の方法やあり方そのものを大きく変容させた。問題・対象の発見が新たな方法を呼び起こすと同時に、方法が新たな問題・対象を開拓する。戦後の問い直しは、記録映画の問い直しと表裏をなしていた。

例えば、公害について考えてみよう。戦後、岩波映画製作所をはじめとする多くの記録映画会社は、電力、造船、製鉄、電機など大企業をスポンサーとする産業映画やPR映画を数多く受注し、制作してきた。その意味で、記録映画もまた日本の戦後復興や高度経済成長とともに発展してきたと言える。しかし、公害はまさしくそのような成長が作り出した犠牲の構造である。公害を撮ることは、戦後の記録映画が抱えるこうした矛盾に正面から向き合うことにつながった。本書の第1部で論じるように、一九七〇年代以降、岩波映画製作所出身の土本典昭がPR映画から離れて、水俣病の記録映画を自主制作するようになっていったのは、この時代の記録映画の転換を象徴する出来事だった。土本は日本テレビのノンフィクション劇場『水俣の子は生きている』（一九六五年）で水俣を初めて取材したことをきっかけに、その後、記録映画・水俣病シリーズにライフワークとして取り組んでいくことになる（図3）。

図3　『水俣の子は生きている』（日本テレビ、1965年）

同じことは、若者たちの叛乱についても言える。一九六〇年代末、世界で同時多発的に若者たちが政治運動に立ち上がった。日本でも、一九七〇年の安保改定を前に、ベトナム反戦運動、沖縄復帰運動、全共闘運動などが盛り上がった。この時期、記録映画もこれらの運動に呼応し、共振していった。本書の第2部で詳しく論じるように、記録映画作家協会から袂を分かった映像芸術の会、岩波映画製作所労働組合、日本映画新社の労組員と契約者労組員の有志が結成したグループびじょんなどには、企業の枠を超えて映画人が集まるようになっていく。彼らは学生、労働者、市民と連帯しながら、新たな自主制作の輪を広げていった。

さらに言えば、全く別の意味で、一九七〇年の大阪万博も記録映画のあり方を根本から変えた。大阪万博はしばしば言われるように「映像」の博覧会でもあった。当時、大阪・千里丘陵の会場内には、未来都市を思わせる奇抜なデザインのパビリオンが林立した。これらのパビリオンの内部では、全天周型のドームや、大型マルチスクリーンなど、最新技術を駆使した展示映像がその趣向を競い合った（図4）。第3部で論じるように、こうしたパビリオンや展示映像のプロデュース・企画・演出に積極的に関わったのが、勅使河原宏や安部公房、松本俊夫など、一九六〇年代に活躍した前衛的な芸術家

図4　大阪万博・東芝 IHI 館のマルチスクリーン

たちである。彼らはそこで数々の映像の実験を繰り広げた。マルチスクリーンを使ってフレームを自由に行き来するような映像、現代のプロジェクションマッピングを連想させる環境的な映像など、それはもはや記録映画とは呼べないようなものだった。映像が隅々まで氾濫する現代社会の到来を予言するかのようなこの状況に、記録映画も急速に飲み込まれ、その輪郭を失っていった。

この『記録映画アーカイブ』シリーズの第一巻、第二巻で示してきたように、記録映画は戦後の産業、科学技術、文化に伴走し、戦後社会とともに発展してきた。したがって、戦後社会の転換が、記録映画の問い直しや解体に展開していくのは必然のことだった。一方で、その中から土本が示したようなドキュメンタリー映画の新たな可能性もまた生まれてきた。戦後史の切断面は、記録映画史の切断面でもあったのだ。

3　本書の構成

本書は、記録映画アーカイブ・プロジェクトが行った連続ワークショップの第九回から第十二回までの成果を中心にまとめたものである（表1参照）。ワークショップでは、毎回の特集テーマに沿って

表1　記録映画アーカイブ・プロジェクトのワークショップ（第9回—第12回）

日／場所	タイトル	上映作品	登壇者
2013.1.26／東大	第9回「フィルムを捨てないで！——記録映画の保存と活用」	『東京見物〜大正6年の東京〜』 『近郊武蔵野』 『東京ヒットソング』 『路地のある街』 『This is Tokyo』	福井健策／とちぎあきら／山元裕子／上妻博明／村山英世／吉見俊哉／丹羽美之（司会）
2013.7.7／東大	第10回「戦後史の切断面（1）——過疎・開発・公害の記録」	『忘れられた土地』 『水俣の子は生きている』 『汚水カルテ』	四宮鉄男／栗原彬／角田拓也／吉見俊哉／丹羽美之（司会）
2013.11.24／東大	第11回「戦後史の切断面（2）——1968・映像のコミューン」	『ニュース映画で見る東大安田講堂の攻防』 『おきなわ　日本1968』 『死者よ来たりて我が退路を断て』 『'69・6・15』 『地下広場』	井坂能行／北村隆子／長崎浩／筒井武文／吉見俊哉／丹羽美之（司会）
2014.3.1／東大	第12回「戦後史の切断面（3）——万博とアヴァンギャルド」	『ニュース映画で見る日本万博』 『希望——光と人間たち』 『1日240時間』 『スペース・プロジェクション・アコ』	坂口康／友田義行／筒井武文／暮沢剛巳／吉見俊哉／丹羽美之（司会）

数本の記録映画を上映し、映画制作者、テーマの専門家らをゲストに招いて、討論を行った。本書では、これらのワークショップの議論をもとに、公害、若者たちの叛乱、大阪万博に焦点を当て、「戦後史の切断面」を浮かび上がらせていく。最後に、本書の構成と章立てについて述べておこう。

第1部「映画のなかの公害」では、公害をテーマにした作品群を取り上げ、記録映画の転換を論じる。第1章「『水俣の子は生きている』」は、同作の制作当時の様子を土本典昭自らが振り返った貴重な文章の再録である。[2] 前述したように、同作は土本が初めて水俣病に出会った作品だった。ここでは、この記録映画作家の生涯の転機となった水俣での痛烈な原体験が率直に語られている。この土本を襲った転機の意味を映画論の立場から論じたのが、中村秀之による第2章「〈不活動〉との共同——土本典昭『水俣の子は生きている』」である。中村の詳細な分析を通して、水俣病との出会いが土本の映画をいかに「未踏の領野」へと踏み出させていったかが明らかにされるだろう。また公

図 5　『汚水カルテ』(岩波映画製作所・放送番組センター、1977 年)

害に向き合いながら新しい記録映画の方向性を模索したのは、岩波映画製作所を去った作家たちだけではなかった。角田拓也による第3章「問いと指差し――神馬亥佐雄と『汚水カルテ』の映像試論」では、岩波映画製作所に残った映画人・神馬亥佐雄とその作品に焦点を当てる(図5)。さらに鳥羽耕史による第4章「公害と記録映画――大気汚染から放射能汚染まで」を併読すれば、一九六〇年代以降、記録映画作家たちが自身のアイデンティティを問い直しながら、大気汚染・海洋汚染・土壌汚染・薬害・放射能汚染など、次々に起こる公害にどう向き合ってきたかを総覧できるだろう。

第2部「1968・若者たちの叛乱」では、全共闘運動やベトナム反戦運動と連帯する中で、記録映画がどのように変容したかを考える。第5章「〈映画のビラ〉シネトラクト運動――岩波映画労働組合とその周辺」では、元岩波映画製作所の井坂能行が、この時期に岩波映画労働組合を中心に展開された「シネトラクト(映画のビラ)運動」について振り返る(図6)。また第6章「日大闘争とグループびじょん」では、グループびじょんの北村隆子が、日大闘争を記録した映画『死者よ来たりて我が退路を断て』制作の舞台裏を回想する。日本におけるシネトラクト運動や当時の自

図 6　『'69・6・15』（東大全共闘映画班・東大全共闘を支援する映画人の会、1969 年）

主映画制作の実態についてはその全体像が明らかになっておらず、当事者である井坂や北村の証言は大変貴重なものと言えるだろう。長崎浩が第7章「叛乱の時代」で詳細に論じるように、「六八年は今日にまで続く社会の始まりを画する事件」であり「戦後世界とポスト戦後社会」とがせめぎ合う分水嶺だった。その意味を記録映画がどのように受け止め、問い直していったのか。一九六八年を頂点とする若者の叛乱の時代に記録映画のあり方がどう変化したかについては、筒井武文が第8章「68年と映像」で詳しく論じる。

第3部「万博とアヴァンギャルド」では、大阪万博のパビリオン内で上映された展示映像に注目し、また別の角度から記録映画の切断面を明らかにする。第9章「記録映画から展示映像の世界へ」では、長年にわたって数多くの展示映像を手がけてきた元岩波映画製作所の坂口康が、その転機となった大阪万博について振り返る。大阪万博を機に記録映画と展示映像が次第にその関係を断ち切って行ったという坂口の指摘は重要だ。また大阪万博と前衛芸術家たちとの関わり、そこで行われた数々の映像実験については、友田義行が第10章「『一日二四〇時間』と安部公房・勅使河原宏」で、暮沢剛巳が第11章「パビリオンから見た大阪万博」

図7　『1日240時間』（勅使河原プロダクション、1970年）の上映風景

で、それぞれ詳細に論じている。友田や暮沢の論考からは、フレームを自由に行き来し、建築と一体となって環境化していく新たな映像の姿が浮かび上がってくるだろう（図7）。第12章「大阪万博と記録映画の終わり——成長の時代と言葉の敗北をめぐって」で吉見俊哉が的確にまとめるように、それは岩波映画的な意味での「記録映画の終わり」であると同時に、新たな映像の時代の始まりでもあったのだ。

　以上、本書の概要について簡単に述べた。ここで取り上げた映画は、必ずしも名作や話題作と言われるものばかりではない。むしろそのほとんどは歴史のなかに埋もれ、忘れられていた映画たちだ。しかし、いま見直してみると、どの映画も私たちに新たな驚きや発見を与えてくれるだろう。本書を通して、記録映画アーカイブを用いた研究の可能性や醍醐味が、読者のみなさんに少しでも伝われば幸いである。また本書はＤＶＤとセットになっている。このＤＶＤには各章で取り上げた主要な作品が収録されており、本書の議論と同時に映画そのものも視聴できるようになっている。読者のみなさんには、本書とあわせてぜひ以下の映画もご覧いただきたい[3]。

『汚水カルテ』（演出：神馬亥佐雄　製作：岩波映画製作所・放送番

組センター　一九七七年　二十四分）
『おきなわ　日本１９６８』（演出・製作：岩波映画製作所労働組合　一九六八年　八分）
『'69・6・15』（演出・製作：東大全共闘映画班・東大全共闘を支援する映画人の会　一九六九年　十分）
『死者よ来たりて我が退路を断て』（演出：北村隆子　製作：グループびじょん　一九六九年　六十四分）
『希望　光と人間たち』（演出：藤久真彦　製作：岩波映画製作所　一九七〇年　十八分）
『一日二四〇時間』（演出：勅使河原宏　製作：勅使河原プロダクション　一九七〇年　十分　＊ダイジェスト版）
『夢と憂鬱　吉野馨治と岩波映画』（監督：桂俊太郎　製作：「夢と憂鬱　吉野馨治と岩波映画」製作委員会　二〇一一年　百二十二分[4]）

本書の終章「記録映画保存センターの活動成果と今後の課題」で村山英世が述べるように、記録映画の保存活動はこの十年間で大きな成果を上げたが、一方で新たな課題も明らかになりつつある。記録映画保存センターの全国フィルム所蔵調査で明らかになった通り、全国の美術館や博物館、図書館や視聴覚ライブラリー、企業や地方自治体、ＮＨＫや民間放送局には、数十万本のフィルムがほとんど使用されない状態で残されている。倉庫に眠ったまま劣化や散逸が進む記録映画をどのように救い出し、活用への道を開いていくか。今後の大きな課題である。

記録映画は、映画史の資料としてだけでなく、現代史のドキュメントとして、また様々な研究や教育の素材として、大きな可能性を秘めている。そこにはそれぞれの時代の日本の社会や文化、産業や科学技術の姿が具体的に描かれている。記録映画を通して、当時の人々が見ていた風景や課題や思想が、生き生きと蘇ってくるだろう。散逸や消失の危機にある記録映画を収集・保存し、次世代へと継承していく活動はまだはじまったばかりである。本書が貴重な記録映画を公共の財産として保存し、様々な活用への可能性を開く一助となることを願っている。

注

（1）岩波映画製作所が制作したフィルム（通称「岩波映画」）の収集・保存、またその後の記録映画保存活動の詳細については、村山英世による本書の終章を参照のこと。

（2）初出は土本典昭『水俣＝語りつぎ2　水俣映画遍歴　記録なければ事実なし』（新曜社、一九八八年、二九―六〇頁）。貴重な同論考の本書への再録を快諾してくださったご遺族の土本基子氏と出版社の新曜社に謝意を表したい。

（3）『水俣の子は生きている』（演出：土本典昭　製作：日本テレビ　一九六五年　二十五分）については、本書のＤＶＤに収録することができなかった。同作は、土本による一連の水俣病作品を収めたＤＶＤシリーズ『公害の原点・水俣から学ぶ』（発売・販売：シグロ、二〇〇六年）の第十七巻に収録されているので、そちらを視聴してほしい。

（4）『夢と憂鬱　吉野馨治と岩波映画』は、記録映画アーカイブ・プロジェクトが収集した岩波映画を再活用して生まれた作品である。岩波映画製作所の創業者の一人である吉野馨治の人生を通して、岩波映画と戦後日本の歩みをたどる。吉野が科学映画に託した夢と苦悩、彼が多くの若い映画作家を生み出していった背景、岩波映画の栄光と挫折が、関係者の貴重な証言や記録映画の名場面の数々とともに描かれる（平成二十三年度文化庁文化記録映画賞優秀賞）。記録映画アーカイブの活動及び本書の内容とも深く関わる映画であり、本書のＤＶＤに収録することにした。

第1部　映画のなかの公害

第1章　『水俣の子は生きている』

土本典昭

一九八五年六月七日、東京・四谷駅前の主婦会館で「水俣から水俣へ」と銘打った集会が開かれた。この日は第一審で患者側原告の完全勝利判決をひきだした、いわゆる「待たせ賃」裁判の控訴審の結審の日にあたり、あらためて水俣病事件のもつ意味を考える機会としてもたれた。

一九八六年は、水俣病が確認された一九五六（昭和三十一）年から数えて三十周年をむかえる。その三十年の節目を意識してであろう、報告者のひとり、水俣病センター相思社の柳田耕一君は次のように語りだす。「私は一九五〇年の生まれで現在三十五歳です。私が五つか六つの時に水俣病が発生しました。私の生まれそだったのは熊本空港のすぐそばの農家です。村の道は小石まじりの凸凹道で、はじめてタイヤの轍をつけた大八車にのって、こんなに揺れない車もあるんだと子供心にうれしくなったりしたものです」と、自分の三十年とチッソ（新日本窒素株式会社）＝水俣病の三十年とをつきあわせながらのべる。貴重品のマッチもチッソの日の丸印なら、肥料もチッソ、水道をひいたときのパイプ、ホースの塩化ビニールもチッソのものだった。はじめ冬の朝などパリパリ割れた硬いホースも、ゴムのような軟らかいものに変った。それにつかう可塑剤を発明し、チッソは一時期、独占的に製造・販売をして巨利を得た。その工程中、アセトアルデヒド反応塔の中で有機水銀が生成され、水俣病をひきおこした。

「つまり、私の農村の生活を一変させたチッソが、私の三十年の中にあったのです」。

私は一九二八年生まれ、五十九歳である。だが柳田君のことばで思い出される。――戦争中の物資不足の時、人絹とかスフ（ステープル・ファイバー）などで織られたものを着た。旭ベンベルグなどはチッソの旧子会社旭化成の製品であったし、味の素とともに旭味というその社の調味料も使っていた。――水俣病の三十年を私にひきあてて言えば、奇しくも水俣病発見の昭和三十一年の一月に岩波映画製作所に入り、水俣病第一号の所在を確認したその年の五月、私は結婚している。胎児性患者の多発した時期と同じくして一女をもうけた。映画人として生活しはじめて十年目に水俣病に出会い、以後二十年、仲間といっしょに水俣病映画をつくっていることになる。

学生運動をして大学を除籍になり、まちがっても映画会社などに入れる資格のない二十八歳のひねた青年が臨時雇員にせよ映画会社に入れたのは、チッソと同様、巨大資本の大規模設備更新期に一挙に需要のあったPR映画時代の人手不足による（その頃、岩波映画はチッソの企業スライドを作ったようだ）。

「何がきっかけで、またなぜ十数本も水俣を撮りつづけてきたのか」と聞かれる。それは結果的にそうなったので、別に映画人として義務感をもってつづけてきたわけではない。決着のつくと思った水俣病事件がこの二十年一向におわらず、その局面ごとに、これだけは撮っておかねばと思ってきたことの結果であろうか。ひとことでいえば水俣、不知火海と出遭ったからであり、その地、そこの人びとが好きだからとしかいいようがない気がする。

ちなみに水俣について撮った映画を年別に列記する（発表時）。

一九六五（昭和四十）年

『水俣の子は生きている』（日本テレビ・ノンフィクション劇場）

一九七一（昭和四十六）年

『水俣――患者さんとその世界』――翌年、英語版製作（東プロ＝青林舎の前身、代表高木隆太郎）

一九七三（昭和四十八）年
『実録・公調委』（東プロ）
『水俣一揆――一生を問う人びと』（東プロ）
一九七四―七五（昭和四十九―五十）年
『医学としての水俣病・三部作：第一部「資料・証言篇」、第二部「病理・病像篇」、第三部「臨床・疫学篇」』（青林舎）、その英語版『不知火海』（青林舎）
一九七五（昭和五十）年
テレビドキュメント『水俣病とカナダインディアン』（日本テレビ）
一九七六（昭和五十一）年
『水俣の子は生きている』『水俣から世界へのメッセージ＝THE MASSAGE FROM MINAMATA TO THE WORLD』（ラジオケベック（カナダ）との合作、英・仏語版）
『汚れし海に結ばれて＝HANDS JOIN ACROSS POLLUTED WATERS』〈前作の改訂英語版〉
『水俣病＝その二十年』（青林舎）
一九七八（昭和五十三）年
テレビドキュメント『わが街・わが青春――石川さゆり水俣熱唱』（東北新社・青林舎、のちにプリント化した）
一九八一（昭和五十六）年
『水俣の図・物語』（青林舎）
他に不知火海を舞台として、テレビシリーズ『育て零才！　クルマエビ』（一九七七年）、『海とお月さまたち』（日本記録映画研究所、一九八〇年）がある。このほか、仲間のつくった『勧進』（一九七一年）、『死民の道』（一九七二年）についてはのちに詳説したい。

最初に水俣を訪れたとき、患者数百十一人、二十年後のいまチッソ＝水俣病総申請者一万四千五百九十六名、うち認定患者二千七百十四名、未処分者約五千余名、つまり認定患者で二十倍、被害を申し立てた人（申請者）は百倍を超えている（昭和六十一年六月三十日現在）。これが私に水俣映画を連作せしめた基盤的数字といえる。

そしていま、水俣病三十周年にあたり、新作『水俣病＝その三十年』を製作、次回作として『海は死なず』を撮ることにしている。

「海は死んだ」とはいままで映画ではひとことも口にしなかった。むしろ、映画に好んで現役の漁師とその生活を描いてきた。そしてこれからも人と海の甦りを描こうとしている。これは逆説ではなく、私の不知火海、私にとっての水俣病事件として、二十年ひとめぐりして辿りついた現在の地点なのである。

この機会に、二十年前の映画体験から今日まで、ひとつひとつの映画に即して語りたいと思う。その間出遭った人、いっしょに映画をつくった人、見せて歩いた人、映画で水俣を見た日本と世界の人びとの記録のなかに、私にとっての〝水俣病三十年史〟があると思うからだ。

私の手もとに、断片の文字で拾うことのできる二十年前のノートがある。日本テレビで「ノンフィクション劇場」を何本かやろうとした時期のものだ（一九六四―六五年）。

そこには企画ものの題名が並んでいる。

（1）「高見　順――ある典型的日本人の肖像」

（2）「怒りの海、秋田県のハタハタ漁――季節風下、強行出漁するしかない漁民の冬」

（3）「死の海の記録——水俣病、その十年、胎児性の子どもはいま」
（4）「マレーシア留学生・チュア・スイ・リン——亡命を強いられたアジア人学生」
（5）「山岸会——日本農民のより合いの精神構造」
（6）「韓国密航者の記録——新植民地論として」

などとある。つまり第一作『水俣の子は生きている』はこうした一九六〇年代の私の関心のうちのひとつであったに過ぎない。ドキュメントとして面白ければ、どんなテーマにでもとびついていった私の三十歳後半の映画的胃袋の雑食性をここに見てもらえれば足りる。PR映画状況からのがれて、人間をテーマにドキュメンタリーがつくれればもって瞑すべしと考えた時代である。

このなかで手がけたのは『留学生チュア・スイ・リン』と『水俣の子は生きている』だけである。前者はテレビ局の製作中止命令によって、はじめて自主製作なるスタイルで完成することになったし、このトラブルから、『水俣の子は生きている』を最後に、テレビドキュメンタリーの仕事はこのシリーズではできなくなった（『留学生チュア・スイ・リン』（藤プロ、製作工藤充）のてんまつについては未來社刊『映画は生きものの記録である』にのべた）。

『水俣の子は生きている』の企画にかかったのは、一九六四（昭和三十九）年の秋であった。

日本テレビのノンフィクション劇場のチーフプロデューサー、牛山純一氏とそのデスクから三、四枚の新聞の切り抜きをわたされた。「事件から十年たって——」というジャーナリストらしい着想からピックアップされたものであろうが、そのころたまたま水俣病に胎児性発症のケースがつきとめられたことが、報道されていた。小さな記事を見逃さなかったのはさすがプロデューサーである。

新聞記事の切り抜きの一枚は熊本医学会総会で「水俣に胎児性患者の所在」と報告されたとするもので、出生いらい七、八年経過しており、死んだ患児の死体解剖によって病変がみとめられ、同様（脳性小児麻痺様）の患児が公式に認定された（一九六二年十一月）というもの。「水俣病多発地帯で出生した患児は重篤な症状で入院したり、在宅のまま療養生活を送っている。その生活はきわめて貧しく窮迫しており認定されることによりその救済に一条の光がさしはじめた」という記事（一九六二年十一月）、そして日付けがとんで、北海道の北星高校の女子生徒がその子らにプレゼントを送りつづけているというもの、ついで熊本短大の社会事業研究会のサークル員が、夏休みに水俣を訪れ、慰問し、これを機に「水俣病の子どもを励ます会」が結成されたというものであった。

当時すでに宇井純東大助手が、富田八郎（トンダヤロウ）のペンネームで、「月刊合化」に「水俣病」を執筆、連載していたことは知らなかった。この作品の放映を機縁に宇井氏を識ることになるのだが。

さいわいデスクが、新進の写真家桑原史成氏の写真のファイルを借りてきた。写真集用にレイアウトされたもので、まだ未発表のものだった。それには胎児性患者ばかりでなく、生きている人形とコメントを付された少女患者松永久美子さんや急性激症のまま生きる村野タマヨさん、船場岩蔵さんら成人患者にいたる群像がうつしとられていた。指の折れまがりのアップ、爪の変形までその克明なカメラ・アイに一驚したものである。

貧しい資料とメモを手に熊本にロケハンにでかけたのはその年の十一月である。

まず熊本大学を訪れた。数人の医学者にあったが、顔の記憶は薄れている。ただ取材メモによれば、病理の武内忠男、神経内科の徳臣晴比古、衛生学（当時）の入鹿山且朗の各氏など、のちに水俣病の医学を辿るうえで鍵となるかつてのいわゆる水俣奇病研究班の方々にお会いし、そのレクチャーをうけた。そのメモの内容は、今日では周知の事ばかりだが、当時の各氏の状況認識を知ることができるので、重複をおそれず書きうつさせていただく。

「不知火海は日本でも魚種の多いことで知られるが、なかでも水俣湾は第一級の漁場」。

「昭和二五、六年頃、水俣漁協の水揚高は年十四万貫（五十六万キロ）」。

「湾内百間港に排水された工場廃水によるとにらんだが、その奇病の奇怪さに悩まされた。昭和二八年頃からだ」。

「汚染のひどさは色でも分る。コーヒー色から青、緑色まで」。

「魚貝類のへい死により、昭和三二年には水揚げは十分の一の一万八百貫（四万三千二百キロ）に激減」。

「熊本大医学部では三一年八月に奇病研究会をつくった。死亡率四〇パーセントという高率である。病理、内科、小児、薬理、黴生物、公衆衛生の各科からなるメンバーをつくった。

魚類の摂取が原因に思われ、水俣湾の水質を調べてみたら、疑わしい重金属が各種検出された。マンガン、タリウム、セレン、カドミニウム、砒素など。はじめは水銀の分析をせず。高価な水銀など流出（ムダ）していないと思ったから――」。

「工場側は異説をだす。戦争中、袋湾にあった旧軍の補給隊の爆弾の湾内投棄――その腐蝕による毒物の流出という」。

「動物実験により、文献をあさって有機水銀中毒と一致。しかし一――二年みとめられず、アメリカのカーランド博士（国立保健機関）の追試によって権威づけられる。情けないことだ」。

「文部省の科学研究費は三カ年で打ち切り、あと厚生省の研究費は条件つき――大臣の許可なしには研究発表は不可とされる――」。

「昭和三五年以降、経済企画庁が調査の主管者になる（水俣病調査研究連絡協議会）。そのごの熊大独自の原因究明の研究は、地方行政への社会的考慮を優先ということで、やりにくくなった」。

ここにいう地方行政への社会的考慮とはチッソへの配慮ということであろう。『水俣の子は生きている』の前史の奇怪さは、メモをたどることで浮かびあがるが、あまりに淡々と語られたせいか、憤まんやる方ない物言いとか口調は思い出せない。こなれた解説として語られたのであろう。

この頃の熊大医学部の各氏とその研究室の印象では、研究成果の資料整理がもっぱらのようだった。病変の顕微鏡写真の尨大なファイルを見せられても、門外漢の私にはほとんど理解できなかった。

胎児性水俣病の所在確認については、その臨床にあたった教授たちの出張でくわしいことは聞けなかった。

薬理の入鹿山氏は「学術的に最終結論をだすにあたって、現在、有機水銀ヘドロのサンプルの化学的構造式の究明と、工場の工程内における合成の化学的機序の解明が残っている」という。これは映画に撮りにくい。

病理の武内氏は「猫実験」のプロセスとその発症の状態をくわしく説明してくれるので撮りたいと申し出ると、動物飼育室だった一画につれていった。しかし現役のネコは居なかった。これではどうしようもない。

臨床の徳臣氏は患者たちを映画フィルムで撮っていた。「非常に特異な症状のあらわれ方なので資料的価値が高い」といわれるが、医学研究の場でしか公開していないという。つまり、すべては終っていたのだ。一九六〇（昭和三五）年の徳臣氏による水俣病終息説の発表から四年たっていたのだ。いわゆる絵になるものはひとつも見出せなかった。

メモに、今日読んで気になる記述がある。

入鹿山氏のことばとして、大意次のようだ。

「この年（昭和三九年）水俣漁協は水俣湾内の漁獲禁止（注・漁協の自主規制）を全面解除した」。

「現在どべのなかに有機水銀はほとんどない。あるのは無機水銀としてだ」。

「魚の検体も同じで、有機水銀はほとんど見られなくなっているが、貝類にはある。一キロの貝中に五ミリグラム・五ppMほど。水俣病多発の頃は一〇〇ppMもあったものだ」。

「貝やカキのほか底棲性のナマコ、タコにも五・六ppMあるが、回遊性の魚にはいまは目立った数値はでてこない」。

「しかし、地元の人は貝やカキを多食するので、漁獲を解除したら発症の可能性なしとしない。いま港湾の浚渫がおこなわれるが、浚渫をしたあとの様子を見てから解除すべきじゃないかと言っているが、市としては行政上の立場から解除にふみ切った」。

これが氏の疑問符つきのコメントとしてメモにある。注意ぶかく耳をかたむけたなら、浚渫と発症の時期的関連性や、その後、慢性型として発症する水俣病への警告として聞きとれたであろうが、当時の乏しい知見では死語を聞くにひとしかった。

映画の取材の重点は「水俣の子どもを励ます会」になった。

熊本短大は冬枯れの木立の中にあった。女子学生が多く、華やいでいた。めざす「水俣病の子どもを励ます会」のメンバーは部室でむかえてくれた。その中に、来春、水俣にボランティアとして赴くことをきめていた西北ユミさんもいた。彼女は映画にでることをほぼ承諾していた。いまの支援者のどこかまなじりを決した風貌と比べ、いかにも良家の子女といった印象で、「忘れ去られたものへの愛」が支えのようだった。

部屋には水俣市の略図と当時の百十一名の患者の発生地図が展示用につくられ、発症にいたる機序図解——つまり工場廃水から魚貝類へ、そしてヒトへの線に、もう一本胎児への線が赤くつながれていた。校内や市内でのカンパの際展示した写真パネルは、桑原史成氏の写真がたて六十センチ、よこ四十センチほどに引き伸されたものだ。氏の処女写真集の秀作が惜しげもなくこの学生たちの活動に提供されていた。私は出発前にそれらを見ていた。桑原史成の写真は人物の眼元のシャープさに特色がある。とくに生きている人形といわれた松永久美子さんのきらりと輝く瞳や、半永一光少年の訴えを託したまなざしなどに惹きつけられたものだ。だがすべての小児性患児の眼の部分にビニールテープが帖られていた。原写真を見ており、その眼、その瞳の訴えるものが作者のねらいとして私の胸を衝っただけに、それに帖りつけられている目かくしのテープは、さまざまの惑乱をよんだ。「やはり撮ってはならないものか。

人の前にさらすべきものではないのか」。私がそれを問うと、彼女らからは「プライバシー」という言葉が返ってきた。当時は新奇な用語だ。だが、それだけでは説明しきれないものを、学生たちも感じているようだった。私はこの目かくしされた一連の写真をまえに、気持の萎えていくのを感じた。熊本ですらこのように封じられた水俣病観ならば、水俣ではどれほどの壁があるだろうか。

サークル顧問の内田守教授（社会福祉学）は私を頭から活動屋と決めてかかって釘をさした。「あの西北ユミさんは都城（鹿児島）の名家の出です。しっかりした子で、自分からボランティアに志願したんです。一緒にいっても決して間違いごとのないように」。

私は熊本までできながら、水俣に足をのばせなかった。何か絶対に触れたくないテーマに出遭ってしまった気がした。

帰京後、取材中にあつめた熊大の資料や熊本日日新聞、全国紙の熊本支局で得たメモを読みかえした。チッソの加害性はほぼ社会常識になってはいたものの、歯切れよく断定し、告発した文章は少なかった。新潟水俣病の発生確認はこの半年後、厚生省の水俣病についての正式見解はさらに三年ちかく後のことである。むりもないことだった。ようやく、水上勉の『海の牙』、石牟礼道子の『日本残酷物語』（平凡社）の漁民闘争の一章をよんだにすぎない。それでも、知識をつづりあわせてチッソと水俣病事件の像を組み立てた。「人間のつくった新生毒物が、人間を倒した――その治癒は現代医学では絶望的なものであり、人間のおごりへのしっぺ返しとして文明史的な一事件だ。それが次の世代まで冒し、胎児性水俣病を生んだ。これを医学的に解明した熊大研究班は駅弁大学とさげすまれている。そして事件は終り被害者は残された。しかも眼を目ばりされて世をはばかる存在のように扱われている。この患者・患児たちがどう生きていくのか。それは社会の責任ではないか。せめて、患児の心まで水俣病にしてはならない」（当時の演出ノート要旨）。

年あけた一九六五（昭和四十）年正月、私とカメラマンの原田勲（日本テレビ）はまずカメラを熊本短大の「水俣の子らを励ます会」のサークル部室からまわしはじめた。

学生たちの街頭カンパ活動準備のシーンは屈託がなかった。西北ユミさんはとりわけ明るかった。子どもたちひとりひとりの名をそらんじていた。夏休みの慰問のスナップの彼女、大学での報告会でスピーチに立つ彼女の表情と笑顔は若いつややかさと晴れやかさにみちている。「だが」と思う。「学生時代のサークル活動だから、こんなに呑気なのではないか。あるいは一生の仕事として水俣にかかわるとしたら？」「ボランティアとしての一、二年の間なら、やめるのも自由なはずだ。この映画にでたために辞めるに辞められなくなるのでは……」と案じもした。

資料として展示されている例の写真を撮る段になって、目ばりのことが気になった。目ばりのまま撮ることはこの活動の質を物語るとしても、私自身目ばりを許すことになる。桑原史成がこの人物像にこめて撮ったものをおおってよいのか、胎児性水俣病患児の瞳の輝きをつぶしてよいのか。惑い迷った。迷いながらも言いたかったことを口にだしてしまった。「西北さん、あんたの手ではがして下さい。ゆっくりと、ネトネトとはがす音が聞こえるような気持でテープをはがしてみてくれませんか」。自分の気持がきまっていたわけではない。そうしてみたいぐらいのモヤモヤの気分が、ことばとしてでるとそうなった。私はテープが生皮をはぐような音をたてているのを聞いた。半永一光君、坂本しのぶさん、加賀田清子さんの眼が開いた。この撮影のあと、軽い貧血だろうか、眼の奥に一しきり緑色の幕がかかった。

現地に足をふみ入れたのは、その翌日だった。

はじめて水俣を訪れた私には、道ゆく人がすべてスローモーションのように見えた。歩き方がおそく、表情の反応がものうく、物腰の全体がふつうのリズムから一拍も二拍も遅れているといった風に思えた。南国特有の顔の浅ぐろさとは別に、不健康な蒼みが沈着しているように見えた。そうした人びとの背景にあるチッソの蒸留搭らしい銀パイプや屋根といわず煙突といわず、あらゆる隙間から洩れでるガスとけむりが濃霧のように地表を這っている気がした。いつ雪がふりだしてもいいようなどんよりとした雲がかぶさり、工場の臭気まじりの白い煙がそのまま境目なく雲につながっているような冬の日に足をふみ入れたからに違いない。そんな曇り日がロケ中つづいていた気がする。それは私の滞在中の心象風景そのものだった。

ロケは水俣工場への通勤風景から始めた。水俣駅はチッソ正門前である。あさ駅から一直線に入門する労働者の群れの中に西北ユミさんをおいた。当時チッソの従業員四千六百人。その流れはレンズを圧倒するものがあった。

熊本大学医学部の研究班からの紹介もあって、私たちの取材は市当局にすんなりと受け入れられた。テレビの取材は昭和三十四年十一月のＮＨＫ『日本の素顔』いらいだった。市役所の徳江衛生課長はむしろ歓迎するふうだった。それというのも、当時厚生省より水俣病治療研究助成金がでていたものの、大蔵省は、内意として研究費などを打ち切る方向にあった。また二億数千万円を起債して建設中の湯の子リハビリテーションセンターにさえ中央からの補助金はなく、その運営に必要な人材あつめもはかばかしくなかった。だから無給でケースワーカーに志願した西北さんに感謝していた。その彼女を追うカメラにも好意的になったのだ。

当時、患者の治療には九州温泉治療センターの鉱泥浴療法がいいと分っても、患者本人に療養費を負担させられないし、何とか厚生省による特別措置、つまり医療費にたいする国庫補助を願いでていた。当時入院加療中の患者は別として通院患者の治療費免除がやっとその二年前に実現したものの、運動機能訓練などの予算に事欠くしまつだった。「助成金をだしてくれというと、〝水俣病の再発〟とうけとられるんでしょうかね。もう苦しい台所事情です」と課長はいう。当時、見舞金契約による患者の年金は、年四回に分けて赤十字水俣支部から患者に渡されていた。「当初の子供年三万円、成人十万円」は物価指数の上昇（二三パーセント増）によって目減りした。「数年前から患者から増額してほしいと言われていたが、あのチッソの安賃闘争（昭和三七―三八年）がすまなければ言いだしきらんということで、のびのびになっていて……」と課長はいう。その逼迫の分を市からの生活保護費で手当していた。患者さんのなげきや市職員のぐちの端々に、いま思えば「生活保護手当」問題のややこしさがうかがえた。当時、水俣の生活保護費はわずかな額にちがいなかったが……。

アップされた年金は、成人の場合年にして重症十一万五千円、軽症十万五千円、子供は八万円である。どうもこの見舞年金のアップを機に、生活保護手当との〝二重どり〟のチェックがはじまったようだ。「それではチッソの初給より上まわる」と市民の批判がでてきたのだ。これに反発して患者は「ならばむしろ、会社からの金はそっくり返上して、生活保護一本にした方が、気持のすっきりする」という。

そのあたりの事情を聞きに出月の中津美芳さん宅にいき、互助会の有志に集まってもらった。撮影は断られたが、テープをとることは許された。

会社は機会あるごとに、水俣病は軽快してより軽くなっている。年金はむしろ引き下げたいぐらいだと口にするという。

「患者の中には体の調子をみて舟にのって魚をとりにいくもんもおる。十人くらいはおりゃせんか、その人は一万円ぐらい差っ引きたいぐらいだと会社じゃ言うとります」。

「軽症者は快癒し――ちゅうふうに世間に印象づけたいんじゃないですか。働きにでれば快癒しとる証拠だちゅう訳です。そりゃあ人夫の口があれば病気ばかくして出っとです。でもすぐクビです。なんせ高いとこにやのぼりきらん、物は担げん、指先のかなわん。すぐ見破られるとです」。

「こうして話のでくるもの、口のかなうものはもう快癒したとみられる。ですけん映画にでて物ば喋れば〝全快全快〟でしょうもんな」。

市役所は新年度の予算獲得に理解を得たいし、とはっきりいう。しかし水俣市当局はもともと「寝た子を起すな」と報道には非協力であったようだ。水俣の町の雰囲気も、やはり同じであった。夜、屋台でこころみに水俣病のことを口にすると、ざらっと座のしらけるのが分る。だいたい患者をその眼で見たという人が少なかった。タクシー運転手さんが「わしらいっちょも見んもんね。たった一回、市立病院の前のカキ氷屋で、さじで口にはこぶとに苦労しとった人がおって、あれは水俣病の患者らしかと思ったですがなあ」といった一例を聞けただけだ。

「どこからこの町と人びとを撮ればいいのか」と途方にくれた。カメラマンの原田君は日ごとに憂うつの度を深めていった。それにひきかえ西北ユミさんは明るい健やかさを失わないでいた。願っていた入院中の子どもと遊ぶ時間をもてたからだ。

病院取材のゆるされた日、鉄筋建ての市立病院は外来患者でごったがえしていた。廊下をつたっていくつもの病棟をつききり、その最も奥、霊安室と伝染病隔離病棟ととなりあった一画に、その二階建ての水俣病特別病棟があった。鍵こそないが、病院訪問者は間違っても足をふみこむことのない死と伝染病のためのスペースである。「ああ、これでは患者を目撃した人はいないはずだ」と思った。

まず桑原史成氏の写真に「生きている人形」とかかれていた松永久美子さんを見舞った。医学用語で植物的生存といわれる重篤な病み方のまま横たわる彼女は、扉からの冷気に反応したのかふっとかすかにうごいた。私もカメラマンも思わず後ずさりした。

二人は廊下にとびだしたまま うめいた。往還のにぎわいがかすかに聞える。百歩ほど先の病院待合室には人びとが群れている。そしてここに、惨苦を一身にひきうけた少女がいる——。

原田カメラマンは「とてもカメラをむけられないよ。しかしカメラなしではもっとだめかも……」という。「ではそとの病院前の通りからこの人のベッドまで、カメラをまわしながら歩きつづけて撮ってみよう」。それ以外のカメラワークは思いつかなかった。

外光下と暗い院内、わたり廊下と特別病棟と一カットで撮るのはむずかしい。しかも撮影助手なしで絞りとフォーカスをおくるのは容易ではない。だがどうしても撮りたかった。二分に近い手持ち移動で、病室の彼女のアップまで撮る——これが病院での最初のカットとなった。そとの娑婆世界から歩きだして、はじめてこの幽閉の門をくぐることができたのである。

西北ユミさんはカメラを気にせず、会いたい人と会い話をしていた。そんなシーンなら撮れると思った。たまたま、彼女は気さくな坂本たかえさんと病室で話しこんでいた。十七歳で発病し、口も不自由で、指がかなわずボタンがけも苦労する人だった。撮ると分ると、ふたりとも、しゃがみこんでベッドのかげにかくれた。髪の毛だけが動く。だが話はつづく。

「あんなぁ、店じゃ、おるの手からは銭もうけとらんかったっばい。「そけぇおき！」ちってな、その銭ば洗うてから使ったち、奇病、奇病ちゅうてなあ」。このシーンは一つまみの髪の毛だけの語りとなった。

幼児病棟はまったくちがった。当時、七—八歳になっていた胎児性水俣病患児たちは人の訪れに飢えていたのか、まつわりついて離れなかった。どの子も成長がはばまれ、四、五歳ぐらいの発育である。私のむすめと同じ年齢だけに比べることが出来る。幼児っぽさを助長するような、よちよち歩き、よだれ、たどたどしい発言、それはすべて胎児性水俣病の主徴である。介護の看護婦たちも幼児ことばをつかっている。その日常がこちらの気分を狂わせる。

子どもたちは手をのばし乍らカメラに寄ってくる。カメラをむける訪問者に慣れ親しんでいる。考えてみれば、ここまで訪ねてきた人の多くは、肉親をのぞけば、医学用に映画カメラをむける研究者やジャーナリスト、カメラマンたちであったにちがいない。取材者——私たちのような種類の人間がこの子たちにとっての見舞い客であり遊び相手ではなかったか、西北さんら学生を除けば……である。

病院を辞して、街にでる。あらためてそこに日常あるがまま稼動している工場を見る。百間港には漁船がもやい、まっ黒のヘドロはそのままで変哲もない。たかが一、二時間の撮影に精気をつかいはたし、無感動に近くぼけた神経に、その風景は心に何も訴えかけてはこない。息づまる病院とちがってそこを一歩でただけで、煙と臭気ただよう工場風景すら生理的解放感を与えてくれる。怒りはさらにおきてこないのだ。

絶対に治癒することのない新生毒物による中毒である。水俣病は人類のいまだ知ることのなかった疾病である。そして胎内の生命すら冒した、なのに怒れないほどのいまの深い疲労感と無力感、そしてこの意気地なさはなぜだろうか。私は泣きたかった。

病院はやはり別世界であった。撮影はできた。だがもっと重症の患児が多発部落にいる。それを撮りたいのだが、そこは市内から望見する入江や岬のかげである。いまは国道三号線が一気に鹿児島に通じているが、当時は工事中で旧道からの細道を歩いて入る以外途はない。バスは市街地のはずれ百間港フェリーのり場のところまでしか通じていず、まさに多発地帯は市街とへだてられ悲劇をそのまま封じこめられる地形にあった。

当時、一市民でもここに足をむけたであろうか、おそらく、石牟礼道子、赤崎覚（当時市役所吏員）の両氏、東京からの研究者ぐらいであったろう。

そんな部落にひっそりすむ在宅治療の患者をみまうのが、市立病院のケースワーカーの仕事である。はじめての多発地帯取材に際して、ただひとりのケースワーカー光永輝夫氏が西北ユミさんを患者たちに紹介する機会をまって同行した。

湯堂である。屋根の切妻に網元の屋号を印し、往時の盛んな漁業を思わせる村だった。家々に果樹や植込みがみえる。その屋並のむこうに袋湾があった。その景観に心うばわれているうちに私にとって忘れられない「事件」がおきた。そのいちぶしじゅうをかつて書いたものから引用させていただきたい。

――ワイド・レンズで部落の全景をとっていると、一軒の庭先で主婦たちがさわぎ出した。私はそこにいた患児に気づかなかったのだが、人々は無断でとったとして激しく私たちを責めたてた。私は弁解の言葉もなくそれをきいた。その後から、完全に私は思考力もことばもまともでなくなってしまった。つまり壊れたのである。「水俣病をとる資格はない」という直感から、「映画をとる力はない。もうやめよ」という自分の声がとめどないのである。どこにカメラをむけることも出来ず、舟つき場の石垣の上に立ちつくした。もし、宿に帰っても、この金縛りの気持ちはとけない。もし、東京に逃げ帰っても、いま私を襲っているもの、行動と意志の大事な根っ子を打ちくだかれている以上、もう映画は二度ととれぬポンコツとなるしかないと思った。身うごきすることも、カメラマンとまともな話も出来ず、眼をあげて部落を仰ぎ眺めることも出来ず、ただおどおどと震えていた。この二、三時間。

そのうちに伏し眼がちに見る海の底にすきとおって、しじまに光る、茶わんのかけらがあった。青いごすの、きれいな陶片である。「これに焦点が合うかな?」と言い出したことがきっかけになって、二人で海底のセトモノを黙々とあれこれ時間を費やして何カットも撮りつづけた……。

（『逆境のなかの記録』未來社、九三頁）

この文に書いていないことがある。西北ユミさんのことだ。彼女に与えた衝撃はまた大きかった。映画にでながら初対面の患者に会うという理不尽を犯した、少なくともその迂闊さを悔んだにちがいない。しかし私たちへの責めことばとはならず、この新しい仕事を選択したことへの迷いとなったようだ。「いちど熊本に帰って、いろいろ考えてみたい」という。帰ればもう二度ともどってこないかも知れないという迷いが彼女にもあった。私には撮りつづけることしか先の展望はなかった。そうすることで西北さんの苦しみにつれそおうとするほかなかった。だまりこくって歩く彼女のあとを追って、ただその風姿だけをカメラに撮りつづけた。もう映画の仕上りはどうでもよかった。

この時点以後をどう描いたか、TV映画『水俣の子は生きている』の完成台本を引用させていただきたい。ナレーションは彼女の一人称形式をとっているが、私のかいた文章である。

6　戸別訪問する西北さん

○漁村のロング　家々がかたまっている。

ナレーション（N）「魚をとれなくなった漁村、水俣病の巣となった漁村——」。

○その坂道を下る彼女。

N「実習六日目、心のどこかで憶病になりはじめた自分を感じながら——」。

○湯堂で日なたぼっこする爺さん（坂木しのぶさんの祖父）。話しかけようとしてもぎこちなくなる西北ユミ。

○爺さんの無言につきあって、ただうなだれている長い時間のなかの西北ユミ。

○別の街、坂道を上り、小路を通っていく。

N「この時期、私を歩かせつづけたのは意地だけでした」。

○半永一光（胎児性患児当時九歳）の家の敷居、その上りばなに祖父が出て応待している。父親は奥で手しごとをしており、祖母は鍋で物を煮ている。半永君が爺さんのそばに寄る。

N「この家にはまだ一度もきたことがなかったのです。これまで診療すらろくにうけていない在宅の重症児でした。漁もなく一家のひとは家にとじこもっていました」。
○祖父、くどくどと語り出す。
「（テープ要旨）この子の父親も漁師だ。だがぶらぶら病いのようになって働けん、わしももうとしとって漁に出るわけにいかん。家中のくらしは、この孫にくる金にかかっとる。生活保護ばもらっておるが、会社から出た金はさし引くという。わしやむすこの体さえよければ、なんの人に頭ば下ぐることのあるか……（涙をしきりにふく）」。
○ガラスのとれたパチンコ台に数個の玉を入れて遊ぶ半永君、不自由な指でかたむけた台ではじいている。珍しいのかカメラのレンズをのぞく。すんだ瞳の片方だけのクローズアップになる。
○大鍋が煮えている。食事どきが近い。祖母は一人に一つの碗をならべている。爺さんのかきくどくことばを聞いている父親、その一間のなかの家族四人。
N「家中にしみついた水俣病のかげ、かりにこの児が病院に入ったとしても、家族もまた水俣病とおなじようなもの……会社から出る見舞金と生活保護を加えても、月一万一千円の生活、病院に入ればさらにもの入りになるという」。
○にらむような患児の眼のアップ。
N「慢性栄養失調の一家、いったいこの子の悲惨とどれほどの差があるといえるでしょう。貧乏が原因で病院にすら入れない子ども。一人のケースワーカーとして、私はどこまで背負っていけるでしょうか」。
○黙々と坂を下る西北さん。そのゆく手に工場が見える。
○学生時代の患児と遊んだひと夏の記念スナップⅠ・Ⅱ・Ⅲ。
N「私が学生時代にしたかったことは、ひとの役に立つということ」。

○学校の発表会で水俣をアッピールしたときの壇上の西北さんのスナップⅣ・Ⅴ。
N「私がうったえたかったこと、それは社会の責任ということ」。
○水俣の中心街の商店をのぞき、次の店、次の店と足をはこぶ西北さん。

（ノンフィクション劇場台本より）

すべてはうまくいかなかった。歩きつづけ、カメラをまわしつづけたが、気持の動揺は大きくなるばかりだ。水俣に吸いよせられる自分と水俣から逃れ去りたい自分との間をゆれていた。それを一気に水俣にひきつけたのは、八六年一月に亡くなった元患者互助会会長の渡辺栄蔵老人だった。のちに水俣病訴訟原告団の団長として、提訴の日「今日ただいまから私どもは国家権力に立ち向かいます」と決意をのべた人である。当時、長男といっしょにアジ刺し網で生計をたてていた。

あとで知ったのだが、もともとは宇土半島のつけ根、松橋の生まれで、熊本市の朝鮮飴屋での小僧奉公のあと、祭礼、運動会などに、夏はぶっかき氷、春秋は太鼓焼の引き店をあきないし、のちに水俣に住みついたばかりに一家全滅に近い水俣病家族となった。

渡辺老人との出遭いは漁帰りの夕方の浜であった。夕餉のアジをみせ、「こんさしみはうまかよ」と家に誘った。私たちはじめて心を結べることの出来る人と出遭えた気がした。以下、映画を辿らせていただきたい。

○波止場から網干場を通って帰途につく老人と孫たち、栄一君（十二歳）、政秋君（六歳）。
○細い漁師みちをのぼるみんなの足もと、バケツに数匹のアジが入っている。老人と西北さんの対話。
「あんたは前にきたでしょう。顔におぼえのあっとです」。

「ええ熊本短大の実習で、去年の夏……」。
○玄関前の洗い場ではらわたを出され、切られ洗われるアジの切り身。のぞきこむ孫たち。女の児、松代さん（当時十四歳）もいる。
N「この一家、三人の孫が水俣病に冒されました。けれども、すこしも暗さのないのにおどろくのでした」。
○こたつを中心に渡辺老人とむかい合う西北さん。話にきき入っている。
N「私はこの老人から何かを得たい気持で一杯でした」。

さしみを盛った皿をすすめながら語る渡辺さん。

「（テープ要旨）奇病は伝染病ちゅうことになっとりましたばってん、魚はうれんでしょう。一年間、米のひとつぶも喰えんときのありました。から芋ばっかりでな。……この孫が三人とも三十一年に病気になったですもんな」。

「それから三年間というもの、あっちの医者どん、こっちの病院とくうものもくわんで金をつこうたです。昭和三十四年に、ようやく原因が工場じゃちゅう医学論文が出たですもんな。その発表をきいて、やっぱりちゅうとこで工場にいったとです」。

「私は小学校をビリから七番目に出たぐらいの男ですが、四十日間、みんなを工場の前に座るときの大将にさせられましてな……」。
○工場前、通行止の柵とコンクリートの路上。
「……寒さも寒しということでな」。

N「患者の家族だけがここ（工場前のコンクリート）にすわった。「工場の人にも、市民にも応援をたのまなかった。水俣で工場にたてつくのは大変なことだった」という老人」。

○ボール箱の固くむすんだひもをほどこうとする手がもどかしそう。

N「この老人を指導者として孤軍奮闘した患者たちの記録は二つのボール箱の中でほこりをかぶっていました」。

○開けられた中から書類をさがす手もと。やがて嘆願書と筆で記された文書をとり出し、説明する老人。

N「老人は『水俣病はいまでは学問的にははっきりしている。工場のひきおこした公害でありながら、会社はいまも廃水が原因であることをみとめようとはしていません。政府も、もう過ぎたこととして補償の話すら触れようとしない、ただ会社のわずかな〝見舞金〟豚一頭の値段で妥協しなければならなかった』といいます。それも卑屈なまでに低姿勢で会社にたのんだのでした」。

○西北ユミさん、嘆願書を声を出してよむ。その巻紙に楷書の字がきっちりと書かれている。

（注、坐り込み以前に書かれ、ついに呈出されなかったもの）

N「（朗読）先般七月二十二日（注、昭和三四年）熊大における奇病の原因の最終的な発表によれば、貴社より流出する廃水中に含まれる水銀がその原因であることを明らかにしようとした事は御承知のことと思います。熊大がその専門的立場において究明した原因を私達も（二字不明）確信する所であります。又、一般巷間に於ても信じられているといっても過言ではないと信じます。（数行不明）

私達奇病互助会は過去数年の間、筆舌に尽し得ぬ悲惨と辛酸を嘗めて来ました。親を子を兄弟を、そして親愛する隣人をも罹病させ死亡させて来ました。奇病特有の狂死、餓死、或いは悶死、老いも若きも、いたいけない幼児の苦しみを涙にあけ涙に暮れる某月某日を、一縷の望みを唯人間の（数字不明）に於て看護して参りました。

（以下十数行不明）

……右嘆願いたします

昭和三十四年九月十七日

水俣病奇病互助会

渡辺栄蔵」

○老人のまわりをかこむ明るい三人の孫たち。

渡辺さんの声「科学の発達のかげで人間が不幸になることがあってはなりませんな！」

○面をあげ、明るさをとりもどす西北さん、はじめて笑むその顔のクローズアップ。

（ノンフィクション劇場台本より）

話は一挙にとぶが、この作品の放映（一九六五年四月）後、杉並の私の自宅に下駄ばき姿で宇井純氏が訪ねてきた。すぐ一駅さきの西永福（井ノ頭線）にすんでいるという。「いま合化労連の機関紙に〝水俣病〟のことを書いていますが、あの嘆願書は見たことがなかった。ぜひ分るだけでもフィルムの駒から判読できないか」というたのみだった。宇井さんとの最初の出会いだった。

この嘆願文は富田八郎（宇井純のペンネーム）『水俣病』にこう位置づけられている。

患者が座り込みという思い切った行動をとるまでには、それだけの蓄積されたエネルギーがある。互助会会長は直接工場との交渉のために嘆願書を用意したことがあった。もっとも九月十七日という時点ではとても望みがないと思われたためか、この嘆願書は結局使われなかった。（中略）この『嘆願書』（それはたしかに美文で、被害者の思いが込められているが、農民が領主に嘆願する際のひびきを持っている）から、座り込みという直接的な行動へ飛躍したのは、何といっても不知火海漁民の乱入事件（注、一九五九年十一月二日）が大きな先例となった。すでに水俣工場は患者にとってはそれまでの神聖不可侵の御領主様ではなくなっていたのである。

（『水俣病』水俣病を告発する会、一九一頁）

話をもとにもどそう。渡辺老人によって西北さんはその笑顔をとりもどしたのだが、ほかでもない、私たちが救いだされたのであった。

西北ユミさんはこのシーンでとりもどした落着きのまま、映画の最後までつきあってくれた。茂道で電気もつかない一間の家で、赤ん坊のような淵上一二枝（当時七歳）さんを相手に、母親のマサさんが娘が一ことの口もかなわないのを承知のくせに、「ホラ、姉《あね》さんにあいさつばせんか、行儀のわるかよ」などと一人前のひとに語りきかせるすがたに、彼女は心から感動したようであった。『水俣の子は生きている』はここでワンサイクルを閉じられる気がした。

ラストのナレーション

「ある子どもは私にいいました。「ボクの足は、山の上から落ちてきた石でこわれた」と。おとながきかせたこの童話を信じている子どもに、いつか真実を話す日がくるでしょう。この子らの心まで水俣病にしたくないのです」。

（西北ユミさんはそれ以来二十年、水俣市立病院、湯の子リハビリテーションのケースワーカーとして働いている。胎児性の子どもたちで彼女を知らない人はひとりもいない。病院の同僚と結婚して子どももうけ、いまもあの健やかさのままである）

※本稿の初出は土本典昭『水俣＝語りつぎ2　水俣映画遍歴　記録なければ事実なし』（新曜社、一九八八年、二九―六〇頁）。

第2章 〈不活動〉との共同
——土本典昭『水俣の子は生きている』(一九六五年)

中村秀之

1 表象としての「人とカメラとの関係」

一九六三(昭和三十八)年の『ある機関助士』を最後に岩波映画製作所の仕事から離れ、六四年に東洋シネマ製作の『ドキュメント 路上』がスポンサーに拒否されてお蔵入りになったあと、土本典昭は日本テレビの『ノンフィクション劇場』の演出を手がけることになる。その年の秋から翌年にかけて製作された二本の作品は、この記録映画作家の生涯の転機となった。予定通りの枠で放送された『水俣の子は生きている』と、途中でテレビ局からキャンセルされたために初の自主作品となった『留学生チュア スイ リン』(製作:藤プロダクション)である。[1] 冷徹な批評家でもあった土本典昭は、その後、これらの作品を作ることで自分が経験した危機と再生をくりかえし語った。[2]

『水俣の子は生きている』は、土本が初めて水俣病を題材として現地で撮った作品である。テレビ番組としての日程上の制約のため、患者たちとの関係を築く時間を得られず、便法としてケースワーカーの実習を行う短大生に焦点を合わせることにした。その撮影の中で、胎児性の患者である子どもにうっかりカメラを向けてしまい、わが子が盗み撮りされたと思った母親から激しく非難されるという出来事があった。これは記録映画作家としての土本のアイデンティティーがほとんど崩壊に瀕するほど深刻な経験だった。晩年のインタヴューでは、「その後の水俣映画を考える上での原体験になりました」と総括している（土本・石坂、二〇〇八年、一〇六頁）。

この「原体験」は何よりも、その後の土本にとって最大の課題となる「人とカメラとの関係」にかかわっていた。後年、土本は「難事業」という表現で、映画の作り手が機械を媒介にして人間と向き合うときの技法と倫理を、一体として問うている。

最近ズームレンズという器用なレンズが主流をしめるが、これは甚だ横着なもので、撮影者が近づくことなく、相手のアップをひきつけるのである。しかしこれはいわばアップをかっぱらうのであって、近づくというカメラと対象との接近という難事業を解消してしまう。そうではなくて、にじり寄ってアップに到る、その撮影プロセスに私はひかれている。（土本、一九八八年、二八八頁）

だが、「人とカメラとの関係」は、映画作りの過程だけでなく、当の作品自体の特質にもかかわってくる。その「関係」は表象の基本構造を成しているのだ。映像が対象の直接的な提示（presentation）ではなく間接的な表象（representation）であるという自明の事実を、接頭辞「re」が示す隔たりや反復や相互性などの含意——つまり関係性の内包——も併せて、つねに念頭に置いておかなければならない。たとえばクロースアップの画面に現れるのは、結果として大写しにされる対象だけでなく、むしろカメラと対象との「関係」そのことである。技法それ自体に良し悪しの区別はないにしても、ズームのクロースアップは、土本が「かっぱらう」と表現するように、しばしば下品なあつかましさのイメージとなるだろう。

かつて批評家のアンドレ・バザンは、彼の最もよく知られた評論の一つで、「映像を信じる監督」と「現実を信じる監督」の「対立する大きな傾向」を指摘したことがある。ここでの「映像」とは「表象される事物に対しスクリーン上の表象によって付け加えることのできる一切のもの」を意味する（バザン、二〇一五年、一〇五頁、強調は原文）。そこで「付け加えることのできる」ものとは「造形性」と「モンタージュ」である。前者はカメラの前に置かれる人や物にかかわる演出一般のことで、おおむね現在の映画学でいう「ミザンセーヌ（mise-en-scène）」に相当する。バザンは「映像を信じる監督」としてセルゲイ・エイゼンシュテインやアベル・ガンスを、それに対する「現実を信じる監督」としてエリッヒ・フォン・シュトロハイム、F・W・ムルナウ、ロバート・フラハティの名を挙げる。彼らの作る作品は「現実に何を付け加えるかによってではなく、それが現実の何を啓示するかによって価値をもつような映画である」（バザン、二〇一五年、一一二頁、強調は原文）。そして、この「啓示」において本質的なものが「関係」なのである。「フラハティにとって重要なのは、ナヌークとアザラシの間の関係であり、じっと待つ時間の実際の長さである」。ムルナウにおいては空間の現実性であり「ドラマに先んじて存在していた諸々の関係性」である。シュトロハイムの場合は、作り手が凝視することで「それがついには残酷さと醜さを露呈するに至らしめる」ような世界との関係である（バザン、二〇一五年、一一〇―一一一頁、強調は引用者）。

このように、バザンは「対立」を語りながら、実はどちらの場合にも映画が関係性の表象であることを論じているのだ。何かを「付け加える」という関係においても、うわべを飾るだけのこともあれば存在そのものを内奥から輝かせることもある。あるいは、そのとき「付け加えられるもの」がマイナスの値を持つこと、つまり、土本が「かっぱらう」というように、窃盗や剝奪に相当するような関係性もある。

この「関係」において主な対象的契機となるのが人間の身体である。もちろん、ジャンルや場面によって生物や自然ないし人工の光景などが中心となる場合もある。しかし土本典昭の場合、「本来映画はその人の体、顔、声の特徴のすべてをまるごとうつしとる」（土本、一九八八年、二八八頁）という言い回しに典型的に現れているとおり、関わる対象はやはり人間の身体であり、さらに〈活動する身体〉だった。

『水俣の子は生きている』は、〈活動する身体〉との生き生きとした協働によって映画作りを始めた土本が〈活動を妨げられた身体〉と出会った作品である。本章はこの作品を対象として、「人とカメラとの関係」を映画作品の表象の問題として問う。作り手自身の言葉や他の資料を参照しながらも、あくまでも作品の映像と音響に焦点を合わせて、土本典昭の転機の意味を明らかにしたい。(3)

2　〈活動する身体〉との協働

一九六五年の転機までを土本典昭の「初期」と呼ぶなら、その初期作品の特色は何よりも、活劇的な力が横溢している点にある。(4)

土本が記録映画を志したきっかけは、岩波映画製作所に入る前に羽仁進監督の『教室の子供たち』（一九五五年）から受けた衝撃だったという。「構成やナレーションや筋書きじゃなくて、キャメラの見つめたものが原点だということ」に打たれたのだと語っている（土本・石坂、二〇〇八年、四一頁）。しかし初期の土本が採用したのは、演出によって現実を再構成し、ナレーションが内容を解説する伝統的な「文化映画」のスタイルだった。例外的にナレーションをいっさい使わず映像の力だけで、オリンピック開催前の東京をなまなましくとらえた『ドキュメント 路上』（一九六四年）でさえ、主人公のタクシー・ドライバーの親子三人を赤の他人同士で構成した演出は、『教室の子供たち』と同時期の作品で高い評価を受けた『ひとりの母の記録』（岩波映画製作所、一九五五年）の農民の家族と変わらない。

だが、そのようなスタイルであっても、土本の映画は最初から、〈活動する身体〉の動きをカメラが「見つめ」、その身体と協働する姿勢において卓越していた。

最初に演出した作品は『年輪の秘密』というテレビドキュメンタリーのシリーズで、二年間に七本を担当した。日本の伝統的な芸能や工芸などにたずさわる専門的技能者の仕事ぶりを紹介する番組である。

職人の仕事は一般に、三つの要素の組み合わせから成る。手を始めとする身体部位、道具、そして品物として仕上げられるべき材料である。ところが、同シリーズで職人を扱った他の演出家の作品は、ともすれば手に偏り、あるいは顔を強調した。それらとは異なり、土本は正しい選択をした。すなわち、先の三つの要素をほぼ均等に画面上に配置し、三者の間の調和と接触面の動きをしっかり見せる。なかでも傑出しているのは『江戸小紋と伊勢型紙』（一九六〇年）である。清水一彦のカメラによって、染物職人の手と刷毛と布の触れ合いが、なまなましく、ほとんど官能的にとらえられている。型紙の錐彫りでは、彫刻師が片手の指先に添えた錐を別の手で回転させて直径一ミリたらずの円をあけてゆく精妙なアクションが緊迫感を高める。すると画面は不意にその持続を断ち切り、錐の超クロースアップからオートバイで風を切る若者の笑顔へ飛ぶ。実に爽快な、まさに活劇的な編集である。この若者は伝統技術の後継者であり、このショットは新しい世代への希望を体現しているのだ。

ここで概念的な手がかりとして、人間の活動に関するハンナ・アーレントの議論を導入したい。アーレントは人間の「活動（activity）」を、地上での生存の条件に対応させて三つに分類した。生物として生命を維持する〈労働（labor）〉、有意味な世界を創造する〈制作（work）〉、そして複数性という条件のもとで他者と交わす〈行為（action）〉である（Arendt, 1998、アレント、一九九四年）[5]。この分類を土本の初期作品に適用すると、それらは対象となる身体との協働的な「関係」において〈労働＝制作＝行為〉の統合を実現していると要約できる。たとえば『江戸小紋と伊勢型紙』のような作品は、職人と映画の作り手の協働によって、両者のそれぞれの〈労働＝制作〉を社会的な行為の次元で統一する。他者に対する〈行為〉となるのは、最終的にテレビで放送されるという形で作品がメディアの連関に組み込まれるからだ。

このような協働の最高の達成が『ある機関助士』（一九六三年）である。一九六二年五月に起きた三河島事故の大惨事を受けて、国鉄は自動列車停止装置（ATS）の導入による安全対策をテーマとするPR映画を作ろうとコンペを行い、岩波映画製作所の企画が採用された。しかし土本による脚本は国鉄の最新のシステムを取り上げなかった。それどころか、ほかならぬ三河島事故が起きた常磐線を舞台として、動力車乗務員の「何も異状のない」一日の業務を描いた。その平穏な一日は乗務員たちの苛酷な労働によって支えられているのだ。映画は、過密ダイヤの危険性や定時運行主義のプレッシャー、信号や踏切の多さという設備上の問題点、信号の誤認の可能性、運転士の肉体的疲労や緊張などを画面上の随所で示唆し、さらには多重事故防止の訓練をユーモラスに再現して風刺したりもする。これらは、まさに三河島事故の裁判が始まり、事故における国鉄労働者の過失を糾弾する世論が高まっていた当時の状況に対する映画的な介入にほかならなかった。といっても、乗務員の仕事ぶりを美化する対抗的なPR映画ではない。安全な定時運行を達成するという目標に向けた乗務員の〈労働〉とそれをとらえる映画の〈制作〉との協働が、作品の世界を見事に成立させているのである。

この映画で、蒸気機関車の二人の運転士は頻繁に確認の声を交し合い、きびきびした身ぶり手ぶりで機関車を走らせる。人間と機械は、従属や操作という一方的な関係を超えて一体となり、いわば高次の新たな身体を形成する。そして疾走する機関車からカメラがとらえた線路際という帯状の空間は、その高次の身体が外界に触れる鋭敏な皮膚となる（中村、二〇〇八年）。この映画は、まずは動力車労働者と蒸気機関車との協働、さらにそれらとカメラとの協働という重層的な協働によって、人間と機械の一体化した喜ばしい運動を実現するのだ。こうして『ある機関助士』は労働する身体の名誉を回復し、〈労働＝制作＝行為〉を統合する作品となった(6)。

土本典昭は映画作りに際して、いつも労働者たちと緊密な協働を行った。『ある機関助士』は三河島事故の当事者である田端機関区労働組合との連帯の所産である（土本、二〇〇八年、八二頁）。その点では次の『ドキュメント 路上』も同じだった。土本はタクシーの運転手を主人公とするために、ストライキ中で会社を自主運営していた労働組合の協力を得た（前掲書、九二―九三頁）。しかし、この映画は『ある機関助士』とはまったく異質で対照的な作品となった。警察庁の交通安全PR映画を依頼された好機を利用して、土本が作ったのはオリンピック開催を間近にひかえた東京を厳しく凝視する都市映画である。到る所で急速な解体と建設が乱雑に進行している。あちこちが掘り返されている路上で大型ダンプを始めとする自動車がひしめき合い、大気中には排気ガスや粉塵が充満する。土本によれば、それは人間を閉じ込める「殺虫装置」だった（前掲書、九六頁）。交通安全どころではなく、事故は必然である。そのような空間で働くタクシーの運転手は、『ある機関助士』の乗務員のように機械との協働を享受できる境遇にはない。仕事の目標が明確にデザインされているわけではなく、客を拾えるかどうかも車の行き先も、運転手にとっては偶然に委ねられ、しばしば交差点や踏切の渋滞に停止を余儀なくされ、走行中は傍らを走る巨大なダンプに圧迫されたりもする。一日中運転席に座り続けるせいで胃下垂に悩まされている者も何人かいる。

運転手たちは抑圧的なシステムの中で一貫して受動性を強いられる。このような身体と都市空間を、映画はナレーションをいっさい排し、鈴木達夫のカメラと土本のモンタージュによって鋭く再構成した。労働者の身体の受動性に対応して、この作品では作り手の側の能動性が顕著であり、意識的なスタイルが前景化する。渋滞の中でのカメラの唐突な傾きが運転手の一瞬の放心を視覚化し、無残に枯れた立木のショットが排気ガスの猛威を想起させる。カール・T・ドライヤー監督の『彼らはフェリーに間に合った』（一九四八年）の事故シーンのような衝撃的な編集もある。主人公がついに事故に遭ったかと思わせるのだが、この映画の場合は実はトリッキーなモンタージュで、画面にアイロニカルな揺らぎをもたらす。

『ドキュメント 路上』が描いたのは喜びなき街の喜びなき〈労働〉である。[7] 疲労と消耗、焦燥と倦怠、さらには不安や恐怖が画面から滲み出る。ラスト・シーンは職場の朝礼で、運転手たちが車の急発進と急停止を繰り返してタイヤを絶叫させる。ブレーキの点検を口実にした怒りのデモンストレーションである。これは結局、力強い行動《アクション》の映画ではなく無力な受苦《パッション》＝情念の映画なのだ。それでも優れた活劇性をそなえているのは、カメラとモンタージュの妙技が、自動車の走行や停止からスリルとサスペンスを効果的に引き出しているからである。このような才能に恵まれた監督であれば、劇映画の世界で優れたエンタテインメントの作品を撮ることもできたかもしれない、と想像する（惜しむ？）観客も少なくないだろう。

土本の初期作品の活劇性、そして『ある機関助士』が成就した〈労働＝制作＝行為〉の統合は、しかし、対象となる〈労働〉の能動性が前提となっていたのだった。ところが『ドキュメント 路上』で、土本は〈労働〉において受動性を強いられる身体と遭遇した。さらにその後、土本は〈活動を妨げられた身体〉と出会うことになる。〈活動する身体〉との協働によって映画を作ってきた土本にとって、それは映画作家としての本質的な危機にほかならなかった。それまでに土本が築いてきた「人とカメラとの関係」が転換を迫られる。その危機と再生の記録、それが『水俣の子は生きている』である。

3　「間接話法」の挫折

『水俣の子は生きている』は新聞の切り抜きから生まれた。一九六四年の秋、『ノンフィクション劇場』のプロデューサー・牛山純一から土本典昭に託されたその数枚の記事は、それに先立つ六二年一一月の胎児性水俣病の認定と、その後の患者をめぐるいくつかの動きを伝えていた。その中に、熊本短期大学の社会事業研究会というサークルのメンバーが水俣の患者を慰問し、「水俣病の子供を励ます会」が結成されたという記事が含まれていた。「映画の取材の重点」はこの会になった（土本、一九八八年、三六―三七、四一頁）。こうして土本は胎児性水俣病の患者たちと出会うことになる。

この出会い――正確には第1節でふれたように最初の出会いそこない――こそ、映画作家・土本とその作品の転機となった。「その後の水俣映画を考える上での原体験になりました」という言葉をすでに引用したが、その直前の箇所を補わなければならない。ここに「原体験」の複雑な意味が圧縮して語られているのである。

僕らは意識するしないにかかわらず、存在自体としてはテレビ局からやってきた、キャメラという〝正義〟を抱えた撮影隊ということになってしまう。しかし彼らにとって、撮られることに何もいいことなんかない、と撮影を拒絶されました。撮影のむずかしさは、予想していました。だから西北ユミさんを撮っているフリをして彼女の接する患者さんを撮るということを計ったんですが、痛烈に見破られ、批判されたわけです。これは幾度も書きましたが、その後の水俣映画を考える上での原体験になりました。（土本・石坂、二〇〇八年、一〇六頁）

母親たちの「拒絶」には十分な理由があった。土本たちのクルーが水俣で取材を始めた一九六四年秋は、水俣病がすでに「社会問題としては一段落」したと見なされていた時期である（原田、一九七二年、八六頁）。水俣病は五六年に「発見」され、五九年一〇月には有機水銀による中毒であることが科学的に解明された。チッソ水俣工場の排水が原因であろうという疑いが強まる中、同年一二月、被害者家族団体はチッソとの間で不利な見舞金契約を締結することを強いられる。契約には、たとえ原因がチッソにあることが明らかになっても患者は再補償を要求しない、という「破廉恥な文章」が含まれていた（前掲書、六〇―六一頁）。これを新聞各紙は「円満解決」と報じたのだった（小林、二〇〇七年、五八―五九頁）。地元熊本放送の水俣病関連のテレビニュースに関する研究によれば、その後、六一年から六七年までは「報道空白期」となる（藤田、二〇〇七年、二六八頁）。その陰で患者たちの孤立と苦しみは深まるばかりだった。

それでも一九六二年一一月に胎児性水俣病が認定されると、その報道は一部の人々の目にとまった。六三年三月には北海道の北星学園の高校生が患者である子どもたちを見舞うために水俣を訪れる。この慰問も報道され、その記事は土本が牛山から渡された切り抜きに含まれていた（土本、一九八八年、三六頁）。この生徒たちと病院で出くわしたのがきっかけで初めて患者を目の当たりにすることになったのが、のちに水俣病対策市民会議会長として患者の支援に尽力する日吉フミコである。病気のことは知っていたが「市民の多くがそうであるように、私もまた、いっこうに関心を示さなかったことをそのとき深く恥じた」と日吉は言う（日吉、一九六八年、八四頁）。当時の地元の雰囲気をうかがい知ることができる証言だ。胎児性水俣病の認定も、当事者にとって救いにはならなかった。見舞金契約のせいだけではない。原因究明と治療に取り組んだ原田正純によれば、子どもの母親たちには「水俣病と認定されたからと言って、この子どもたちの症状はどうにもならないという空しさが残ったのである」（原田、一九七二年、八六頁）。外部からやってくる者に対して不信感を抱いたり拒否したりするのも当然である。医師の原田でさえ「最初のころは患者家族たち、とくに母親から、強い不信、怨みの激しい言葉を浴びせられたものである。大学から来たというと、だれでも感謝してくれるとぐらいにしか思っていなかった私たちにとって、それはショックであった」（前掲書、七七頁）と率直に振り返っている。ましてテレビカメラへの抵抗は言うまでもない。

土本はこのような状況を知り、短期間のうちに患者と関係を築くことは不可能だと察したので、「初めから水俣病の患者を主人公とはしなかった」と言う。映画の主人公となったのは西北ユミという熊本短大の学生である。「水俣病の子供を励ます会」で活動してきた西北は、卒業を間近にひかえ、無給でケースワーカーの実習を行うために水俣を訪れた。その数日間の行動をカメラは追う。西北の活動を通して水俣病を描こうとしたこの方法を、土本は「間接話法」と喩えた（土本、一九七九年、四〇頁）。ところが、西北に同行して水俣病の「多発地帯」を訪れたとき、「事件」が起こった（土本、一九八八年、五〇頁）。

ワイド・レンズで部落の全景をとっているると、一軒の庭先で主婦たちがさわぎ出した。私はそこにいた患児に気づかなかったのだが、人々は無断でとったとして激しく私たちを責めたてた。私は弁解の言葉もなくそれをきいた。その後から、完全に私は思考力もことばもまともでなくなってしまった。つまり壊れたのである。（土本、二〇〇四年b、九三頁。傍点は引用者）

一九七五年初出のこの文章を、土本は後年の自著の中でも引用している（土本、一九八八年、五〇頁）[8]。しかしなぜ、この出来事で「壊れた」というほどの深刻な衝撃を受けたのかは、実は明確ではない。原田医師が「大学から来たというと、だれでも感謝してくれるとぐらいにしか思っていなかった」と謙虚に自省したのにも似て、テレビで放送するのだから感謝されて当然といった暗黙の思いあがりを打ち砕かれたということなのか。あるいは、「気づかなかった」と書いていることからすると、患者との関係を築くすべがわからないまま持ち込んだカメラを、しかも意図せずに患者に向けてしまった、その迂闊さ、あるいは無自覚に対する自責の念だろうか。

この点に関して、先に引用した晩年の発言はきわめて示唆的である。「だから西北ユミさんを撮っているフリをして彼女の接する患者さんを撮るということを計ったんですが、痛烈に見破られ、批判されたわけです」（傍点は引用者）。七五年の文章では「気づかなかった」と書いていることからすると、この「フリ」や「計った」は、母親に非難されたときの特定の行動を指しているのではない。むしろ土本は、この作品全体で採用した方法それ自体の無意識を自己分析したのだと思われる。すなわち、あとから自分で「間接話法」と喩えたその方法によって、映画は全編を通して患者を盗み撮りしようと意図していたのだ、と。しかし、その方法の無意識的欲望は「痛烈に見破られ、批判された」。──衝撃が深刻だった理由の核心はここにあるのではないか。

『水俣の子は生きている』は、以前の土本の作品のスタイルを踏襲すれば、〈活動する身体〉であるケースワーカーに焦点を合わせ、彼女との協働によって作品として成立する余地もあったはずだ。しかし、土本が本当に対象として撮りたかったのは水俣病の患者たちだった。「間接話法」という比喩が適切かどうかはともかく、たしかに、この作品の映像は〈活動する身体〉と協働することを最初から放棄している。作家の厳しい自己批判は、映画作りの姿勢に向けられているだけでなく、そのようにして作られた映画作品をも対象としているのにちがいない。このあたりで作品そのものへ目を転じることにしよう。

4　〈不活動〉との共同

『水俣の子は生きている』のオープニング・ショットは冬枯れの立木を仰角で写しながらの前進移動である。この映像は「熊本短大は冬枯れの木立の中にあった」という土本の後年の記述にそのまま対応する（土本、一九八八年、四一頁）。いわゆる到着のトポスなのだが、到着の主体は映画の作り手であって主人公ではない。短大の施設内で「水俣病の子供を励ます会」の活動をしている学生たちの中の一人の女子学生に焦点が定められ、「私、西北ユミ、熊本短期大学二年生」というナレーションでこの映画の語り手＝主人公が紹介される――台本を書いたのは土本である（前掲書、五二頁）――。

だが、その後のナレーションと画面は単純に合致してはいない。工場への出勤途上とおぼしき雑踏を西北が歩くショットに、「昭和四十年二月、わたしは水俣に来ました」という声がかぶさる。「わたしは学生時代最後の一週間をケースワーカー実習生として過ごしました。その体験を報告したいと思います」とナレーションが続く間、カメラはというと、高台に並ぶ墓石を写し、次いで眼下の工場を眺望する。それは西北が見る光景として示されるわけではない。

ナレーションが一呼吸置いて、「その日も、水俣は平穏そのものでした」と場面の末尾をまとめていても、この間の画面と声は対応しているとは言えない。カメラは主人公を置き去りにして墓地に登り、死者に哀悼を捧げ、眼下の加害者をじっと見つめている。

次のショットは二分間にわたる長廻しの移動撮影である。カメラは病院の玄関から廊下や建物の間を通り抜けて奥の病室で横たわる胎児性患者の少女の顔まで、一気に――ほとんど猛然と――進んで行く。主人公のナレーションは聞こえているけれども、その姿は映らない。視点ショットでもない。つまり、このカメラの動きは主人公自身のものでもなければ、画面上の主人公の歩みに動機づけられたものでもなく、カメラ独自の運動なのである。[9] 土本によれば、この移動撮影には作り手の心理が影響を及ぼしたという。重篤な胎児性患者を初めて目の当たりにして、土本もカメラの原田勲も強い衝撃を受けた。「とてもカメラをむけられない」という原田の言葉に「それ以外のカメラワークは思いつかなかった」と土本は書いている（前掲書、四八頁）。さらに土本は「そとの娑婆世界から歩きだして、はじめてこの幽閉の門をくぐることができた」とさえ言う。あたかも『神曲』のダンテのように覚悟を決めた撮影だったのだ。ともあれ、このショットには何か思いつめたものがあり、一種の孤独な暴力性さえ帯びている。

こうして冒頭五分ほどの間に、映画はそれが対象とすべき〈活動する身体〉との協働を放棄し、そのことを無言で宣言さえしたのだった。移動撮影の直後に、当の〈活動する身体〉であるはずの西北が病院スタッフに挨拶している様子が映る。かなり引いた位置からのロングショットで、西北は後ろ姿、しかも逆光のせいでシルエットになっている。主人公が実習中の女子学生であることに配慮して、邪魔にならぬ位置にカメラを置く必要はあっただろう。そうだとしても、このショットでのあからさまな距離の取り方は示唆的である。

その後も、作品の構成はいちおう主人公の活動を追う形になっていて、ナレーションも主人公の一人称で通しているにもかかわらず、カメラはしばしば、主人公よりも胎児性患者である子どもたちを間近から撮ることに熱中する。

このあたりは「西北ユミさんを撮っているフリをして彼女の接する患者さんを撮る」という後年の言葉の通りである。だからこそ、数年後の講演で土本は、「結局その映画はキャメラならびに西北ユミさんの記録になってしまいまして、水俣病の患者さんを本当に掘り下げて撮るということはついにできませんでした」と総括することになる（土本、二〇〇四年a、六六―六七頁。傍点は引用者）。「キャメラならびに」という一言は、これまで述べてきたことに照らしても、出来上がった作品に対する透徹した自己批評だと思う。しかし、このような作り手自身の評価に追随して『水俣の子は生きている』を不十分な失敗作として済ませてはならない。「水俣病の患者さんを本当に掘り下げて撮る」ことができなかったとしても、この作品は別種の意味と価値を持った作品なのだ。むしろその点で、この映画を語る作家の言葉は、意図とその成否の因果性とは別に、ある深いレベルで作品と照応しているのである。

「原体験」となった例の出来事に戻ろう。母親から非難されて「壊れた」あと、土本と原田は船着き場の石垣の上に立ちつくし、無為に時を過ごした。やがて、ぼんやりと眺めていた海の底で茶わんのかけらが光るのに気づく。

> 「これに焦点が合うかな？」と言い出したことがきっかけになって、二人で海底のセトモノを黙々とあれこれ時間を費やして何カットも撮りつづけた。水俣病に何の関係もない画面である。それを撮ることでしか私たちは始まらなかったのである。つまり、足ぶみの記録でしかなかったのだ。しかしそのことでのみ、辛うじて映画作家としての根底からの挫折に耐えることができたのである。（土本、二〇〇四年b、九三頁）

砕け散った自分の心象を「茶わんのかけら」に投影したというような感傷的な話ではない。漫然とそれを見つめて時を過ごしたのではなく「海底のセトモノを黙々とあれこれ時間を費やして何カットも撮りつづけた」のだ。

土本のそれまでの映画作りを想起すると、この逸話はきわめて意義深い。〈活動する身体〉を特権的な対象として撮り、しかもそれとの協働によって作品を成立させてきた土本が、ここでは人間が廃棄した道具の残骸にカメラを向けている。それが再出発のきっかけとなったというのだ。つまり、カメラによって「関係」を取り結ぶ対象を、いったん究極的な〈不活動〉である物質に置き換えて、そこから「関係」そのもののあり方を作り直そうとしたということだ。これを土本は「足ぶみ」と書いている。企てを宙づりにすることである。だが、その企てとはどのようなものだったか。それはまさに「キャメラという〝正義〟を抱えた撮影隊」の企てだった。土本の言う「原体験」は、「正義」のようなものによって正当化される企てを白紙還元する契機だったのであり、「壊れた」のは、そのような企ての主体としての自己にほかならない。土本の「原体験」の現場に居て大きな衝撃を受けた西北ユミに対する作家のその後の向き合い方も、上述の観点から読むべきだろう。「だまりこくって歩く彼女のあとを追って、ただその風姿だけをカメラに撮りつづけた。もう映画の仕上りはどうでもよかった」(土本、一九八八年、五一頁)と土本は書くのだが、今や、「ただその風姿だけ」を対象とし「仕上りはどうでもよかった」という姿勢それ自体の積極的な意味を作品の中に認めることができる。

『水俣の子は生きている』は、〈活動する身体〉と映画との協働を放棄するだけではない。映画が描くケースワーカーと患者は、すでに〈活動する身体〉と〈活動を妨げられた身体〉の関係にある。しかし〈活動する身体〉の企ては大きな困難に直面させられる。この両者の協働は至難の業だ。そこで映画は、水俣病の患者たちを前にしたケースワーカーの困惑と苦悩、その無力感を視覚化する。たとえば病院で成人の患者に向き合った西北は、カメラを避けてベッドの陰に隠れた患者と一緒にうずくまるばかりで、その結果、画面上にはベッドから覗いた二人の頭髪しか見えなくなる。この異例のショットについては土本自身の鮮やかな記述があるので、それに対する作家の自己評価も含めて引用しておきたい。

結局カメラは、うずくまりながらもなおベッドのはしにかすかに出ている髪の毛の数センチを、つまり、それ以外ない白いベッドだけを長く長く撮って終わった――。非常に思わぬ経験でしたが、そのことで水俣病とカメラとの関係をかろうじて保ったのです。（土本、二〇〇四年ａ、六六頁）

作家自身の関心はあくまでも「水俣病とカメラとの関係」にあるのだが、画面上の表象という点では、ケースワーカーが患者に寄り添って二人でいっしょに髪の毛だけの存在になってしまい、その活動性や主体性が無化される事態に目をひかれる。

あるいは、主人公が患者の家を訪問して話している画面に、「いくら話しかけても、患者の本当の気持ちや声がどうしてもつかめない」とナレーションがかぶさる。声と映像はこのような場合には対応する。ところが、うなだれて表情の見えない西北の頭部のクロースアップに、いささか唐突に無人の水際のショットがつなげられる。奥の陸地に一艘の船が横たえられ、手前に海面が揺れている。それだけの映像なのだが、この無人の水際は、土本と原田が立ちつくしたという船着き場の光景に通じているのかもしれない。

映画の終盤、胎児性患者の写真に貼られた目張りを剝がす身ぶりが映る。熊本短大の学生たちが桑原史成の写真をパネルにして展示したとき、患者のプライバシーに配慮して目もとを隠したのだ。それを剝がし、剝がす身ぶりを撮った。実際には水俣に行く前の熊本での出来事であり（土本、一九八八年、四三―四四頁）、目張りを外された患者の顔写真はすでに映画の最初の方で短く挿入されている。しかし、この身ぶりのショットはあたかも映画の結論のように終盤に置かれた。ここにはプライバシーとは別の問題がある。目張りはプライバシーの保護を理由に、〈活動を妨げられた身体〉に否定の徴《しるし》を付けることだ。とはいえ、目張りを剝がして徴《しるし》のない身体を肯定するなどと言えば、まだその身体を一方的に客体として扱っている。そうではなく、目張りを剝がす身ぶりは主体と客体との非対称性を超えた新たな共同性を志向する。言い換えれば、〈活動を妨げられた身体〉へのまなざしと〈活動する身体〉の主体性の放棄とを映画の中で強引に結合する。撮影される者の生命《いのち》のあり方に向き合い、撮影する者は企ての主体であることから脱する。このような映画は「正義」による「告発」など行わない。これでいいのかといった問題提起もしない。語ることができない者を代弁するわけでもない。映画は未踏の領野に進み出る。

『水俣の子は生きている』は、〈活動する身体〉との協働を放棄し、企ての主体としての自己を脱した身体が〈活動を妨げられた身体〉と共に在ろうとする。そのようにして独自の意味を持つ作品として成立している。その意味を、いささか硬い表現ではあるが、〈不活動〉との脱自的な共同と要約しておこう[10]。こうしてこの映画は、作家の映画作りの経験においてだけでなく、作品の表象の面でも決定的な転機となった。

注

（1）実際には、この時期、土本典昭は「ノンフィクション劇場」の企画を三本、並行して手がけた。もう一本は『ある受験浪人の青春』（一九六五年）である。

（2）引用・参照の出典は本文中でそのつど挙げるけれども、この件についての土本典昭自身の主な関連文献を列挙しておく。『水俣の子は生きている』については、一九七一年の「水俣病の五年前と今日——映画で見た患者さんの世界」（土本、二〇〇四年a、四三—四五頁）、一九七二年の「映画『水俣』の背景」（同書、六二—六七頁）、一九七五年の「逆境のなかの記録」（土本、二〇〇四年b、九三頁）、『わが映画発見の旅』（土本、一九七九年、四〇—四一頁）、『水俣映画遍歴』（土本、一九八八年、五〇—五一頁）。『留学生チュア スイ リン』については、一九六五年の「プロセスの中の《作家》として——映画『留学生チュア スイ リン』の記録」（土本、二〇〇四年a、七九—九二頁）、一九七二年の「映画は生きものの記録である」（前掲書、一一五—一一七頁）。また、石坂健治によるインタヴューでのそれぞれの作品についての発言を参照されたい（土本・石坂、二〇〇八年、一〇四—一〇七、一〇九—一一〇、一一四—一一五頁）。

（3）土本典昭の一九六五年の転機は、同年のもう一本の作品、『留学生チュア スイ リン』を併せて考察することで初めて十全に明らかになる。この点については別稿で論じることにしたい。

（4）かつて私は、土本典昭の「初期作品」について公の場で話す機会を与えられたことがある。本節にはその講演と重複する箇所があることをおことわりしておく。「『ある機関助士』と土本典昭の初期作品」、「ドキュメンタリー作家 土本典昭」展ギャラリー・トーク、東京国立近代美術館フィルムセンター（現・国立映画アーカイブ）、二〇〇九年八月一日。担当の岡田秀則氏にあらためて謝意を表したい。なお、講演原稿の全文は下記のウェブサイトで読むことができる「土本典昭の一〇〇年の海へ」関連文書 #03 [http://wcnt2009.blogspot.jp/2009/10/03.html] 二〇一八年一月一六日確認。

（5）邦訳書では「活動性（activity）」、「労働（labor）」、「仕事（work）」、「活動（action）」と訳されていて一般にも定着しているようだが、「労働」以外は日本語の語義の点で必ずしも適切とは思えないので、本章では定訳に従っていない。なお、アーレントが『人間の条件』の「プロローグ」で、「思考」という「人間がもっている最高の、おそらくもっとも純粋な」活動を考察の対象から除くとことわっているように、人間の活動が上記の三つに尽きるわけではない（Arendt 1998: 5. アレント、一九九四、一六頁）。

（6）国鉄動力車労働組合の機関紙は好意的な映画評を載せた。単に組合が協力したからというだけでなく作品のこのような出来栄えが理由だったはずである（『国鉄動力車』一九六三年、二頁）。

（7）土本が喜びなき街の喜びなき労働を描いたのはこれが初めてではない。テレビ「日本発見シリーズ」の『東京都』（一九六二年）がすでにそうだった。『東京都』と『ドキュメンタリー 路上』は、どちらもスポンサーの意にそわずに「お蔵入り」となった。首都の活動を下層で支える労働者の実態を描くことはPR映画にふさわしくないということだったのか。

（8）土本は別の機会に、母親は子どもをいったん「家に入れて、扉を閉め、子どもを置いて外に出てきて、怒鳴りつづけているわけです」と語った（土本、二〇〇四年a、六七頁）。映画の中で、ケースワーカーが「多発地帯」を訪れたとき、庭先で作業をしている人々のなかで一人の女性がカメラの方を振り返ると、急に立ち上がって子どもを抱き上げ、奥へ消えてゆく。これが土本の書いている出来事かどうかはわからないが、少なくともそのような動きが画面の端に写しこまれていることに留意したい。

（9）これに対して『ドキュメント 路上』の冒頭の移動撮影は、主人公が運転するタクシーの運動である。つまり活動の主体と映画との協働である点で根本的に異なる。

（10）この表現は、「無為の共同体」をめぐるジャン＝リュック・ナンシーの議論を緩やかに念頭に置いている（ナンシー、二〇〇一年）。しかしここでは、〈不活動〉と関連しそうな概念に関して「無為」というこなれた表現は採用しない。日本語として「怠惰」のニュアンスを拭うのが難しい上に、仏教的な意味を歴史的に背負ってもいるからである。

文献

ハンナ・アレント『人間の条件』志水速雄訳、ちくま学芸文庫、一九九四年

小林直毅「総説「水俣」の言説的構築」、小林直毅編『「水俣」の言説と表象』藤原書店、二〇〇七年、一五―七〇頁。

土本典昭『わが映画発見の旅――不知火海水俣病元年の記録』ちくまぶっくす、一九七九年

土本典昭『水俣映画遍歴――記録なければ事実なし』新曜社、一九八八年

土本典昭『映画は生きものの仕事である』（新装版）未來社、二〇〇四年a（原著一九七四年）

土本典昭『逆境のなかの記録』（新装版）未來社、二〇〇四年b（原著一九七六年）

土本典昭・石坂健治『ドキュメンタリーの海へ――記録映画作家・土本典昭との対話』現代書館、二〇〇八年

中村秀之「「ある機関助士」、あるいは皮膚のエチカ」『映画芸術』第四百二十五号、二〇〇八年、二六―二七頁

ジャン＝リュック・ナンシー『無為の共同体――哲学を問い直す分有の思考』西谷修・安原伸一朗訳、以文社、二〇〇一年

アンドレ・バザン「映画言語の進化」野崎歓訳、『映画とは何か（上）』野崎歓・大原宣久・谷本道昭訳、岩波文庫、二〇一五年、一〇三―一三五頁

原田正純『水俣病』岩波新書、一九七二年

日吉フミコ「水俣病とのたたかい」『社会主義』一九六八年九月号、八四―九〇頁

藤田真文「ニュース報道における「水俣」の表象」、小林直毅編『「水俣」の言説と表象』藤原書店、二〇〇七年、二五九―二九六頁

「映画紹介 迫力もつ記録映画 国鉄PR映画「ある機関助士」」『国鉄動力車』第五百七十八号、一九六三年五月一三日、二頁

Hannah Arendt, *The Human Condition*, Second Edition, The University of Chicago Press, 1998.

第3章　問いと指差し

――神馬亥佐雄と『汚水カルテ』の映像試論

角田拓也

1　岩波に残った作家・神馬亥佐雄――『和歌山県』の面白さ

二〇〇二年、神馬亥佐雄という一人の映画人がこの世を去った。一九三五年大阪府大阪市に生まれた神馬は、五三年に京都大学文学部へ進学する。五四年に同大学法学部を卒業する大島渚と学内で接点があったのか否かは定かではないが、神馬は在学中『佐久間ダム　第一部』（演出：高村武次、一九五四年）や『教室の子供たち』（演出：羽仁進、一九五四年）、『絵を描く子どもたち』（演出：羽仁進、一九五六年）などのドキュメンタリー作品に決定的な影響を受け、五七年の卒業と同時に岩波映画製作所へ入所する。羽仁進のモンタージュ映画として名高い『法隆寺』（一九五八年）や楠本徳男による大作『巨船ネス・サブリン』（一九六一年、同年教育映画祭最高賞他多数授賞）などの助監督をつとめながら、六一年テレビ『日本発見』シリーズの『和歌山県』で監督デビューを果たす。

『日本発見』シリーズはNETテレビ（現テレビ朝日）で一九六一年六月から六二年五月まで、日曜日午前十時から三十分枠で放送されていた番組である。日本地理シリーズとも呼ばれていた同番組のスポンサーは富士製鐵であり、当時「鉄の岩波」とも言われ「PR映画のメッカ」としての地位を確固たるものにした六〇年代の岩波映画を象徴するシリーズである（佐藤・野口、一九六一年）。その一方で、羽仁進、黒木和雄、土本典昭をはじめとした監督、また奥村祐治や鈴木達夫といったカメラマンも含め、日本におけるヌーヴェル・ヴァーグの若き担い手たちが数多く参加していたテレビ番組としても特筆すべきである（筒井、二〇一四年）。当初、各都道府県の産業経済及び文化を紹介するという教養番組として構想されたが、テレビの現場優先的な製作体制を逆手にとって地方の労働格差問題に焦点を合わせるなど、「企画」の枠を超えたドキュメンタリーとしてにわかに注目を集めるようになる。そのような中、黒木演出『群馬県』と土本演出『東京都』がスポンサーから露骨な干渉を受けた上、最終的に別のスタッフによって撮りなおされるという事態が生じてからは、各映画サークル機関紙や『記録映画』誌上において「地理テレビ問題」として議論されるようになった（林、一九六二年）。実際、スポンサーによってキャンセルされたのは上記二作であるが、千葉、和歌山、岐阜、山梨、宮城、長野、宮崎、岩手、神奈川、京都、島根、山形など、多くの作品が何らかの修正を迫られたという（林、一九六二年）。

黒木和雄は、自らの『群馬県』を振り返りながらも、シリーズを通して最も印象に残っているのは土本典昭の『鹿児島県』と『佐賀県』、そして神馬亥佐雄による『和歌山県』だと述べている（阿部・日向寺、一九九七年）。ここで黒木は、これら三作が「傑出」していたということ以外に多くを語らないが、監督・神馬としてのデビュー作がすでにある種の作家性を帯びたものとして記憶されているとすれば、この作家・神馬亥佐雄とは一体どのような存在であったのか。また、五十年以上が経過した現在、作家・神馬亥佐雄とどのように対峙することができるだろうか。

『和歌山県』はまず作品を通して、フィルム・ノワール作品等で頻用される斜め下からの構図など、劇映画的なスタイルが随所に見られる野心作である。また導入部に紹介される和歌山城のショットは、城そのものを望遠レンズで見据えながらも、フォーカスはむしろ手前で画面を分断するようにそそり立つテレビアンテナを明らかに強調している。ここで地方都市のメディア包囲網を可視化しながらも、ナレーションはというと、豊臣秀吉に由来を持つ和歌山の中心的な歴史建造物は、実のところ戦後に全面修復された「鉄筋コンクリートのビル」である、とさらりと言ってのける。このような画面及び語りの重層性は、作品の主題的広がりとも呼応する。例えば若者世代の形態として紹介される潮岬の農夫婦は、農作業に勤しむ若い妻のイメージと、オーストラリアの真珠養殖会社への出稼ぎで何年も家を留守にする夫の不在を告げるナレーションによる見事な対比を通して描かれている。直後のシーンでは、毎週夫から送られてくるという手紙を読む妻のボイスオーバーに合わせて、夫妻の質素な和室に飾られている（おそらく夫からの土産であろう）場違いの小さなワニの剝製をカメラは捉える。また世代格差の例として、戦時中カナダへと移住し現地のりんご園で富を築いた老人らが、「死ぬためだけに」和歌山に帰県し余生を過ごす様子が描かれる。彼らは「日本の現実には全く無関心」で「カナダの思い出話」に花を咲かせるのみである。作品終盤では、地元のたわし製造工場で働く若い女工に焦点を合わせており、まるで土本『東京都』の序章を見ているかのようだ。実際、彼女たちのような低賃金で働く地方の女工たちの多くは、より良い生活を求めて東京へと向かうのであり、それはまさに土本が『東京都』で描こうとした群像劇そのものの姿だ。『和歌山県』におけるこういった演出に作家・神馬の批判精神を読み取ることは容易であろう。だが同時にここでの批判精神を、スポンサーに代表される独占資本や支配的階級といった「権力」への抵抗という二項対立に還元してしまってはならない。和歌山城＝鉄筋コンクリート、農家の和室（妻）＝ワニ（不在の夫）という構図は辛辣でありながら徹底的にユーモラスであり、ここには「抵抗の物語」として収束しきれない、いわば物語性そのものをすり抜けていく軽快な喜劇性が前景化されているのだ。そしてこれは、黒木が「カカア天下に空っ風」をテーマに取り組み、結果お蔵入りとなってしまった『群馬県』が目指していたものと無関係ではないのかもしれない。

もちろんこの『和歌山県』の面白さは、広い意味での「制度の転覆」であり、ベルトルト・ブレヒトあるいはヴィクトル・シクロフスキーらの「手法としての異化効果」などと照らし合わせながら、六〇年代映画・テレビの方法論として分析するのも生産的かもしれない(1)。だが、ここでは神馬の映画・テレビメディアに対する態度の問題として少し考えてみたい。神馬は『和歌山県』の他に、『日本発見』シリーズでは『京都府』と『島根県』を演出しているが、ちょうど『京都府』の撮影直後に、雑誌『記録映画』編集部より「（同シリーズの製作過程で）映画にならなかった面白い話を書け」という執筆依頼が入る。ここで注目すべきは、神馬の返答記事が「面白い話を映画にできない演出家という概念がPR映画作家の中に充満しているのか？」という問いかけからはじまるのである（神馬、一九六一年、二四頁）。もちろん依頼の根底には、スポンサーあるいは上層部からの抑圧によりやりたいことができないというジレンマを想定した雑誌編集部の「親切心」があることを神馬は十分理解している。しかしながら、PR映画では面白いことができないので代わりに雑誌に寄稿する、という企画そのものが「変ちくりんなコンプレックス」の表出なのではないかと神馬は「カンぐる」のである（同頁）。この問題提起は、例えば佐々木守が戦後のPR映画史を俯瞰しながら作家の主体性というものに疑問符を投げかけた「PR映画作家論」のような分析的なものではない（佐々木、一九六三年）。むしろここでは、映画・テレビというメディアでできないとされる「面白いこと」が、雑誌という印刷メディアで（告発という形をとりながら）できる、という考えに対する映画作家のささやかな抗いを読み取ることはできないだろうか。『和歌山県』はお蔵入りこそしなかったが確かに面白い作品であり、神馬にとっての面白さとは、権力批判のスキャンダラスさと必ずしも同義語ではない。そして、神馬の映画・テレビメディアに対するこのような視座は、後述する「問う作家」としての神馬の態度と無関係ではない。

ここで黒木、土本ら岩波出身の作家たちと神馬との違いについて明記しながら、本章の主題へと移りたい。前者の作家たちは六〇年代に（会社の名簿上は）岩波を去ったのに対し、神馬は『和歌山県』で演出デビュー後、一九八九年に製作所取締役を退きフリーになるまで岩波映画に残った映画人である（井坂、二〇〇二年）(2)。これまで岩波を去った作家たちについて論じられることは多かったが、本章はこの岩波に残った作家・神馬亥佐雄に焦点を合わせるものである。前半部では神馬の六〇年代のイタリア留学とその間に製作された短編実験映画に焦点を合わせながら、岩波という組織と映画ヌーヴェル・ヴァーグの交錯点について考える。

後半部では神馬演出のテレビドキュメンタリー『汚水カルテ』（一九七七年）における画面構図と記号論的なテクスト分析を中心に据え、問いと指差しを手掛かりに同作品における「現在性」を考察していく。一連の分析は、歴史の間隙を埋める作業として神馬亥佐雄を発掘することが必ずしも目的ではなく、岩波映画製作所という組織、あるいは抵抗の物語として抽出されがちな六〇年代のメディア文化及び作家研究を現在地から自己言及的に捉え直す作業と直結している。

2　エトランジェの眼、ヌーヴェル・ヴァーグ——『Soggetto e Regina』の眼差し

三十年以上にわたる岩波でのキャリアにおいて、神馬亥佐雄は多くの作品に携わり、その中には秀作、力作と称される演出・企画作品も少なくない。前述『日本発見』シリーズの演出のほか、（『和歌山県』と『京都府』で奥村祐治と、『島根県』で鈴木達夫、久保田幸雄らとチームを組んでいる）、六〇年代は『伸びゆく日本触媒』（演出：牛山邦一、委託：日本触媒化学工業、一九六一年）、『明日を拓く』（演出：喜渡正男、委託：久保田鉄工、一九六六年）、『今日の日本の工業』（演出：喜渡正男、委託：外務省、一九六七年）、『フジカと仲間たち』（演出：諏訪淳、委託：フジカ販売、一九六七年）などの委託作品に企画・脚本としても参加している。だが神馬の代表作として最も広く認知されているのは、一九六九年作『シップヤードの青春』（企画・脚本：清水邦夫、委託：日本造船工業会）であろう。翌年の教育映画祭最高賞や第八回日本産業映画コンクール奨励賞など数々の賞を受賞した本作は、岩波映画史全体においても初期の羽仁作品や『佐久間ダム』などと並び記念碑的作品として言及されることも多い。造船業は当時日本の輸出産業として成長著しく、映画は巨船製造の工程を『佐久間ダム』にも匹敵する壮大なスケールで捉える一方で、造船工場で溶接工として働く二十

歳の青年の目を通して、工場での分業化や機械化、そして「日常の気だるさ」などを時に劇映画仕立てで描き出す。PR映画としての成功もさることながら、まるで造船（＝業界）と映画製作（＝苦悩する若者）を重ね合わせるような重層的な構成は、当時の若手映画作家から広く共感を呼び、例えば岩波映画内部の有志でゲリラ的に企画・編集されていた同人誌『りていく』の第二号（一九六九年十一月発行）は、『シップヤードの青春』の特集を組んでいる。この中で、四宮鉄男は同作を「徹底的に闘わぬ青年労働者の映画」であると論じながら「全く無表情に、全くの意志もなしに」走り続ける青年の姿に最大級の賛辞を贈る（四宮、一九六九年、一四頁）。特に映画の終盤では、労働に従事するわけでもなく、被写体として美化されるわけでもなく、ただまるでカメラの動きを誘発するためだけに運動するかのような青年の身体が捉えられる。四宮はこの青年に、自身も含めた若手作家の行き詰まりを読み取っているが、闘争しない身体の現前性という四宮の洞察は、後述する「問う作家」としての神馬の姿と共鳴するかもしれない。

これらの神馬作品群を映画史における俯瞰的な視点から見ると、同世代の映画人によるヌーヴェル・ヴァーグ興隆期の六〇年代において、神馬はPR映画に没入していたと言えるのかもしれない。だがここで注目したいのは、六二年から二年間、岩波映画からの派遣でイタリア国立映画実験センター（Centro Sperimentale di Cinematografia）への留学を経験するということである。「チネチッタ」や「チェントロ」などの通称で呼ばれることもある同センターは、フェデリコ・フェリーニやルキノ・ヴィスコンティらが教鞭をとっていた世界最古の映画学校であるが、日本ではもっぱら増村保造が留学し決定的な影響を受けたことで認知されているであろう。増村（一九二四年生）の留学は一九五二年からであり、神馬とは重なっていない。『くちづけ』（一九五七年）で衝撃的な監督デビューを果たす増村は、世代的には神馬よりもひと回りほど上であるが、大島渚らヌーヴェル・ヴァーグの旗手らと論壇を分かちあったモダニストである。『新人作家の主張』や『ある弁明』などの文章で、増村は映画技法《テクニック》の重要性を唱え、また知性よりも感覚に裏打ちされた自我を信奉し時に没政治的との批判を浴びるが、この「新人」による作家主義に貫徹しているのは

図1　映画『Soggetto e Regina』（1963年）タイトル画面
提供：井坂能行・岩波映像

彼がイタリアで体験したヨーロッパ的個人主義の表明である。

戦後映画史の転換期にあたる六〇年代に「組織《インスティテューション》からの派遣」という形で日本を飛び出し、世界最古の「映画教育機関《インスティテューション》」で二年間を過ごした神馬は、欧州という異国の地で何を見、どのような経験をしたのであろうか。神馬本人によるイタリア滞在についての文章は残されていないが、留学後期に『Soggetto e Regina』という卒業作品を製作している（図1）。『主題／対象（Soggetto）と女王（Regina）』と翻訳することができるだろうか。五分ほどの短編は、一九六二年に国外初の日本文化会館として設立されたローマ日本文化会館で撮影されている。同会館を訪れたイタリア人女性が、会館日本庭園（現実）と館内（幻想）の間で揺れ動きながら遠く日本の地に想いを巡らせるという実験映画だ。日本人男性とイタリア人女性の交流（めいたもの）を前景化しているが、映画の始まりと終わりに女性の短いモノローグがボイスオーバーとして挿入される以外に会話はなく、「声」を欠いた抽象的な語りは眼差しの交錯として解体され、直ちに再構築される。視線を投げかける男性のロングショットを受ける形で挿入される女性の視線のショットは、男性に切り返されるのではなく庭園の人工池へと向けられている、という具合だ。つまり眼差しは空間的繋がりを内包してい

図２　映画『Soggetto e Regina』（1963 年）
提供：井坂能行・岩波映像

るが、切り返しとして交換されるのではなく絶えず外へと開かれている。館内の（幻想）空間をイタリア人女性が歩き回る場面では、装飾空間を「見物」する女性自身に呼応する形で、カメラの抑制された動きが館内の障子扉、生け花、オブジェを幾何学的に捉える。同時に女性は物言わぬ和装の日本人風の男女と視線を交えるが、突如現れる能面を被った男女に遭遇するやいなや女性は彼らの眼差しの「対象」そのものとなり、「見るもの」から「見られるもの」へと転換を遂げる。その後彼女はカメラを直視しながら、カメラの方＝こちらへゆっくりと歩み寄る。すなわち、究極の外＝映画を観る我々へと視線を投げかけるのだ（図２）。ここで映画を「観るもの」は「観られるもの」へと転換を迫られるとともに、彼女との眼差しの交錯を成立させる。直後に彼女は庭園（現実）へと立ち返り、映画は終わる。

　欧州女性と日本人男性という人物設定（及びモノローグの使用）はアラン・レネの『二十四時間の情事』（一九五九年）を意識しているようであるし、幻想＝能面という連想は、衣笠貞之助による『狂った一頁』（一九二六年）のそれを想起させるかもしれない。だが、そのような間テクスト的な広がりのみならず、映画が国境・文化を越える上で避けることのできない異人種間《インターレイシャル》による眼差しの交錯そのものが、神馬のイタリアでの経験と重なるようで興味深い。言うまでもなく、この異人種的《インターレイシャル》な眼差しが内包しているものは、ヌーヴェル・ヴァーグの一翼を担うシネマ・ヴェリテの勃興と無関係ではない。五〇年代ジャン・ルーシュらを中心に盛んに試みられた映像人類学的な視点は、人間（主体）が人間（客体）を客観的に観察・記録するというパラドキシカルな主観性が、カメラ・映像という（機械的）他者性を獲得することで一気に浮上した映画装置のポリティクスそのものである。同時録音技術の普及と相まり、「撮るもの」と「撮られるもの」、「虚構」と「真実」、「過去」と「現在」、そして「主体」と「他者」などの境界を根本から問いただすドキュメンタリー理論と実践＝シネマ・ヴェリテが六〇年代の映画文化を席巻したことは周知の通りである。さらに俯瞰的に見れば、映画史最初期の一八九五年より始まったリュミエール兄弟らによる「世界の風俗撮影」もその潮流の一端であるといえるだろう。

ただここでは岩波映画の社史及びその取り組みとの関連で考えてみたい。一九六一年『映画評論』で、佐藤忠男と野口雄一郎が『ドキュメンタリーの新しい波／岩波映画製作所』と題し、作家分析ならぬ撮影所分析を行っている（佐藤・野口、一九六一年）。六一年という時代背景を考えれば、「新しい波」という表現はあからさまにヌーヴェル・ヴァーグの系譜を意識しており、ここでその潮流を作家ではなく製作所に見出そうとする試みは興味深い。分析の対象は同年『不良少年』で鮮烈な長編劇映画デビューを果たした羽仁進のみならず、岩波の前身である中谷宇吉郎研究室の発足から製作所初期の科学映画、そして「PR映画のメッカ」へと至る経緯など多岐にわたる。その中で佐藤・野口が特に注目するのは、岩波の「出版と映画の多角経営」である。知られている通り、岩波映画はその創立時から、映画（テレビ）製作とともにスライド製作・販売及び『岩波写真文庫』の刊行にもほぼ同時進行で取り組んでいた（草壁、一九八〇年）。これら三つのメディアのコンテンツは組織における「業務」の上でも交わり合っており、例えば若林幹夫らが指摘するように、上述の『日本発見』シリーズは『岩波写真文庫』の『新風土記』シリーズを企画の叩き台にしている（若林、二〇一四年）。岩波のこうした「メディアミックス」的な事業展開は、六〇年代の虫プロダクションに代表されるアニメーションの事例、またその後さらに確立されたブランド事業として七〇年代以降を駆け抜けた角川映画などと比較分析する価値は大いにあるであろう。(3)

佐藤・野口による『岩波写真文庫』の分析は、メディア横断的な多角経営と並行し、同シリーズの発足にまつわる報道写真家、名取洋之助に注目する。一九五〇年のシリーズ刊行にあたり名取は岩波映画に顧問として招聘されるのであるが、名取は一九二〇年代後半からのドイツ留学を機に、三〇年代には世界的写真週刊誌『ライフ』の専属カメラマンとして活躍する。佐藤・野口は、この「永《ママ》い間の外国生活の経験をもった」「写真界きってのインテリゲンチャ」が全面指導に当たった『岩波写真文庫』は、「われわれ読者に祖国日本の風土と産業の真実の姿を教えて」くれたと明言している（佐藤・野口、一九六一年、三二頁）。その独自の視点を、佐藤・野口は「エトランジェの眼」と表現するのだ。ここでのエトランジェ《étranger》が「外国人」、「異邦人」、「見知らぬもの」の意であるとすれば、佐藤・野口にとって、岩波映画とは外部、この場合は「日本」の外側と「岩波」の外側両方からの眼差しを組織として内化することで映画の「新しい波」を誘発したということだろうか。別頁で、「読むことから見ることへの移行」（三〇頁）とも表現されているこのプロセスは、単なるメディアの差異、事業展開の差異のみならず、未だ知り得ぬ眼差しそのものを岩波が獲得しようとする試みであったと考えることができるだろうか。ここで大切なのは、作家として主張する眼差しではなく、組織として模索する眼差しであり、組織の内部と外部の関係性を絶えず自己更新する態度である。外側にいた名取という人物を通してエトランジェの眼を体得しようとした岩波映画は、約十年後のヌーヴェル・ヴァーグ興隆期、神馬を外側（イタリア）に派遣したのである。社史にも詳細の記述は残されておらず、今日の言葉で言うこの社員派遣の意図を汲み取ることは難しい。だが、岩波とともに語られるべき映画の「新しい波」は、やはり羽仁進や黒木和雄といった作家個人の才能のみによってもたらされた偶然として片付けられるべきではなく、外部を内化し（名取）、内部を外に出す（神馬）組織としての岩波と対峙することで見えてくるものがあるはずである。

『Soggetto e Regina』における異人種間の眼差しの交錯は、上述したように私たちの眼と彼女《エトランジェ》の眼の交錯でもあり、同時にシネマ・ヴェリテ及びヌーヴェル・ヴァーグの中核をなす視点でもある。だがこの眼差しの模索は、岩波映画という組織の創成期から始まっていたと考えることは可能であろうか。名取の例に限らず、同製作所はその発足当初から羽仁や羽田澄子といった映画界の外にいた未経験者を好んで雇い、岩波という老舗の出版社を母体に据えながら映画・視聴覚メディアという外の領域へと飛び込んでいった。この意味では岩波＋映画という製作所の誕生それ自体が、内と外とが絡み合った交錯であったと言える。だがこの交錯がもたらした映画の新しい潮流は、新鋭作家による破壊的な介入によって触発されたというよりも、（岩波と映画という）異質のものが混ざり合うことで新しい性質の生成物が発生するという化学反応に似たものだったのではないだろうか。岩波映画が、前身機関である中谷宇吉郎研究室において、『凸レンズ』（指導：中谷宇吉郎、撮影：吉野馨治、一九五〇年）という科学映画でその活動をスタートさせたことは偶然ではないであろう。文部省のスポンサーを受けた十五分ほどの短編は、レンズと光線の交錯を可視化することで各々の性質を解説しようとする教育映画であるが、それは同時に眼における視覚現象の根本、あるいは映画装置の主要素であるところのレンズと光の交錯を自己言及的に追究するエトランジェの視点でもあるのではないか。六一年に佐藤・野口が肌で感じていたドキュメンタリーの「新しい波」と「エトランジェの眼」の関係性は、同時期に神馬をイタリアへ派遣した岩波という組織の核心を衝いていたのかもしれない。

3　アカデミックな視座――『汚水カルテ』

ここから『汚水カルテ』（一九七七年）の分析に移りたい。当作品はテレビシリーズ『地球時代』の中の一本である。もとは財団法人放送番組センター（一九六八年から財団法人として、放送界全体の協同事業としてスタート）が民放テレビ局への配給を目的に企画した一クール十三本のドキュメンタリーシリーズである。日本万国博覧会記念協会の協力を得ているが、実質の製作は岩波映画が担当しており、一九七七年一月から四月まで、東京12チャンネル（現在のテレビ東京）で午後九時三十分から二十五分枠で放送されていた。テーマは多岐にわたるが、一九七三年より表面化した石油危機を受け、エネルギー資源の問題（第一回放送『眠れるエネルギー』）とそれに伴う省エネルギーへの取り組み（第十回放送『省エネルギー時代』）などに重点が置かれているほか、非常に今日性の高い原発問題にも言及した社会派ドキュメンタリーシリーズである。第二回放送『いま原子力発電は…』は、羽仁と並んで岩波映画の第一世代を代表する羽田澄子が演出を担当しているが、茨城県東海村に日本初の原子力発電所が造られてから十年が経過した当時、主要な新エネルギー源として原発に注目が集まる中、福島県大野に建てられた福島第一原発も取材している。

『汚水カルテ』は鉄・石油・電力エネルギーの供給源として一九七〇年代前半に操業を開始した超巨大コンビナート、鹿島コンビナートをテーマに据えている。六〇年代の高度経済成長を経験してきた日本人にとって、コンビナートというと「埋め立て地」という印象が強い中で、鹿島臨海工業地帯は海側から陸に向かって掘り込んで行くという「掘込み式」人工港湾のコンビナートという特質がある。六〇年代最後の超大型コンビナートとして、六九年四月住友金属熱間圧延工場の完工、同年十月鹿島港開港という形で臨海域に広がっていくのであるが、このような事業の拡大に伴い、周辺地域への公害問題が顕在化していく。

『汚水カルテ』はタイトルが示唆する通り、カルテ作成のようにデータを用いながら鹿島コンビナート周辺の水質汚染とその現況を追及するドキュメンタリーである。

鹿島開発と公害問題については開港当初から、『朝日ジャーナル』に連載された報告をはじめ『展望』や各種新聞・雑誌等で鹿島批判が繰り広げられる（中岡、一九七四年）。だが『汚水カルテ』との関連で注目したいのが、それらのジャーナリスティックな批評と並行して、社会学者や工学者らによるアカデミックな分析が行われたことである。

そしてその中でも社会学的な見地から当時非常に鋭い考察をしていたのが中岡哲郎であり、一九七四年に『コンビナートの労働と社会』を出版している。この中で中岡はまず、上述した論点、すなわち埋め立て地型コンビナートから過疎地型コンビナートへの転換点としての鹿島に注目する。それは明治以来百年余り続いてきていた人口密集地に隣接する形の都市近郊型工業開発から、人口過疎地帯に押し付ける形での巨大コンビナートへの歴史的な転換点を意味する。中岡はジャーナリズムの領域で展開されていた鹿島批判に対しある種の距離をとりながら、企業悪の象徴とその例証としての鹿島という構図、すなわち開発→公害→自然破壊→農業破壊といった紋切り型のコンビナート批判では鹿島がもたらした構造的な変化を捉えることはできない、と主張する（同書）。本来俎上に載せられるべきは、むしろ巨大コンビナートにおけるオートメーション化、インテグレーション化による労働というものの根本的な変化であり、生産性の向上がすなわち労働者の削減、労働の単純化を促進し、人間が機械合理性に従属せざるを得ない構図をつくり出してしまっていることへの問題意識を中岡は喚起するのだ。中岡にとっては人間が、ある意味労働を通して保持してきた人間性というものを根底から覆してしまう契機となったのが鹿島コンビナートなのである。

『汚水カルテ』は、鹿島下水道事務所所長や漁師、地域集落の住民などに取材しながら、全編を通して主にインタビューで構成されているが、ジャーナリスティックな告発とは一線を画し、むしろ中岡の分析的な視点と共鳴している。そして中岡のアカデミックな取り組みと一直線上でつながっていたのが当時の若手論客、中西準子の仕事であり、この中西こそ『汚水カルテ』に登場する主要人物の一人だ。中西は撮影当時、東京大学工学部（都市工学科）助手ということだが、その時点で国内の汚水処理、下水道計画などの研究を通して国や自治体行政と対峙していた環境工学者である。一九七二年十一月の『展望』に『鹿島　公害なき開発の終末点――数字があばく公共性の実態』（ここでの執筆名は近藤準子）と題された論文を寄稿し、霞ヶ浦の水門を閉め切ることによって鹿島で使用される工業用水を供給する、という「霞ヶ浦総合計画」が周辺の自然に与える悪影響を指摘している。ここで特筆すべきは、中西は必ずしも鹿島コンビナートの存在を絶対悪として否定するのではなく、生産高についての批判でもなく、あくまで工業用水事業の見直しについてデータを駆使しながら立証を試みている点である（近藤、一九七二年）。『展望』は当時左派の有力文化雑誌で、例えば同年十月には土本典昭が『水俣病――苦悩の果ての旅』を寄稿しているが、中西の環境工学・統計学的な論文は中でも異彩を放っていたと言えるのではないだろうか。

中岡と中西のアカデミックな仕事を俯瞰してみたとき、『汚水カルテ』の重要な特徴が見えてくる。それは、『汚水カルテ』という間違いなく鹿島水質汚染を追及するドキュメンタリーにおいて、被害（者）のイメージは不在であるということだ。もちろん水俣病とは公害としての性質及び歴史的事実は大きく異なるが、例えば本論集でも分析されている土本典昭の『水俣シリーズ』との相違は明らかである（一方で、一九七五年の『医学としての水俣病』に見られるように、土本は確かに科学的な眼差しをも持ち合わせており、これは作家・土本典昭を分析する上で極めて重要であるが、この点については稿を改めたい）。『汚水カルテ』では、鹿島湾岸を車のフロントガラス越しにいわゆる一人称カメラに近い形で捉えるショットをはじめ、鹿島工業地帯という無人の場あるいは空間のショットが随所に使われている。言い換えれば、巨大コンビナートとそれに伴う人間の不在そのものがドキュメンタリーで前景化されているのだ。これは一方で中岡が分析した通り、鹿島における労働者の不在を示唆していることは明らかだ。しかしそれは同時に、被害（者）の現前不可能性も暗示しており、また視聴覚メディアであるテレビにおいて、「見えないもの」、「聞こえないもの」を捉えようとする試みであると考えることもできるだろうか。例えば同作品の中盤において神馬のインタビューを受ける鹿島下水道事務所検査課の担当者は、鹿島での工場排水の管理は総量規制ではなく濃度規制であることを強調する。画面は勢いよく流れ出る鹿島湾岸の排水をクローズアップで捉えるが、そこにはむしろ総量ではなく濃度という可視化不可能な対象への苛立ちが見え隠れしているようである。

ではこの労働者・被害（者）の不在が印象的なドキュメンタリーにおいて、ひときわ私たちの目を引く存在は何であろうか。それは紛れもなく、マイクとカセットデンスケ（録音機）を抱え、カメラの前でインタビューをとり続ける神馬亥佐雄と、上述した中西準子の存在である。だが彼らは労働者や被害者の代弁者としてカメラの前に立つのではない。以下、映画・テレビメディアの特異性と照らし合わせ、問う神馬と指差す中西の媒介されたイメージに特化しながら考察していきたい。

4　「問うもの」と「指差すもの」

『汚水カルテ』は、鹿島臨海工業地帯という場の状況設定から始まる。無人のコンビナートと排水溝をロングで捉えながら雄弁に動くカメラは、劇映画のエスタブリッシング・シークエンスを想起させる。俳優岩尾展宏のナレーション（多くの『地球時代』シリーズのナレーションを担当）に続いて視聴者が耳にするのは、「コンビナートができてから、漁業をやっている人に一番影響があったっちゅうたらどういうことがあったんですか？」と問いただす神馬の声である。その間カメラは左へパンしながら無人の鹿島湾岸を捉え続ける。言い換えれば神馬はまず、「問う声」として登場するのだ。鹿島灘漁業協同組合長の返答を受けて、手持ちのショットはやがて神馬と組合長を捉えるが、インタビューで常套的に使われる画面構図と比較すると、最初のショットでは組合長ではなくむしろ神馬の大きな背中と後頭部が画面の中心を占めている。ドキュメンタリーの冒頭で、神馬の存在はこのように問う声と画面を覆う身体を通して確立される。時に神馬は、インタビューの受け手に返答を聞き返すとき、マイクを近づけるのではなくむしろ頭を近づける。すなわち視聴者が目にするのは、「記録するもの」でも「代弁するもの」でもなく、「問うもの」としての神馬なのだ。

テレビドキュメンタリーと「問うもの」としての作家の関係を歴史的に考察するとき、忘れてはならないのが一九六六年の記念碑的番組『あなたは……』における新しい方法論的意識であろう。萩元晴彦・村木良彦の共同演出（構成は寺山修司、音楽は武満徹）による同作品は、ボクシングジムや築地の魚市場、東京大学やロッテの工場など都内二十四カ所で、年齢・性別・職業問わずあらゆる人々に二十一個の質問を投げかける、というドキュメンタリーである（丹羽、二〇〇二年）。この全編同時録音によるインタビューで構成されたドキュメンタリーにおいて、問いかけは一見述べ八百二十九人にものぼる「インタビューを受けた人々」へ向けられているかのようである。しかしながら丹羽美之が明らかにするように、『あなたは……』というタイトル＝問いかけはむしろテレビを見ている視聴者へと向けられており、それはインタビュアーが真正面からカメラを見つめ返し、カメラの先＝視聴者へと直接質問をなげかけるという番組の冒頭からも読み取れる（丹羽、二〇〇二年、八六頁）。丹羽の考察は、同作品における以下の重要な二点を明示する。一つは上述した通り、『あなたは……』は、（メッセージを）伝える、あるいは代弁するドキュメンタリーではなく、テレビの内外へ「問いかける」ドキュメンタリーであったということである。もう一点は、丹羽が「視聴者への直接の注意喚起」と描写するインタビュアーからの外への眼差しは、「たえまなくやって来る現在《いま》」へ視聴者の参加を触発するものだということである（萩元・村木・今野、一九六九年、二六九頁、丹羽、二〇〇二年、八七頁）。言い換えれば『あなたは……』における外への眼差しは一九六六年に問うたのではなく、永久的に問い続けるのであり、それは同時にドキュメンタリー（あるいは映画・テレビメディアという装置）において、「現在《いま》」という時間性と対峙することでもある。

この意味でも、『汚水カルテ』は報道という観点でのジャーナリスティックな、あるいは被害者の視点から不正を暴くドキュメンタリーというよりも、『あなたは……』の出現で決定的となった「問いかける」ドキュメンタリーの延長線上にあると言えるかもしれない。そしてこの系譜は、『汚水カルテ』というテレビプロジェクトを神馬と中西の共同作業として考察してみるとより鮮明になる。確かに「問うもの」としての作家・神馬は、『あなたは……』のインタビュアーのようにカメラを見返し、視聴者に直接問いかけることはない。しかし、中西が初めて画面に現れるとき、カメラは中西の顔を真正面からのクローズアップで捉え、中西はブラウン管の外の視聴者とやや躊躇《ためら》いがちに視線を合わせながら、濃度規制による共同排水処理方式の抜け穴について報告するのだ。ここでこの重要なシークエンスを細かく見てみたい。まずこのクローズアップは、ニュース番組で頻用されるそれよりも明らかに対象＝中西に近く、頭頂部は画面枠からはみ出している。この対象へのただならない近さは、間違いなく意図的なものだ。報告内容は中西自身による上述の論文を彷彿とさせるが、背景から脱文脈化された中西の大写しは、メッセージを伝える以上の存在として視聴者に眼差しを投げかける。そこでデータを立証する試験管のショットが挿入された後、手持ちカメラは後方に引きながらマイク、続いて神馬の背中を写しとり、ようやくここで中西の報告は神馬との掛け合いであることが示される。さらに特筆すべきは、その後中西は、排水垂れ流しの源泉の一つである鹿島アンモニア工場を指差すのだ。同作の後半でも、中西は同じような状況で住友金属工場を指差すのである。神馬が「問うもの」であり、中西が「指差すもの」であると形容したのはこのためである。

　指差しという記号は、相手への注意喚起という点においては問いかけと隣り合わせにあると言えるだろう。しかし、メアリー・アン・ドーンが指摘する通り、人差し指（index）で指を差す行為はチャールズ・サンダース・パースの記号論におけるインデックスでもあることを忘れてはならない（Doane,2007）。言い換えれば指差しは、常に指差された先に指示された対象が物理的に存在していることを前提とした指標的（indexical）な記号なのである。ここでこの指差しと映画一般における指標性（indexicality）について考察したい。ピーター・ウォーレンらによって一九六〇年代後半に提唱された（パースの記号分類に依拠する）映画の記号論は、映画と指標性の関係を写真メディア一般の特異性として議論してきた（Wollen,1969）。写真におけるイメージは、かつてカメラの前に存在した対象の光学的な刻印として記録されたものであり、これにおいてイメージと対象との直接的・物理的な結び付きは保証されている。かつて存在していた対象の痕跡としてのイメージ、という概念は写真メディアの特異性及び映画におけるリアリズムの基盤として七〇年代以降の映画理論の中核を担うようになっていく。だがこの痕跡としての特質は、上述した通りかつて存在していた対象を担保としている。では写真イメージの指標性がかつて存在していた「過去」の痕跡でなければならないとき、目の前に存在している「現在」の対象を指示する指差しは、映画の指標性と相容れないのであろうか。ここで重要なのは、ドーンが言及するように、指差しはインデックスであるとともにダイクシス＝直示であるという特徴を持つということだ（Doane,2007, p.140）。ダイクシスは、指示語や人称代名詞など、指示された対象＝意味が文脈によって決定される言語表現であり、言い換えれば常に「今・ここ」という条件とともに対象が更新される状況を作り出す。この意味では中西の指差しは、聞き手の神馬に応答しているだけでなく、「現在《いま》」のテレビ視聴者に対して垂れ流しを強行する工場の位置を示すとともに、画面外の空間《オフスクリーン・スペース》、あるいはテレビ画面の枠そのものをも示していると言えるだろう。これは、テレビの（家電としての）物質的基盤のみならず、テレビと視聴者の絶えず変化していく関係性を過去へと追いやらない態度である。写真メディアの「過去」という時間性から突き抜ける「現在《いま》」への指標的記号として、中西の指差しを捉えることはできないだろうか。

　問いかけるドキュメンタリーとしての『汚水カルテ』に立ち返ったとき、痕跡としての指標性から突き抜ける「現《い》在《ま》」の重要性は明らかである。上述したテレビドキュメンタリー『あなたは……』は、タイトルそのものがダイクシスであり、その意味では同作品冒頭におけるインタビュアーからの外への眼差しと『汚水カルテ』における中西の指差しを同一線上に見ることも可能であろう。また、これらの注意喚起は、ジョナサン・クレーリーやローラ・マルヴィ、あるいはトム・ガニングらによって多様な枠組みで概念化された反物語的属性としてのスペクタクル（見世物）とそれに伴う注意喚起とも無関係ではない[4]。だが、ヌーヴェル・ヴァーグ周辺におけるスペクタクルの流用は、とかくラディカルな政治性に裏打ちされた異化効果として捉えられがちであり、本章で論じている注意喚起とは区別して考えたい。というのも、『汚水カルテ』における問いかけと指差しは、作家による破壊的な介入ではなく、むしろ労働者・被害（者）の不在から神馬・中西の存在へ、写真メディアの過去の痕跡という特性からテレビと視聴者の「現在《いま》」という関係性へと誘うものだからだ。そしてこれは、公害問題を写真メディアで記録するだけではなく、テレビというメディアを通して問い、分析し、思考を試みる態度なのではないだろうか。

5　「現在」の作家であり続けること――『りていく』から

一九七〇年代以降の神馬亥佐雄は、『汚水カルテ』のほか、岩波映画と毎日放送で七三年から共同製作された長寿テレビシリーズ『生きものばんざい』でも演出などを担当し、キャリアを終えるまで精力的にテレビ作品に携わり続けた。興味深いことに、『シップヤードの青春』の完成に際し、神馬自身が上述『りていく』に短文を寄稿している。「一本のTVドキュメンタリーから」と題された文章は、岩波映画を代表する力作を作り上げたにもかかわらず、自作については短く創作過程を自己懐疑的に振り返るのみで、その大部分を一本のテレビドキュメンタリー『暴発する19才』（一九六九年）の考察に費やしている。同作品は東京12チャンネル『ドキュメンタリー青春』（一九六八年五月から一九七一年三月まで放送）の中の一本で、田原総一朗と安田哲男が構成を担当しているが、神馬の興味は十九歳の主人公たちの青春群像劇ではなく、むしろ彼らに「行動を要求」し、彼らを「理解しようとしながら（中略）問いつめているスタッフ」に向けられる（神馬、一九六九年、一〇頁）。神馬は「安田・田原のコンビ」（同頁）の同作品に、客観性という聖域を切り裂く自己言及的な方法論を見出しているが、神馬が激動の六〇年代を締めくくるにあたり改めてテレビというメディア、そして「テレビドキュメンタリー＝問いかけ」という構図を再確認していることに注目したい。

『汚水カルテ』における問いかけと指差しは、神馬が『シップヤードの青春』以降模索し続けていた方法論の延長線上にあるのかもしれない。そしてこれが作家としての態度の表明なのであるとすれば、問う作家・神馬について今日的な立ち位置から論じることこそ、彼が作家であり続けるということなのではないだろうか。鹿島コンビナートの公害問題は、かつての出来事として記録されている今、時事的な意味での今日性は失われているかもしれない。だが、繰り返し述べたように、『汚水カルテ』は公害問題のみならず受け手にとっての「現在《いま》」とメディアの関係性を、指を差しながら示してくれるドキュメンタリーである。革命と反抗のシンボルである握りこぶしを掲げ、政治の季節を疾走した作家ではなく、工学者と結託し指差すことによって、恒久的な現在から問い続ける作家。岩波に残った神馬亥佐雄の面白さは、こういったところにあるのではないだろうか。

注

（1）ブレヒト的映画分析の例は枚挙に遑《いとま》がないが、本章との関係で特筆すべきは英国の映画理論雑誌『Screen』上で「ブレヒト・イベント」と題し七〇年代に展開された一連の論考であろう。スティーヴン・ヒースやコリン・マッケイブらによって、ジャン゠リュック・ゴダール、ストローブ゠ユイレと並んで大島渚の作品群が分析の対象となった。ブレヒト的な素材の「盗用的利用」あるいはフォルマリズムを超えた政治的アンガージュマンとしての映画の「政治的モダニズム」の担い手として大島がクローズアップされる契機となった。Colin MacCabe, "Theory and Film: Principles of Realism and Pleasure," *Screen* 17.3 (1976) や Stephen Heath, "Anata mo," *Screen* 17.4 (1976) などを参照のこと。また『Screen』における日本映画の受容についての重要な考察として、マイケル・レイン「『なんの、そして誰のために』——戦後英国における日本映画の受容の再考察」『映像学』第三一号、二〇一四年を参照のこと。

（2）一方で、これらの作家たちの多くが「岩波の卒業生」と呼ばれている通り、同所を去るということは、必ずしも岩波と関係を絶つ、あるいは敵対していたということを意味していないことを強調しておきたい。事実、退所後も個人レベルでの交流、また機材の貸し借りなどは盛んに行われており、特に神馬は多くの「卒業生」と師弟関係を保っていたという。例えば小川紳介と神馬の関係も例外ではなく、井坂は「神馬なくして小川なし」と断言している（井坂、二〇〇二年、六頁）。

（3）重要な学術研究の例として、Marc Steinberg, *Anime's Media Mix: Franchising Toys and Characters in Japan*, University of Minnesota Press, 2012（マーク・スタインバーグ、大塚英志監修『なぜ日本は〈メディアミックスする国〉なのか』中川譲訳、角川書店、二〇一五年）などを参照。

（4）Jonathan Crary, "Spectacle, Attention, Counter-Memory," *October* 50 (Autumn, 1989)、Laura Mulvey, "Visual Pleasure and Narrative Cinema," *Screen* 16.3 (Oct., 1975)、Tom Gunning, "An Aesthetic of Astonishment: Early Film and the [In] Credulous Spectator," *Art and Text* 34 (Fall, 1989) などを参照のこと。

参考文献

阿部嘉昭・日向寺太郎編『映画作家　黒木和雄の全貌』フィルムアート社、一九九七年

井坂能行「神馬さんありがとう――神馬亥佐雄監督の、映画界への隠れた貢献」『ユニ通信』二〇〇二年二月十八日号

草壁久四郎『映像をつくる人と企業――岩波映画の三十年』みずうみ書房、一九八〇年

近藤（中西）準子「鹿島　公害なき開発の終末点――数字があばく公共性の実態」『展望』一九七二年十一月号

佐々木守「佐々木守のPR映画論」『記録映画』一九六三年七月号

佐藤忠男・野口雄一郎「ドキュメンタリーの新しい波／岩波映画製作所」『映画評論』一九六一年七月号

四宮鉄男「涙の出るようなカッコよさ」『りていく』一九六九年第二号

神馬亥佐雄「一本のテレビドキュメンタリーから」『りていく』一九六九年第二号

神馬亥佐雄「日本発見シリーズ1　京都」『記録映画』一九六一年十月号

筒井武文「『日本発見』シリーズの「東京都」と「群馬県」」、丹羽美之・吉見俊哉編『記録映画アーカイブ2　戦後復興から高度成長へ――民主主義・東京オリンピック・原子力発電』東京大学出版会、二〇一四年

中岡哲郎『コンビナートの労働と社会』平凡社、一九七四年

丹羽美之「一九六〇年代の実験的ドキュメンタリー――物語らないテレビの衝撃」、伊藤守編『メディア文化の権力作用』せりか書房、二〇〇二年

萩元晴彦・村木良彦・今野勉『お前はただの現在にすぎない――テレビになにが可能か』田畑書店、一九六九年

林吾郎「表現と自由と製作条件と　岩波映画「地理テレビ問題」を中心にして」『記録映画』一九六二年九月号

増村保造「ある弁明」『映画評論』一九五八年三月号

増村保造「新人作家の主張」『映画芸術』一九五九年五月号

若林幹夫「岩波写真文庫から地理テレビへ――そしてそれを超えるものへ」、丹羽美之・吉見俊哉編『記録映画アーカイブ2　戦後復興から高度成長へ――民主主義・東京オリンピック・原子力発電』東京大学出版会、二〇一四年

Mary Anne Doane, "The Indexical and the Concept of Medium Specificity," *Differences* 18.1 (2007).

Peter Wollen, *Sign and Meaning in the Cinema*, Indiana University Press, 1969.

第4章　公害と記録映画
――大気汚染から放射能汚染まで

鳥羽耕史

1　煤煙・スモッグ・大気汚染――四日市を中心に

公害の多くは目に見えない。また、「公害」という言葉や概念がなければ、それとして認識することもできない。さらに、多くは工場での生産をはじめとする企業活動の副産物で、企業としてはできれば見たくない、明らかになってもできるだけ穏便に解決したい種類の事柄である。つまり、認識や映像化が困難な上に、いわゆる産業映画やPR映画とは対照的にスポンサーもつきにくいのが、公害の記録映画である。

「公害」という言葉は明治時代からあったが、『日本国語大辞典』（小学館）によれば「公利あるいは公益に対する広い意味で使われたらしい」ということだ。『日本大百科全書』（小学館）の柴田徳衛が述べるように、「鉱山の被害にあたる「鉱害」の語はあっても、一般の辞典には昭和三〇年代末まで「公害」なる用語は登場してこなかった」というのが実態だろう。一九五五年のイタイイタイ病、一九五六年の水俣病、一九六一年の四日市ぜんそく、一九六四年の第二水俣病の発生もしくは発見があり、これら四大公害病が社会問題となっていったのを受けて一九六二年にばい煙規制法、一九六七年に公害対策基本法が制定されていく過程で、「公害」という言葉が現在の意味で広まったと考えられる。

そのような公害を描いた記録映画として早いものの一つが、豊田敬太監督『煤煙の街の子どもたち』（東映・教育映画部、一九五六年）である。ただしこれは、工業地帯にある川崎市の街自体を「煤煙の街」と呼び、そこで生きる子供たちの貧困や劣悪な生活・学習環境を描くうちの問題の一つとして煤煙を扱っており、公害だけを描いているわけではない。しかし、黒い煙をふきあげる煙突をはじめ、煤煙の舞う校庭や枯れた木々、薄汚れた街を描く子供たちの絵画、発育が悪く眼病を多く抱える子供たちの健康診断など、公害の影響を数多く取り上げて映像化しており、先駆的なものになっていると言えるだろう。

もちろん工業化において先行した欧米においては、例えばラルフ・シュタイナー、ウィラード・ヴァン・ダイク監督『都会（The City）』（一九三九年）が都市の発展を描くなかで、工場の煙突からふきあがる煙や汚れた河と子供たちを画面に捉え、空気の毒と河の毒の問題に言及している。しかしそれも郊外のグリーンシティという新しい美しい街との対比で、郊外への移住を勧めるために描かれているので、公害自体への関心ではない。

公害それ自体をテーマの中心に据えた映画は、四大公害病が揃った翌年の一九六五年に、あいついで現れることとなった。まず一つは、北九州市の戸畑区婦人会協議会が自主製作した、婦人会八ミリグループ脚本・撮影・編集『青空がほしい』である。当地の社会教育主事を務めていた林栄代（林えいだい）がシナリオを担当したこの映画は、これに先立つ婦人会の公害との取り組みの中で生まれてきた。一九五〇年から翌年にかけての中原婦人会による日本発送電戸畑発電所の降灰調査と集塵装置設置への働きかけ、一九六三年の三六婦人会による降下煤塵量や亜硫酸ガスの調査と日鉄化学への改善申し入れと翌年の和解などの過程を経て、この映画が成立したのである（神崎、二〇一六年、七四―八五頁）。関門海峡のトンネルの闇からはじまるこの映画は、「煙によって栄え、煙によって発展してきた北九州市は、煤煙とガスにおおわれ、私たち市民の生活は大きな被害を受けてきました」とし、掃除や洗濯からその実態を紹介していく。空が黒く太陽が黄色い児童画が描かれた城山小学校では一カ月一キロ平米あたり百トン前後の煤煙が降るという。「お母さんたち」は自ら煤煙追放に立ち上がることを決め、保健所、学校、病院、衛生研究所で調査研究し、山口大学公衆衛生学教室の野瀬善勝教授に指導を受ける。大気汚染度と児童病欠率、喘息・気管支炎・肺炎での死亡率、心臓疾患による死亡率に明らかに相関関係があることが折れ線グラフで示される。十四、五年前までは一カ月一キロ平米あたり五十トンも煤煙が降っていたという山口県宇部市での煤煙都市追放の取り組みの成功例が、白鳥や緑の公園と青空の映像とともに紹介される。そして「公害という市民の大敵に目を離さず、粘り強く徹底的に追放しなければなりません。戸畑には空がない、本当の空が欲しい。一日も早く青い空、緑の大気を私たちの手に」というナレーションとともに若戸大橋と青空が映されてエンディングとなる。

二つ目の定村武士監督『黒い霧　スモッグに挑む』（学研映画）は、「美しい国日本」の空撮からはじまるが、それが工場の煙突とスモッグの描写に変わり、「大都市大阪」の問題を取り上げていく。大阪と東京のスモッグの現状を紹介し、煤塵に含まれる発がん物質などの有害性を指摘する。そして四日市のぜんそくと亜硫酸ガスの正比例関係を示した後、同じ工業都市でも空気がきれいになった宇部市の煤塵対策と対比する。これは住友機械工業が企画した映画でもあるので、最後は工場からの排気を浄化する技術の解説が中心となる。

三つ目の菅家陳彦脚本・監督『産業と公害』（企画：大気汚染防止協会・通産省、製作：日本シネセル）は『朝日新聞』一九六六年三月八日付朝刊に、地形と工場配置の問題、煙の問題、工場廃水の問題、多くの中小企業を抱えている産業構造の問題を取り上げ、煙や廃水の対策などを手際よくまとめた映画と紹介されている。

二年後には『大気汚染と騒音』（一九六七年）という中学校社会科向けの教育映画も製作され、「大気汚染や水質汚濁、騒音などについて科学的に追求したもの。都市における公害の問題を考える素材を提供している」（文部省社会教育局視聴覚教育課編、一九六七年、五六頁）と紹介されている。

一九七〇年には下田逸穂監督『PPMを追う　自動車排気』（企画：科学技術庁企画、製作：日本映画新社）も公開された。「PPMってご存知ですか」「知らないね」という街頭インタビューのやりとりにはじまるこの映画は、PPMが百万分の一を表す比率の単位であることから説き起こす。そして微量の排気ガスや光化学スモッグの害にかかわる様々な調査や実験を紹介し、「よりよい環境を目指して、今科学技術はあらゆる角度から微量の世界を明らかにしようとしている」と結ぶ、啓蒙的なものである。

一方、四大公害病の一つとなった四日市ぜんそくについては、様々なドキュメンタリー番組が製作されている。管見のうちで最も早いのは、『カメラルポルタージュ　公害疎開』（CBCテレビ、一九六三年五月十八日）である。谷水通弘製作、天羽迪人演出・編集によるこの番組は、四日市上空のヘリコプターからスモッグの測定をする空撮シーンではじまるが、二千五百メートルから五百メートルまで高度を下げたところで、ガス濃度が高く危険になり、ヘリコプターはその場を離脱する。その後のカメラは住民に寄り添い、ぜんそくを患う中学生と小学生の兄妹を中心として、六人家族の萩一家の暮らしを追っていく。途中、四日市市当局による公害パトカーの活動や、三重県衛生研究所、名古屋大学、三重県立大学による亜硫酸ガスの検出とぜんそくとの関係の研究なども紹介されるが、公害パトカーの立ち入りを拒否した工場での対策は進まない。萩家では名古屋や岐阜や大阪の漢方医に救いを求めるが、高額な薬でも良くならない。転地を勧める医師に従い、萩家が引っ越しを決めた後、工場を映しながら番組は終わる。これは日本民間放送連盟賞の報道社会番組部門優秀銅賞を受賞した。次はおそらく『ある人生　公害係長』（NHK、一九六七年六月十七日）で、四日市市が設立した公害対策課の係長に密着しながら、日本各地の視察団の案内、住人の苦情への対応、大気汚染の調査などの仕事の様子を写した。

また、一九七〇年にも、二つのドキュメンタリー番組が放映されている。『あやまち』（東海テレビ放送、一九七〇年十二月五日）と『ある人生　海をかえせ』（NHK、一九七〇年十二月十九日）である。高崎勇・田中信之企画、大西文一郎構成による前者は、石垣りんの詩を岸田今日子が朗読しながら進行するスタイルで、四日市の公害の中での生活を淡々と描写する。「四日市で写した一冊のアルバムをお届けします。ここでは何かがはじまっておりました。戦争がはじまるまえに準備されていたように」とはじまる詩＝ナレーションは、国家や大企業によって犠牲にされる市民を戦争の犠牲者と重ねて描いていく。手をつないで走る兄妹を追うカメラは、二人に寄り添いながら、石油を積んだ貨物列車が通る踏切、デモ行進をする学生たち、そして工場街を写していく。詩はこう語る。


算数。これは寓話ではありません。新しい社宅の立派な空き家と、長屋が並んで建っています。

社宅なら個人の負担なく引っ越すことができます。

長屋の人は昔から住んでいる人ですから、生活に根が生えている人ですから、簡単に引っ越すことができません。

公害患者だった紀平さんのおじいさんは首を吊りました。

昭和四一年七月一〇日
紀平さんの息子一家はブラジルに移民しました。


このように、公害を出す企業側の人間は住む場所を選べるが、もともとの住民はその場で死ぬか移民でもするしかないという現実が、詩と映像によって描かれる。錆びや臭いや肉眼で見える太陽や風に注目した後、「若い鬼」として、わが子の苦しみを公にする若い母親を描き、母親大会を描く。「ここは人間のための町ではありません。経済の発展のための町です」として、重役は東京、社員は山の手に住む現実が取り上げられ、カメラは子供たちがつかまえた蟹と火を吐く工場の煙突とをあわせて写す。デモ行進の映像には、「金持ちになった四日市が、今より貧しくて、今より豊かだった日に帰りたいと思い始めている」という詩が重ねられる。野焼きによるおばあさんの火葬では、まわりを戦死者の墓が囲んでいる。そして「一生のうちに戦争も味わいました。公害もあじわいました」と詩が語る。

「港のほとり 並びたつ／科学の誇る 工場は／平和を護る 日本の／希望の希望の 光です」という塩浜小学校校歌が皮肉に引用され、さらに「安らかに眠って下さい。あやまちはくりかえしませんから」という広島の原爆慰霊碑の言葉が引用される。「四日市では、もうずいぶん前から何かがはじまっている。あやまちでなければいい」というのが結びである。この番組は、日本民間放送連盟賞の社会・教養番組部門銀賞を受賞した。また、この詩は「あやまち――一九七〇年夏　四日市」として、中島洋の写真とともに『新日本文学』二十六巻七号（一九七一年七月）に掲載された。

後者の『ある人生　海をかえせ』は、同じ四日市を舞台としているが、大気汚染を扱ったものとは異なり、工場廃水による海洋汚染がテーマである。一昨年転勤してきたという四日市海上保安部警備救難課長の田尻宗昭は、産業廃棄物を捨てる船を検挙する活動に取り組んでいる。取り締まった船が大企業の合成ゴムのものであることを確かめると、工場長を電話で呼び出すが、工場による対策は進まない。一日三百万トンの工場廃液が流れ込む四日市港では、せむしになっている魚が多いという。田尻は、日本アエロジル四日市工場、石原産業四日市工場を次々と検挙した。経済企画庁が酸規制を加えたのを活用し、廃液が船舶を腐食させるという理由での、海上保安庁にとっては前代未聞の取り締まりである。田尻は短時間の碇泊での小型タンカーの腐食について、名古屋市立工業研究所で酸による試験を行ったり、漁船についても冷却水系統の腐食被害の調査をしたりするが、ナレーションは、「最初の送検からは一年が経過したが検察の結論は出なかった」と述べる。「四日市を死の海にする犯罪」、「海の専門家としてものを言っている」と田尻は憤る。水質保全法による酸規制がはじまる十月一日直前の外洋投棄に田尻は怒り、十月一日、工場を立ち入り検証し、海上保安部長加藤正二郎と話す。しかし十一月十三日、検察は日本アエロジル四日市工場を起訴猶予処分とした。送検から一年二カ月後であった、というのがエンディングである。公害対策よりも経済成長優先の社会に対し、果敢に挑む田尻の姿とその挫折が描かれたドキュメンタリーとなった。

工場と自動車という、大気汚染の二大発生源を扱うフィルムが、この年に集中することとなった。この後、野田耕造監督『生きる権利　川崎公害』（日本電波ニュース社、一九八四年）、『ほんとうの青空を　東京大気汚染公害裁判』（日本電波ニュース社、一九九八年）といった関東の公害の映画やビデオも作られた。また、四日市については、阿武野勝彦、鈴木祐司監督『青空どろぼう』（東海テレビ、二〇一〇年）が公害裁判原告の野田之一と、公害発生当初から支援を続ける澤井余志郎の二人の活動を描き、久しぶりに大きな問題提起を行った。

海外に目を転じれば、ポーランド南西部の鉱工業地帯の公害を描いたイェジー・スワトコフスキ監督『死のトライアングル（Triangle of Death）』（一九九〇年）があり、アメリカのルイジアナ州ノルコにあるシェル石油経営の精製工場に起因するぜんそく問題を描いたスラウォミール・グルンバーグ監督『フェンス・ライン（Fenceline: A Company Town Divided）』（二〇〇二年）は、小さな町での人種の分断状況をも鮮やかに描き出した。また、中国のニュースキャスターが大気汚染の問題提起のために私財を投じて作ったという柴静監督『穹顶之下（Under the Dome）』（二〇一五年）は大きな話題となった。

2　海洋汚染――水俣から水俣へ

水俣病と記録映画というのは、それだけで一冊の本になるほど膨大なテーマだし、土本典昭の持続的な取り組みは世界的に知られているので、ここでは簡単なスケッチにとどめる。

水俣病についての最初のドキュメンタリー番組として記憶されるのは、一九五九年十一月二十九日の『日本の素顔　奇病のかげに』（ＮＨＫ）である。一九五六年の「水俣病」発生から三年後、一九五九年七月十六日のテレビニュース『水俣で奇病』（ＮＨＫ）が報じた「奇病」を取材し、患者の症状や漁業の実態、猫に水銀を注射する熊本大学医学部による実験の様子などを写し、新日本窒素水俣工場の廃液に注目した上で、会社側や患者側のそれぞれの言い分を紹介介するものである。なお、小林直毅はこの番組の詳細な分析を行い、今日公開されているこの番組のアーカイブ映像において、魚が汚染された原因についてのナレーション、および漁民騒動での音声が削除されているといった指摘もしている。この年の十二月末のチッソによる「見舞金契約」によって「解決」、「収束」が図られた効果がメディアにも及んだのか、地元で報道を続けていた熊本放送による翌年のニュースは十三件ほどあったものの、一九六一年から一九六七年にかけて、ニュースに取り上げられることは稀になっていく（小林、二〇〇七年、二六六―二七〇頁）。

これに続くドキュメンタリー番組『ノンフィクション劇場　水俣の子は生きている』（日本テレビ、一九六五年）を手がけた土本典昭も、一九六五年頃には水俣病が「現地水俣でさえ忘れられていた」（土本、二〇〇〇年、四八頁）という。プロデューサーの牛山純一が一九六四年に「事件から十年たって」という着想で土本にいくつかの新聞記事を渡し、熊本大学で取材したところから企画がはじまったという。土本は熊本短大の「水俣の子どもを励ます会」の一員として外部から水俣を訪れる西北ユミを中心に据え、ナレーションも彼女の一人称の語りとして、徐々に患者たちの世界に入っていく。撮影中には無断で撮ったと責められる場面もあったというが、患者の祖父で元患者互助会会長の渡辺栄蔵との出会いと彼がチッソ宛に書いた嘆願書の紹介により、西北は笑顔をとりもどし、土本らも救われたという（土本、一九八八年、三一―六〇頁）。それまで迷いのあった土本の、永い水俣とのつきあいはここにはじまったのである。

この後、『毎日ニュース』六百六十二号、一九六七年八月九日に「希望訪問　水俣の子」がある。出漁して行く漁師たちを写して「廃水には、もう有機水銀はない」とした後、「まだ七十人余りの水俣病患者が苦しみにあえいでいる」と述べ、水俣私立病院付属湯之児病院の胎児性患者たち十二人を写す。機能回復の訓練によって松葉杖で独り歩きができるようになった子供を紹介し、「重い苦しみを、この子らだけに背負わしておいてはならない」と結ぶ。

政府が水俣病を公害病と認定した一九六八年九月以降、報道は急激に増える。例えば『大毎ニュース』八百九十七号の「遅すぎた結論　水俣病」（新理研映画、一九六八年十月二日）はそのうち早いものの一つだろう。一九五三年に奇病が発生した後、水俣病がチッソの排水に起因しても一切の補償はしないという条文を含む契約書が調印されてから耐え続けた患者たちのもとに初めて厚生大臣が訪れ、政府の結論が下される。チッソ水俣支社長は謝罪文を公表したが、被害者の補償は「誠意を持って話し合う」、漁業補償は考えてもみない、とし、圧力として水俣撤退もほのめかした。「企業利益が地域社会の人たちの命を忘れた水俣病の悲劇を決して繰り返してはならない」というのが結びである。

地元の熊本放送は多くのテレビニュースで水俣病について報じてきたが、本格的なドキュメンタリー番組はこの翌年、『111　奇病15年のいま』（一九六九年一月二十二日）が最初であった。徳山博之が演出・構成したこの番組のタイトルは、この時点での認定患者数に由来する。九月二十二日の厚生大臣園田直の患者への謝罪シーンにはじまり、橋本彦七元工場長の、自分がやめるまでは有機水銀のできない方法をとっていて、一九五二年頃に操作を変えた、という証言などを紹介する。九月二十六日の政府統一見解発表と二十九日のチッソ現地挨拶も写すが、江頭豊チッソ社長は具体的なことを一切言わない。十月一日の衆議院産業公害対策特別委員会現地視察と翌日の患者互助会の上京などのプロセスのなかで多数の関係者の声を紹介し、交渉が進展を見ないなかで、見舞金契約は今でも有効という江頭のコメントと上野栄子互助会交渉委員の貧乏人は資本家に勝てないというコメントを対比して見せる。最後はアセトアルデヒドが製造中止になったのは前年の一九六八年であったことを示しながら、胎児性患者の指に注目したカットでしめくくる。この番組は日本民間放送連盟賞の教養番組部門金賞、日本ジャーナリスト会議賞の奨励賞を受賞した。

同じ一九六九年には石牟礼道子が独自の方法で聞き書きをまとめた『苦海浄土』（講談社）が出版され、しばらく水俣を離れていた土本典昭に再起動のきっかけを与えることになる。この本は翌年、福岡の放送局によってドキュメンタリー番組として映像化された。名物ディレクター木村榮文による『ドキュメンタリー　苦海浄土』（RKB毎日放送、一九七〇年十二月二十五日）がそれである。石牟礼道子自身によるシナリオは、北林谷栄扮する琵琶御前を狂言回しとし、水俣病の患者たちを訪ねて言葉を聞いていく形をとる。冒頭で水俣病の猫を見せた後、渡良瀬川と足尾銅山という公害の起源にさかのぼり、田中正造の「亡国に至るを知らざれば、これすなわち亡国」に続いてタイトルとなる。共同井戸で石牟礼自身も出演するが、精神病院水俣保養院の運動会や、ＲＫＢニュースフィルム現地映写会などの紹介の後、川上（旧姓）タマノの語りとナレーション、そして北林演じる琵琶御前を追っての進行が中心である。最後は一九七〇年十月十六日の水俣病訴訟公判の様子を写した後、「悲しむべきは鉱毒被害人民なり」という渡良瀬川のほとりに住んでいた漁師庭田源八の手記からの引用で締めくくる。足尾鉱毒事件を枠として使いながら、現代に続く公害の問題を問いかける構成である。この番組は第二十五回芸術祭で大賞を受賞した。

一方、一九七〇年になってから『苦海浄土』を読んだ土本は、「あの水俣が、あの水俣の患者が、私の感じたそれとすべて対照的に描かれていることに打ちのめされる思い」を受けたが、「文学だからこそ文学としてそっと孤絶させておきたい」と思う。しかしプロデューサーの高木隆太郎に勧められ、石牟礼の他の文章も読むうちに決意をして、カメラマンの大津幸四郎らとともに水俣に入った。そして試行錯誤の末に全家庭の訪問という方法を選び、ねばり強く実現していったのが、『水俣　患者さんとその世界』（東プロダクション、一九七一年）から『みなまた日記　甦える魂を訪ねて』（映画同人シネ・アソシエ、二〇〇四年）に至る、三十年以上にわたり製作された十数本におよぶ記録映画であった。『映画は生きものの仕事である』（未來社、一九七四年）をはじめとする著作も多数残した土本典昭による仕事が、水俣にかかわる記録映画の最も重要な部分を占めることは間違いないが、ここではその事実の指摘にとどめる。

一方、水俣以外の海洋汚染については、先に紹介した『ある人生　海をかえせ』（ＮＨＫ、一九七〇年十二月十九日）の他、神馬亥佐雄演出『地球時代　汚水カルテ』（東京12チャンネル、一九七七年三月七日）がある。岩波映画製作所と放送番組センターの製作で『地球時代』シリーズの枠で放映されたドキュメンタリー番組である。茨城県鹿島臨海工業地帯に取材し、冒頭のナレーションが「公害なきコンビナートと華々しいキャッチフレーズのもとに開発されたコンビナートではあったが、操業が始まるや、次々に被害を与えていった」と述べる通り、工業地帯の廃水や取水がもたらした問題を捉えたものである。鹿島灘漁業協同組合の出頭俤喜組合長は魚が大量に死んだ被害を語り、続いて茨城県鹿島下水道事務所の井坂弘道所長が廃水の共同処理方式のメリットを強調する。しかし東京大学工学部助手の中西準子は濃度だけ薄めて大量の毒物を流す「垂れ流しの装置」だと批判する。有機物を取り除く活性汚泥法ではアンモニアやフェノール、あるいは水銀、クロムなどの重金属は素通りしてしまうことになる。鹿島下水道事務所検査課の桑久保盛夫は濃度規制であって総量規制ではないし、微量をおそれすぎているのではないかと述べる。中西は県に申し入れても調査させてくれないと言い、井坂は機密保持のために誤解を生じやすい情報は出さないという。貝とわかめの養殖を試みる鹿島灘漁業研究会の鈴木勇は廃水を薄めればいいというのは矛盾していると言い、中西は大量の冷却水で希釈して沖に流しているが、一日六十キロのシアンが出ている計算で百万人の致死量にあたるとする。一方、鹿島工業地帯で使う水をとっている霞ヶ浦では、水に塩分が含まれないように海との間に水門が作られ、一九七三年にはシジミが全滅し、鯉の三分の一も死んだという。養鯉業の櫻井謙治は水門で水の流れがなくなったためと言い、今度大量死があったら終わりだという。また、コンビナートに囲まれた奥野谷浜北組の集落では、二百戸あった農家が煤煙、悪臭、騒音に悩まされて移転していき、公害と闘う十八軒を残すのみとなった。農業の松本一夫は開発が来た地域で人間関係が破壊されてしまうことを嘆く。コンビナートの拡張が進むなかで、鹿島地域開発を考える会の浜田弘は、コンビナートは企業の利潤のために過ぎず、住民には何の利益もなかったとし、白砂青松の鹿島灘が失われていくことを危惧する。

他に水俣を扱ったものとしては、金大偉監督『しゅうりえんえん』（藤原書店、二〇〇四年）というビデオや、井上実・片岡希監督『表現に力ありや　「水俣」プロデューサー、語る』（二〇一六年）、原一男監督『「水俣病」特別編集版』（二〇一六年）などがある。『しゅうりえんえん』は石牟礼道子が自作の詩であり、一九八二年に丸木俊・位里の絵で絵本になった『みなまた　海のこえ』をアレンジしたものを朗読し、それに海のイメージ映像などを併せたもので、記録映画とは呼べないが、『苦海浄土』以来の石牟礼の仕事のもう一つの映像化の試みである。『表現に力あり』は故・桂俊太郎の企画を受け継いで完成させた映画で、関係者のインタビューとアーカイブ映像を織り交ぜながら、プロデューサーとして土本典昭の「水俣」シリーズを生んだ高木隆太郎の映画製作手法を明らかにするものだ。『「水俣病」特別編集版』は二〇〇四年十月十五日、国と熊本県の責任を認めた関西訴訟最高裁判決の日に撮影を開始し、患者の遺族が認定を求めた溝口裁判や高齢化が進む胎児性患者らの日常を撮影したもので、水俣病公式確認六十年記念特別映画会で一回限り上映されたまま、まだ撮影が続いているものである。水俣病がまだ終わっていないことを示す意味でも重要なものだと言えるだろう。

3　河川・土壌汚染

河川・土壌汚染の原点であり、日本のすべての公害の原点でもあるのは、いうまでもなく足尾鉱毒事件である。しかし、一八九〇年頃からの被害と田中正造らによる鉱毒反対運動は映画誕生以前の出来事であり、これにかかわる記録映画はずっと後の時代のものとなる。しかも、前田勝弘監督、宇井純構成・解説『公害原論１９７４年』（青林舎、一九七四年）において、全国十一地点のルポの合間に公害の歴史の原点として取り上げられるなど、前史としての扱いが主である。

足尾鉱毒事件を中心に扱った記録映画は、管見のかぎり、『鉱毒悲歌』（国際記録映画研究所、鉱毒悲歌製作委員会、一九八三年）が最初のようだ。この映画はそもそも一九七四年に、宇都宮市職員だった立松和平も含む栃木県内の公務員や宇都宮大学の学生ら約三十人が製作を始めたものだったという。資金不足で撮影は五年後に中断したが、一九八三年になって二時間四十分に仮編集し、数回の上映会を開いた。さらに二〇一四年、一時間四十三分にまとめられ、蘇る「鉱毒悲歌」制作委員会によって完成版が公開されるに至った。

この映画は風に吹かれるよし原を写すシーンからはじまる。「私たちが初めて元谷中村の跡を訪ねたのは一九七一年、昭和四十六年の秋の終わりに近い頃だった」というナレーションから、あらゆる鉱毒の原点としての足尾鉱毒事件の被害の探求に入る。現在の足尾銅山精錬所の工場の煙を写した後、一八九三年の煙害で壊滅した部落の跡地や、立ち入り禁止の簀子橋堆積場などを紹介していく。鉱毒反対の根拠地となった雲龍寺からは一八九七年からの「押し出し」と言われた請願運動の歴史を語り、発禁や没収処分を経ながら歌い継がれる作者不明の「鉱毒悲歌」を紹介する。田中正造翁の銅像と一九〇一年の直訴の話の後、彼に付き添った生き証人の島田宗三の思い出を聞く。一九一七年に最後の住民が移った頃、東京駒込に豪壮な古河邸が完成されたことのコントラストを見せ、続いて一九七四年、藤岡公民館での谷中村の遺跡を守る会の例会を写す。延命院共同墓地や雷電神社跡の碑を見る顔の中には若い立松和平も見える。続いて谷中村から那須に去った神田吉蔵、一九一一年に集団移住した北海道佐呂間町栃木の部落の数人のインタビューと栃木神社の祭り、そして火事で全てを失ったという田中倫太郎の生活を写す。再び谷中遊水池に戻ったカメラはよし刈りを写し、その利権をめぐっての一九二一年のよし刈り事件の歴史を語る。一九七三年に足尾銅山は閉山したが、それは銅の採掘作業を停止しただけで、輸入鉱石による銅の精錬を続けた。しかし閉山とともに珪肺病の療養所、渡良瀬荘も閉鎖されたので、珪肺病患者は生命の綱を断ち切られてしまったという。カメラは患者たちの国会への陳情を写す。奈良朝時代からの古い寺である龍蔵寺の住職の話では、毎月のような殉職者のこと、「半島さん」という朝鮮人たちや中国人たちのことが語られる。百九名の中国人殉難者の慰霊塔が写され、中国人駆り出し作戦に従事した元日本兵である猪瀬建造のインタビューでは、ほとんどが栄養失調で、「殴打死」（撲殺）もあったという実態が語られる。

一九五八年には源五郎沢堆積場が決壊して広範囲に大きな被害を出し、農民たちは「渡良瀬川鉱毒根絶期成同盟会」を結成し、太田市毛里田地区が闘いの中心になったという。続いて藤岡町の田中正造をまつる田中霊祠での慰霊祭、渡良瀬遊水地の水がめ化問題をめぐっての谷中村遺跡を守る会の臨時総会と建設庁栗橋出張所での会談を取材し、録音は所長からかたく拒否されたが、具体的な回答がなかったので録音の必要もなかったという。一九七八年、日光市の清滝と足尾を結ぶ日足トンネル開通のパレードを写したカメラはトンネルを抜けながら、「しかしこのトンネルの向こうに足尾の人たちが望む明るい明日はあるのだろうか」と問いかける。一九七九年、再び訪れた佐呂間町で田中倫太郎らを写し、旧谷中村の野焼きの炎を写す。一九八〇年、島田宗三の葬儀の弔電に「島田さんの戦いをうけつごうとする人々」を感じ、それに対して建設省の合同慰霊碑に集められた石碑をゆかりの地から切り離された無惨なものとする。パワーショベルにかかるナレーションは「人間にとって最大の公害と言われる核分裂による被害も、国家の安全保障といい、国益のためとして、原子力開発は国家の名の下に行われているのである」と述べる。最後の一九八三年の延命院遺跡のシーンに「亡国に至るを知らざれば之れ即ち亡国の儀に付質問」という田中正造の問いかけを重ねてエンドロールとなる。池田博穂監督『赤貧洗うがごとき　田中正造と野に叫ぶ人々』(同製作委員会、二〇〇六年)も作られたが、これは再現ドラマを含む歴史教科書的な田中正造の伝記のなかにインタビューや資料映像が挿入される形の映画である。

イタイイタイ病の同時代的な記録映画は、先の『公害原論1974年』などで部分的に扱われている他は、一九六一年八月十六日の『読売国際ニュース』六百五十一号の「骨が折れる婦人だけの奇病(富山・岐阜)」といったニュース映画しか見つけられない。柳澤寿男演出『飛騨のかな山』(日本映画社、一九四九年)が神岡鉱業のPR映画として捉えた鉛と亜鉛の製錬過程の映像が、結果的にはその原因を見せていたことになる。ドキュメンタリー番組では、『原告 小松みよ』(NHK、一九七一年七月二日)がイタイイタイ病訴訟の原告団の一人である小松みよ(当時五十二歳)の裁判の陳述を再現しながら、カドミウムに侵されていく生活の変化を描いた。また、『稲がまたみのるとき』（NHK、一九七四年十一月八日）では富山県婦中町周辺でカドミウムに汚染されて休耕田となった水田に注目し、その復元の試みを追いながら公害被害を描いている。

青柳良明ディレクター『30年目のグレーゾーン　環境汚染とこの国のかたち』（富山テレビ、一九九八年）は、一九九〇年五月、イタイイタイ病の発見者である婦中町の開業医・萩野昇を猿実験チーフだった慶應義塾大学の木村正巳が見舞うところからはじめ、神岡鉱山が神通川に流していたカドミウムという、彼らが究明したイタイイタイ病の原因が一度は認定された後、イタイイタイ病研究班総括委員会委員長の重松逸造らによって否定されていくプロセスを追う。一九九二年ジュネーブのWHO総会などで同副委員長の野見山一生がカドミウムが原因ではないという説を発表し、一九九三年にワシントンDCでカドミウム原因説を確認した木村は実験班を外されたという。しかし一九九八年五月、富山県民会館で開かれたイタイイタイ病とカドミウム環境汚染対策に関する国際シンポジウムにおいてフリバーグ教授の緊急動議があり、イタイイタイ病とカドミウムの因果関係が確認されたが、その場の重松は沈黙していた。長期取材の成果をまとめたこの力作は、翌年の第七回FNSドキュメンタリー大賞を受賞した。

新潟の第二水俣病については、『大毎ニュース』七百二十六号、一九六五年六月二十三日の「新潟に「水俣病」」、『朝日ニュース』一千百五十三号、一九六七年七月二十六日の「今週のアングル　川は語らず　新潟」といったニュース映画が取り上げた他に、東京シネマのスタッフが中心にまとめた自主作品『公害とたたかう　新潟水俣病』（新潟水俣病映画をつくる会、一九六八年）がある。四大公害病の中で最も早かった裁判の周辺を、ナレーションと音楽を多用してまとめた映画である。「始めに、水俣病の患者を通して、被害状況を描き、それに対する昭電側のいんぺい作戦をばくろした。そして、民主勢力の結果《ママ》が、公害問題をつきくずす大いなる武器であることを訴えて終」る映画と紹介された（下田逸穂、一九六八年）。また、テレビ番組でも『明るい農村　村の記録「10年の代償」新潟水俣病被災者の

記録　新潟県阿賀野川』（NHK、一九七一年十一月一日）や『ふるさとネットワーク「阿賀野川激流の20年」』（NHK、一九八五年八月二十五日）などが取り上げた。

しかし記録映画として最も有名なものは佐藤真監督の二本だろう。阿賀野川近くの民家を借りてスタッフ八人が共同生活をしながら三年間かけて撮ったという『阿賀に生きる』（一九九二年）は、最初のうち公害の映画には見えない。鹿瀬町中岩沢の八十歳を超える長谷川芳男・ミヤエ夫婦が谷間の田んぼを守って生活する様子を丁寧に描いた後、安田町の帆苅周弥が安田町水俣病未認定患者の会会長をつとめている、というところから新潟水俣病と未認定患者が約二千人いることの説明が入るが、あくまでも日常生活に密着して撮影する姿勢は変わらない。舟大工の遠藤武・ミキ夫婦、餅屋の加藤作二・キソ夫婦と娘のキミイらの生活を描きながら、加藤一家が三人とも水俣病の申請をしたが三人とも未認定となり、裁判提訴の話が来た時にキソ一人が家族代表で原告となったことを紹介する。鹿瀬町に住み定年まで三十四年間昭和電工に勤めたという江花豊栄の定年後の地滑り調査の様子と回想を写した後、「昭電社員で水俣病の申請をして裁判に踏み切ったのは江花さん一人だけ」で、「新潟水俣病の裁判史上はじめて昭電の水銀たれ流しの実態を労働者の立場から証言した」ことを紹介しながら彼が主催するカラオケ大会も写す。吉崎直弥裁判長、坂東克彦弁護団長、杉山真昭和電工顧問らが現場検証で昭電工場跡を訪れた時の取材の後には、五年前に引退した遠藤武が棟梁の関塚喜平に川舟作りを教え始める様子を描く。長谷川芳男の鮭の鉤流し漁の回想と「もう一度だけ鉤流しをしてみたいもんだ」というつぶやきの後には、釣り仲間の協力で実現した天正川での長谷川の鉤流しを写す。舟の完成、進水式と祝賀会、加藤家での寄り合いの後には、病気で感覚がないため火傷した足や手の症状を見せ合う様子を描く。一九九一年冬の大雪の後、田んぼに出られなくなったミヤエさんの手伝いの女性たちの慰労会と昼寝を写し、長谷川夫婦らがスタッフに「ありがとうございました」というところでエンドロールとなる。

同じ佐藤真監督の『阿賀の記憶』（カサマフィルム、二〇〇四年）は予告編で「詩的かつ私的なドキュメンタリー」とされた通り、もはや不在となった老人たちやなくなってしまった田んぼなどの痕をたどりつつ、長谷川ミヤエ、加藤キミイ、遠藤ミキらの声を重ねる構成で、公害や裁判との関係は見えにくいものになっている。英語版には最初に状況説明があるのだが、それもない日本語版は、映画や記憶に関する詩的なフィルムである。

4　農薬・薬害・食品汚染

一方、いわゆる公害病とは異なるが、農薬の起こす問題を訴えた映画も作られている。秋山矜一監督『大地からの警告　新農薬開発のために』（製作：岩波映画製作所、企画：科学技術庁、一九六七年）は当時、単位面積あたりの農薬散布量が世界一多かった日本農業への警鐘として、農薬の危険性を啓蒙する目的で作られた映画である。水田や野菜畑で薬剤を撒いている農民、農村地帯の病院へ治療にくる農薬中毒の患者、大学や研究所の専門家の意見や感想を聞く形で、農薬を使うことで起きている様々な問題について語る。秋山のコメントでは、科学技術庁が作る映画であるため、シナリオやフィルムを検討する製作委員会が作られ、農林省の委員はなるべく農薬の害を語るシーンを少なくすることを力説したという。農林省の技術者たちの協力を得てこの映画を作ったが、農薬を生産する側に多くの農林省出身者がいることもわかり、農民や消費者の健康よりも農薬資本の利益が優先されていると感じたという（秋山矜一、一九六八年）。しかし有機水銀剤の農薬は残留性が問題となり、この映画の翌年には使用禁止となった。

小泉修吉監督『農薬禍』（映画同人グループ現代、一九六七年）は、一九六六年の春から秋にかけ、佐久総合病院を拠点として、長野県南佐久地方の農村地帯における問題を探った。「日本では、農薬による人体実験を行っている」と海外から揶揄されるほど、毒性の高い農薬を大量に使っていたなかで、農民たちが農薬によって健康を損なわれて苦しみ、死者まで出た状況を、医師たちの証言を交えて描いたものだ。

羽田澄子演出『地球時代　フラスコの中の地球』（東京12チャンネル、一九七六年三月二十一日）という別の視点からの映画もある。先の『汚水カルテ』と同じく、岩波映画製作所と放送番組センターの製作する『地球時代』シリーズの枠で放映されたドキュメンタリー番組である。東北大学理学部の栗原康教授の作ったミクロコズムという、グッピーと藍藻などがフラスコの中で生態系を完結させている装置を紹介した後、多摩川の汚染の問題を探る。家庭排水が汚染の主因とし、下水処理場と屎尿処理場における活性汚泥による処理を紹介するが、それでも残される栄養塩類が海での赤潮につながるとし、ミクロコズムに栄養塩類を加える実験をするとバランスが崩れてグッピーが死ぬ。東北大学農学研究所の古坂澄石所長が化学肥料と農薬中心の農業の問題点を指摘した後、ミクロコズムに農薬を加える実験では全てがひとたまりもなく死滅する。自然のシステムもフラスコの世界と原理的には同じという栗原教授のコメントの後、「自然のバランスを崩さない生き方を見出すことに、人間の未来もあるのではなかろうか」としめくくる。

小池征人監督『薬に病む　クロロキン網膜症』（一九八〇年）は一九三四年にドイツで開発され、一九四五年にアメリカで抗マラリア剤として再発見され、一九五五年以降の日本で腎炎などの薬として大々的に販売されたクロロキンが起こした視覚障害の薬害問題を追ったものである。一九五八年頃からアメリカでは失明の危険が警告されはじめていたにもかかわらず、日本では一九六〇年代に大量に販売され、多くのクロロキン網膜症患者を生んだ。視覚障害のための転職や失業、結婚の断念や家族の自殺といった悲劇を映画は追っていき、薬の危険性を知って自分だけ服用をやめながら行政官として公にしなかった厚生省製薬課長の取材拒否の電話で結ぶ。市村弘正はこの薬が第二次世界大戦に出自を持つことに注意を促しながら、総動員の思考、全体主義的思考の結果がこの薬害であったとしている（市村弘正、一九九二年、一二三―一二八頁）。

一九五五年頃から整腸剤キノホルムの服用によって神経障害を起こした薬害スモンについては、原因解明直前の『読売国際ニュース』一千百号、一九七〇年三月四日の「この人たちに救いの手を」をはじめ、桑木道生監督『人間

の権利　スモンの場合』（一九七九年）、『ノーモアスモン』（日本電波ニュース社、一九八四年）といった記録映画が作られている。

一九五七年から六二年にかけて、催奇形性を持つサリドマイドが睡眠薬やつわり防止薬として販売されたために起こった薬害について、記録映画はほとんどないようだ。松山善三監督によるセミ・ドキュメンタリーの『典子は、今』（東宝、一九八一年）は、一九六二年にサリドマイドのために両腕を持たずに生まれた辻典子の熊本市役所就職までの生い立ちのドキュメンタリーにフィクションを交えて描く映画で、辻自身が本人役で主演したものだ。また、『ETV特集　薬禍の歳月　サリドマイド事件・50年』（NHK、二〇一五年二月二十一日）は、この前年に国によって行われたサリドマイド被害者を対象にした実態調査を踏まえ、二次障害を含む多様な障害の実態を明らかにしつつ、この問題を歴史的に振り返ったドキュメンタリー番組である。

一九八〇年代前半に血友病患者への非加熱製剤投与によって起こった薬害エイズについては、一九八九年の訴訟と一九九六年の和解を経て、『今、生きること　薬害エイズ原告からのメッセージ』（東京HIV訴訟原告団・東京HIV訴訟弁護団、一九九六年）と『人間の尊厳をかけて　薬害エイズ10年のたたかい』（東京HIV訴訟原告団・東京HIV訴訟弁護団、一九九八年）というビデオが作られた。

PCBやダイオキシンの食用油への混入によるカネミ油症については、金子サトシ監督『食卓の肖像』（自主製作、二〇一〇年）がある。一九六八年に発覚した事件の被害者たちに二〇〇〇年から取材したもので、福岡県小郡市の矢野忠義・トヨコ夫妻、長崎県五島列島の灯台守だった真柄繁夫・ミドリ夫妻らをはじめ、皮膚や婦人科系などの様々な症状を紹介する。また、油症治療研究班によって認定された患者は二千人に達していないとして、二〇〇七年九月のダイオキシン国際フォーラムにおける未認定被害者としての重本加名代の話なども伝える。後半には食品や薬にかかわる患者たちの工夫や努力を描いていくが、矢野夫妻ら患者たちが亡くなっていくなかで、二〇一〇年一月にカネミ油症被害者関西交流会が開かれ、渡部道子らが団体を作ろうと模索していることも紹介しながらしめくくる。

一九七九年に起こった類似の台湾油症についても、蔡崇隆監督が『生き残る悪（油症　与毒共存 Surviving Evil）』（Twinflows Production、二〇〇八年）という記録映画をとった。台中の恵明学校という盲人学校を舞台に、油症事件のその後を追う。一九七九年には、美麗島事件という反体制運動弾圧事件が起きたために、油症の印象が消されてしまったという。油症についての専門家の話では、豊香商店が日本から輸入した油にＰＣＢが入っていたために起きたものだという。賠償訴訟もうやむやになり、恵明学校の陳淑静執行長は自分も後遺症に悩みながら教え子の世話をしてきたが、学生五人を含む七人が亡くなったという。二〇〇七年九月、東京でのダイオキシン国際フォーラムにも出席し、カネミ油症とあわせ、世界でたった二件の食品によるダイオキシン中毒の話をした。日本では被害者が声を上げて政府と対話しているが、台湾の政府は予算がないので追跡調査をしていない。陳淑静自身も目が悪化してくるが、「生きている限り、彼らのために必ず戦いつづけます」と決意を述べる。油症から三十年経つが対策もなく、死者数その他も不明のままだという。

5　放射能汚染

一九八六年のチェルノブイリ、そして二〇一一年の福島の原発事故は最悪の公害とも言えるものであり、それらにかかわる記録映画も世界中で数えきれないほど作られている。一九四五年の広島・長崎の原爆にかかわる記録映画についても同様である。ここでは原爆以後に、放射能汚染が公害に近いものとして浮上した一九五四年三月のビキニ環礁での水爆実験の影響に関する記録映画だけを紹介しておきたい。

日本で第五福竜丸事件として記憶されるこの問題については、多くのニュース映画がある。例えば『読売国際ニュース』では二百六十二号、三月二十四日の「水爆実験で死の灰かぶる　焼津」にはじまり、二百八十九号、九月二十九日の「水爆犠牲者久保山さん死亡」を経て、三百十三号、一九五五年三月十五日の「死の灰一周年（東京　焼津）」に至る十四本ほどがあり、他社も同様に多数あると思われる。五年後の一九五九年には、『読売国際ニュース』五百二十一号、三月四日の「それからどうなった？　第五福龍丸の人々」が、第五福竜丸が水産大学の練習船はやぶさ丸に生まれ変わったことと、元乗組員や遺族の近況、そして焼津での原水爆禁止日本大会の様子を伝え、『毎日世界ニュース』三百五十九号、三月四日の「あれから五年　第五福龍丸」も同様の取材を行った。

さらに十年後、工藤敏樹製作『ドキュメンタリー　廃船』（NHK、一九六九年三月二十二日）というドキュメンタリー番組が作られた。一九六五年にはやぶさ丸が廃船となった後、夢の島のゴミの中で朽ち果てようとしていることが一九六八年に報じられ、原水禁運動のシンボルとしての保存運動がはじまったことを、第五福竜丸の歴史と併せて伝えるものだ。この番組は日本テレフィルム技術賞を受賞し、第五福竜丸も船の科学館で保存されることになった。

事件から五十年後、地元のテレビ静岡のディレクター亀山貴とプロデューサー長谷川明は、『漁士の決断　第五福竜丸乗組員の50年』（テレビ静岡、二〇〇四年）というドキュメンタリー番組を作った。多くの乗組員が口を閉ざしたまま、既に半数が亡くなったなか、当時漁労長で、事件後に船を降りた見崎吉男が最近語りはじめたことを中心に取材したものである。「漁士」とは海のサムライという意味の見崎の造語だが、焼津において「原爆マグロ」を積んできた第五福竜丸は「厄介者」であり、元乗組員は被曝による健康被害の上に補償金へのねたみなどの世間の目を気にして生きなければならなかったという。元乗組員の他、生徒たちの反応を見てきた元中学教師、かつての平和運動活動家らの証言を通じて、五十年の歳月のなかで元乗組員にふりかかった健康被害だけでない第二、第三の被害を描いた。

一方、鎌仲ひとみ監督『ヒバクシャ　世界の終わりに』（グループ現代、二〇〇三年）がイラクで使われた劣化ウラン弾による被曝やアメリカの核廃棄物貯蔵施設による被曝などの問題を提起し、そうした視点でのこの事件の見直しもはじまっていく。なかでも最大のインパクトを持ったものは、南海放送という愛媛県のローカルテレビのドキュメンタリー番組にはじまり二本の記録映画にもなった伊東英朗による一連の仕事だろう。長年生徒を指導して高知県内の漁船の被曝調査をして来た元高校教師の山下正寿との二〇〇四年一月の出会いに触発された伊東は、『わしも死の海におった』（二〇〇四年五月二十九日）、『メメント　モリ』（二〇〇八年五月）、『葬送の海』（二〇一〇年十一月）など、年に一本のペースで深夜放送のドキュメンタリー番組を作ってきた。最初のものが地方の時代映像祭大賞と早稲田ジャーナリズム大賞を受賞した他に大きな反応はなかったようだが、二〇一一年三月の福島第一原発事故によって状況が一変した。『棄てられたヒバク』（二〇一一年五月）を日本テレビの『NNNドキュメント』の枠で全国放送した後に映画化の構想が生まれ、『放射線を浴びたX年後』（二〇一二年一月二十九日）という番組をもとにした同題の記録映画が同年九月一五日から公開されたのだ。

映画では山下が一九八〇年代から撮りためてきた漁師たちの証言フィルムや、現在も続く粘り強い活動を紹介しながら、様々な船の乗組員たちが水爆実験の火の玉や死の灰を体験し、その後若くしてガンなどで亡くなっていったことを明らかにする。第二幸成丸船長の崎山秀雄が残した漁業日記の記述と、アメリカエネルギー省（旧アメリカ原子力委員会）の機密文書を照合すると、毎時四十八・五ミリシーベルトという彼らの大量被曝が推計できる。「原爆マグロ」としての廃棄処分を判定してきた放射能検査を厚生省が七カ月で中止した影には、一九五五年一月四日付の日米交換公文で、二百万ドルでの「完全な解決」が決められていたこともわかった。二〇一一年以降の被曝の現実に重なるこの記録映画は大きな反響を呼び、国内外の多くの賞を受賞した。これは伊東英朗『放射線を浴びたX年後』（講談社、二〇一四年）という書籍としても出版され、さらに二〇一五年、続編となる『放射線を浴びたX年後2』も公開された。こちらは、最初の映画を見て父の死に疑問を抱いた広告代理店経営の川口美砂、漫画家の和気一作の二人と、一九五〇年代に放射能の雨が降った沖縄、京都、山形において土壌調査をする取材チームを中心に、被曝の傷跡を探るものである。
　また、峰島孝斉、中筋孝臣ディレクターによる『テレメンタリー２０１４　第五福龍丸被ばくから60年　還れない島』（静岡朝日テレビ、二〇一四年四月一日）もある。これは元第五福竜丸乗組員の大石又七がマーシャル諸島を訪問し、同じように死の灰を浴びたロンゲラップの人々と出会う様子と、放射能の影響で未だ故郷に帰れない彼らの現状、そして原発事故で苦しむ福島の人々の思いを描いたものだ。
　目に見えない、しかし深刻な公害の代表である放射能汚染は現在も進行中である。被曝から十年ほどでの東京オリンピック開催という奇妙な暗合も含め、ビキニの水爆実験と福島の原発事故をつなぐものは多い。第二幸成丸船長夫人の崎山順子が「いつの時代も弱い者にしわよせがくる」と述べていた事態の反復にも見える公害の記録映画から、私たちは見えない事実を見きわめる方法、そしてそれに抗っていく方法を学ばなければならないだろう。

付記
　記録映画保存センター、放送ライブラリー、山形ドキュメンタリーフィルムライブラリー、ＮＨＫアーカイブスで多くの映画・テレビ番組を視聴できた。『青空がほしい』の視聴については、ＲＫＢ毎日放送の西嶋真司氏とアクティブボイスの増永研一氏、および戸畑区婦人会協議会会長の加藤美佐子氏のご協力を頂いた。また、コロンビア大学牧野コレクションでも多くの資料を閲覧できた。記して感謝する。

参考文献
秋山矜一「農薬の恐怖」『朝日文化映画の会』第百四十七号、一九六八年四月一日
市村弘正『標識としての記録』日本エディタースクール出版部、一九九二年
神崎智子「北九州の公害克服の歴史を動かした戸畑婦人会の活動」『アジア女性研究』第二十五号、二〇一六年
小林直毅編『「水俣」の言説と表象』藤原書店、二〇〇七年

下田逸穂「六月例会報告「公害と闘う　新潟水俣病」について」『記録映画作家協会会報』第百十八号、一九六八年七月一二日
土本典昭『水俣映画遍歴――記録なければ事実なし』新曜社、一九八八年
土本典昭『土本典昭――わが映画発見の旅』日本図書センター、二〇〇〇年
文部省社会教育局視聴覚教育課編『昭和四一年度　文部省選定教育映画等目録　年報』文部省、一九六七年

第2部　1968・若者たちの叛乱

第5章　〈映画のビラ〉シネトラクト運動
——岩波映画労働組合とその周辺

井坂能行

1　はじめに

戦後日本の政治や社会を振り返るとき、いくつもの「激動の時期」が浮かび上がる。一九六七年から七〇年もその一つといえるだろう。記録映画アーカイブ・プロジェクト第十一回ワークショップ「戦後史の切断面（2）——1968・映像のコミューン」（二〇一三年十一月二十四日、於：東京大学）では、「若者たちの叛乱」を軸に据えて時代をみつめようとした。

その時期に、岩波映画労働組合や、そこを一つの拠点として集った映画業界に働く労働者であり広義の映画製作者でもある者たちが、どのように活動し、どのように状況と関わっていたのかを思い起こしながらワークショップで話をした。本章の表題の「シネトラクト」運動はその活動の一環で、ほぼ同様なことはあちこちで行われていたと記憶するが、意識的・意図的に展開されたものの記録は残念ながら見出すことはできないか埋もれたままである。そこで、ワークショップで話した内容に再度検証を加えながら、当時の反体制・反権力闘争と映像製作・上映活動の一側面の記録として本章を記す。

なお、語句については基本的に当時の活動・運動側でのものを用いる。例えば「〇〇闘争」は、一般の年表や資料には「紛争」なり「事件」等と記されることがほとんどだが、本章ではあえて「闘争」と明記する。他も同様である。

2　シネトラクトとは

一九六〇年の安保闘争や三井三池闘争のいわば敗北的終息の後、沈滞の感があった革新側の運動は六〇年代後半に入って再び活気を帯び、特に学生、青年労働者の活動が勢いを増し、市民運動も盛り上がってきた。一九六七年の佐藤栄作首相の訪ベトナム、訪米阻止の第一次、第二次の羽田闘争が激烈な引き金となり、状況変革への闘争は激動期に突入した。そうした諸闘争と連動しての映画界や映画労働運動の中での動き、その一部として生じたシネトラクトの運動を背景を含めて語るには一九六五年頃に遡るのが適切だが、その前にまずシネトラクトとは何かにふれよう。

一九六〇年代後半、体制批判や反権力の世界的なうねりと高揚の中で、シネトラクトと呼ばれる活動が欧米で盛り上がった。アメリカでは後述する「ニューズリール」という語とも重なり合う。トラクトとは小冊子やパンフレットを意味し、主に政治や宗教関係のものを指して用いられた。シネトラクトは、従来のトラクトのような機能を映像に持たせ、映像の特性を活かして、一層大きな効果を上げようとするものであった。

そのための映像づくりは当然映画フィルムによった。その当時、ビデオは歩み出した程度の段階で、今のような軽便な機材では全くなく、一般への普及には程遠かった。

しかし、映画は、生フィルムのネガによる撮影からその現像、普通に見るためのポジフィルムへの転換をはじめとして、音付け・仕上げ作業、プリントの作成等々、多々費用がかさむ（ちなみに、仕組みが異なりコストがより安いアマチュア向けの八ミリフィルムもあったが、機能的に、広範な上映活動を目指すのに難点や不都合があった）。

映像メディア特有の惹きつける力を駆使して、印刷のビラやパンフレット等とは異なった大きな訴求効果をあげ、かつ、こまめに息長く、様々に場を広げながらの活動を目指すシネトラクトでは、そうした費用の面も大きな課題である。できるだけ手軽で簡便に低コストでつくり、広く活用していくために、映画館向けにはほとんど用いられないがプロフェッショナル仕様である、三五ミリより小型の一六ミリフィルムで製作し、短時間でコンパクトにまとめたショートフィルムが基調となったことに加え、そのつくり方やスタイルにもある種の特色がともなった。シネトラクトの特徴を概括すると、作品性よりも訴求性を第一とし、訴求内容への迫り方をとりわけ重視する、作品仕上げの形にとらわれない、作品としての完結性や密度を問わない（ないし、それらは第二義とする）、署名性・つくり手の固有性にこだわらない等があげられよう。

本書に付属するＤＶＤに収められている『おきなわ　日本'68』『'69・6・15』の二本は、まさにこのシネトラクトの典型的な例といえる。その映像特性や背景等については後述する。

このように作家性から離れたところで成立したシネトラクト運動は、アメリカにおいて、まず作家たちの中から立ち上がった。

ベトナム反戦が引き金となり、一九六七年から六八年に、ジョナス・メカスの呼びかけによって誕生した映画作家集団「ニューズリール」が若い作家たちの大きな拠りどころとなった。ニューズリールでは、限定され偏ったテレビのニュース報道に対して、別の視点を見せることが目的とされた。今日アメリカで起こっている変化やものごとに再定義を突きつける活動や事件、変化についての報道はメディアによって常習的に抑え込まれていた。そのため、私たち自身が重要だと思うニュース、自分にとって「これこそがニュースだ」と思ったことをそれぞれ独立してドキュメントしていくことこそ肝要だという考えがシネトラクトの根底にあった。この提起は、世界各地のどの状況にも当てはまるものであり、日本においても日々のテレビ報道や商業ベースでつくられるニュース映画等々に接する中で痛感されていた思いとも共通するものだった。

状況変革の運動に映像によって関わっていく――シネトラクトのような活動やニューズリールのような集団は遥か以前にも存在していた。

日本では、一九二七年に東京メーデー、二八年に『野田醤油争議実況』が九・五ミリのアマチュア用小型カメラで撮影されたのを先駆けに、二九年に日本プロレタリア映画同盟（プロキノ）が発足、山本宣治の東京と京都での葬儀についての記録製作のための活動が行われた。ここでは、一六ミリと九・五ミリがあわせて用いられた。先述のニューズリールと同様、プロキノには多くの若者が集まり、『港湾労働者』『第12回東京メーデー』等の作品を社会に送り出し、戦争反対を寓話的に描いた影絵アニメーション『煙突屋ペロー』といったユニークな作品も生み出した。しかし、弾圧は激しく、数年で活動は終わり、その後は、軍国化の進行に伴う厳しい統制や管理の下、そのような映画の活用はまったく不可能となった。

海外の例では、ギリシャの貴族で軍人であったアンゲロス・パパナスタシウがナチスに侵攻されたアテネで、占領下の惨劇を秘かに撮りためていたという感動的なエピソードもある。しかしそれも地下室で秘密裏に自家現像しておくだけで精一杯で、そのフィルムを反ナチ活動に活かすことなど到底できなかった。

戦時下では、日本の映画界はこぞって国家に動員されていった。

戦後、商業映画とは別に、政府や進駐軍による啓発や広報用の映画が増産されるのと並行して、労働組合や政党も映画を利用（上映や製作）するようになったが、それらはあくまで自組織の活動のためであった。

六〇年代後半のシネトラクトの運動はそれとはまったく異なっていた。労働組合を基盤とした場合でも、自主的・自立的な思考や視点、立ち位置から状況や諸運動をみつめ、真正面から取り組んで映画をつくり、そこに関わっていった。それはまさしく、アメリカ、ヨーロッパ各地（とりわけフランスが顕著だった）をはじめとした世界的な思考と心情に呼応するものとみなせよう。

こうした世界的なシネトラクト運動の一環といえる、岩波映画労働組合および、そこを一種の広場のようにして集まった広義の映画人や映画人集団によって展開された活動の源流は一九六五年頃にある。

3　シネトラクトまでの道のり

一九六五年五月一日のメーデーのデモ行進における隊列の中に短編映画労働組合連合、通称「短編連合」の一団もいた。先頭から岩波映画製作所の「岩波映画労組」、次いで日本映画新社の組合（以下、日映労組）、さらに、理研映画、日経映画社、日映科学映画製作所の各組合と続き、この五労組が短編連合の中軸となっていた。

関西から異動してきた人、新たに労組に加わった人など、初めての出会いが多々生まれたこの日、組合としても

図１　メーデー．羽田闘争等での短編連合と岩波映画労組

個々の映画人としても企業の垣根を超えての交流や連携を飛躍的に強めていこうという志向が改めて共有された。

短編映画企業とは、劇場公開用ではない、通常、記録映画とか文化映画、科学映画、教育映画、また委託を受けての広報・PR映画等と称される、おおむね短中編の映画をつくる社を指す。短編連合は、そうした短編映画企業から任意加盟で集まった労組により構成され、前述の五組合はそれぞれ二百数十人から数十人といった規模であり、より小さな組合もある程度集まっていた。六〇年代後半からの活動の活発化により、日本シネセルやヨネプロダクション等の数社にも組合が誕生し、さらに組織が拡大した。

短編労組間の交流は以前にもあった。また、個人加盟の活動としての「記録映画作家協会」、そこから袂を分かった「映像芸術の会」等が六五年の時点で存在していたが、各組合を土台にしつつ、従来の労組活動にとどまらない、映画製作企業で働く個々人の仕事への思いや志向、イメージ・提起等々を議論しながら、つながりを強めていくことについての合意は新しい潮流への歩み出しともいえる。

岩波映画のメンバーがこの流れのなかで有力な一翼を担ったことには、企業内でのそれまでの蓄積が作用していた。五〇年代後半から六〇年代にかけて、受注PR映画が飛躍的に増えていくなか、つくり手としてそれにどう向き合っていくかが問われた。監督部会、助監督部会、撮影部会といった職能部会での論議や検討のほか、自主的で横断的な勉強会の開催、次いで研究会の活動が高まり、六〇年から六一年にかけては機関誌がほぼ毎月のように発行され、多彩な書き手が多様な内容をエネルギッシュに展開していた。六〇年代前半に次々と岩波映画を離れた黒木和雄、土本典昭、岩佐寿弥、東陽一、大津幸四郎、小川紳介たちもこの活動の主軸であり、彼らをはじめとした岩波映画出身者をめぐってしばしば語られる「青の会」の土壌もここにあったといえよう。ちなみに「青の会」自体は自発的で任意的な活動で、組織と見なされるような型や行動様式を持つものではなかったと振り返られている。

研究会や青の会に関わるメンバーのなかにおいて、また社内の他部署でも、企業での仕事を離れて映画の自主製作への志向が多々芽生えていた。

岩波映画労組は、一九六〇年、伊豆七島の新島での射爆場反対闘争に目を向け、二十一分間の映画『新島』を独自に製作した。島民の闘いを長期的な視点から捉え、その意志の原点や豊かな心情を汲み取ることを目的とした作品であった。

岩波映画で働く多数の者が、社外における映画の自主製作にも関心を抱いていた。岩波映画を退社した小川紳介が、大学通信教育生たちが展開した制度改正反対闘争を撮った『青年の海　四人の通信教育生たち』（一九六六年）には助監督部会が協力し、高崎経済大学での学生運動をとらえた『圧殺の森　高崎経済大学闘争の記録』（一九六七年）には岩波映画労組が様々な面での支援を行った。

一九六五年以降、日本映画新社（以下、日映新社）の労組と契約者労組でも新たな動きが起こった。グループびじょんの発足である。

その発足に際して出された提言には、「日映状況のなかで、あなたはいかにみずからを変質させていこうとしているのか？」「それぞれの職能、それぞれの立場に固有な問題意識をとりあげ、鋭くつきあわせていきたい」とあり、さらに「各企業は、私たちにとって映画創りの一つの場でしかない」として、企業の枠組みを乗り越える、自主製作を計画していることがうたわれている。「状況変革と自己変革の統一」を基本的なテーマに掲げた彼らは岩波映画労組にも同質のものを見出している。

日映新社や岩波映画でのこうした積極的な取り組みは他社の人々にとっても契機となり、それまで未組織だった社における組合結成や短編連合の拡大にもつながっていった。あわせて、同人誌をつくっていた日本技術映画（のちに鹿島映画）の有志との交流、『圧殺の森』を支えていた「自主上映組織の会」（メンバーに学生多数）との連携等々、組織の内外を問わない広範な結び付きが進展していった。短編連合の事務局が置かれていた岩波映画の組合室には、様々な活動をしている人たちが、時に支援要請に、時に情報交換に訪れ、さながらある種の広場のような様相を呈していた。

「若者たちの叛乱」に一旦戻ろう。

六〇年安保闘争の敗北後、京都を除いては、全体的に退潮であった学生運動は、六五年の早大闘争、明大闘争等の大学の管理強化や授業料の値上げに抗する闘いをバネに息を吹き返していった。

そして、のちの運動の高揚の強烈な引き金となった六七年十月八日の佐藤首相ベトナム訪問阻止の第一次羽田闘争に至る。この日、デモの中で学生一人が死んだ。それは六〇年六月十五日以来の衝撃的なことであった。岩波映画労組でもすぐに内外へのアピールを出した上、十月十七日の日比谷公園での抗議集会に組合旗とともに参加したが、それより前、十月九日か十日だったかに小川紳介が勢いこんで組合室にやってきた。小川は、警察発表による学生の死因をそのまま鵜呑みにしているようなマスメディアの対応に激しく怒り、この羽田闘争を巡る映画を自分がぜひつくりたいと皆に訴えかけた。そのほとばしる熱意はたちまち賛同を得、『ドキュメント「権力」』という仮題での映画を製作する母体が立ち上がった。岩波映画労組、グループびじょん、映像芸術の会によって製作・上映実行委員会が発足した。その委員長は、かつて「青の会」で活動し、社からの派遣でイタリアのチネチッタで映画づくりを経験してきた岩波映画の演出家で労組前委員長であった神馬亥佐雄が引き受けた。資金はない。委員会はカンパ帳をつくって、多くのところを訪ね歩いた。これまで企業の枠を超えて、様々な交流、闘争、運動や製作・上映の支援協力を重ねてきたことがこの局面で活き、輪がみるみる拡がっていった。

マスメディアにはない、情報や表現、アピールをできるだけ早く社会に提示しようと、遅くとも年内の完成を目指していた。その間の十一月十二日に佐藤首相訪米阻止の第二次羽田闘争があった。

その日、岩波映画労組は大忙しだった。ふだんはデモに参加する側だが、この間の既成メディアへの批判から、独自の情報と報道づくりに取り組むこととし、デモへの本隊とは別に、空港内と市民文化団体、反戦青年委員会、全学連それぞれの行動に写真部門のスチールカメラマンと演出部が組んだ組合取材班を送り込んだ。小川紳介スタッフの映画撮影にはカメラマン三人が応援の別班を組んで加わった。グループびじょんからも応援カメラマンが参加した。

「我々をとりまく状況」というテーマを掲げた十一月末の組合機関誌では、賃金や社内のことと並んで、「我々の眼で見た羽田闘争」が特集された。同号には、『ドキュメント「権力」（仮題）』の製作の進行や、「映画『圧殺の森』が問うているもの」と題する神馬の文、「ＪＩＣ（日本広報センター）と言論表現の危機――進みゆく言論統制に対決するために」という、演出部組合員の田中敏弘からの寄稿も掲載されている。

『ドキュメント「権力」』はのち、『現認報告書　羽田闘争の記録』のタイトルに変わったが、製作中も映画の方向性を巡る議論が熱烈に重ねられた。その中には、「今、我々は映画を撮っているのでいいのか。運動との関わり、状況への寄与をどう考えているか」という提起まであり、作品に完成度を求めるよりも、状況の見つめ方やそこへの関わり方により重点が置かれていたように感じられた。それは、いわばシネトラクトの運動に通じるものといってよいだろう。

『現認報告書』は十二月に完成。数寄屋橋にあった朝日新聞社上階の朝日講堂で開かれた最初の上映会は昼夜とも超満員で、入場できなかった多くの方にはお帰りいただく次第となった。予想をはるかに上回る来場者は、製作・上映実行委員会の面々の上映活動での経験不足や読みの浅さのためでもあったが、その反面、こちら側からのこうしたメディア展開が社会の注目を集め、多くの人の期待が寄せられていることを如実に物語っていた。

『現認報告書』は、当然映画館にかかることは難しかったが、様々な連携の下に、先行していた活動の経験を活かし、手探りで精力的に上映活動が進められていった。自主上映組織の会や大阪自主上映組織の会（資料には近畿自映組、大阪自主上映実行委員会との記述もある）等、各地の活動とも緊密に連携していった。自発的な上映の動きもあちこちで起こり、フィルムの貸し出しもいや増した。この映画は全国の様々な動きと接点を持ち、運動・活動や闘争に関わる人たち、そこに深い関心を抱く人たちとのつながりを拡げるものとなった。六八年一月に委員会が発行したタイプ印刷B5判六ページの小新聞『映画反戦』には、作家大江健三郎、映画監督鈴木清順、砂川の宮岡政雄、三里塚の戸村一作の原稿が、スタッフレポート、資金状況、各地の上映活動報告等とともに掲載されている。

また、この映画製作が一つの契機となって、委員会の活動メンバーの有志が自発的にスタッフを組み、ショートフィルム『炎　1960～1970』がつくられることともなった。自主製作の活動がシネトラクト運動へと続いていった。そして、六八年の岩波映画労組によるショートフィルム二本、『おきなわ　日本'68』『核基地の島の被爆者たち』の製作に至る。

4　シネトラクト映画の具体例

岩波映画では社としても組合でも、映画の撮影だけでなく、写真撮影にも力を入れていた。例えば、演出部組合員と契約で働くスチールカメラマンの有志が、北富士・忍草での演習場反対や入会権奪還の永年の闘いを当時隆盛だったオートスライド（音声付きの自動進行スライド）で作品化したことなども、写真を表現として重視していたことを示す一端といえよう（田辺欽也写真、井坂能行構成）。

六七年から六八年にかけて、組合員のスチールカメラマンや男性、女性の契約スチールカメラマンたちで、羽田闘争をはじめ、王子野戦病院反対、三里塚空港反対等々、種々の闘争の撮影を個人で自主的に重ねていた人が十人近くに上り、厖大な量の写真が蓄積されていた。

また、その内の二人、小山博孝、吉岡攻は、渡航にパスポートを要した当時まだ未返還の沖縄に渡り、それぞれ独自の問題意識からの写真撮影と取材・音収録を行った。

六八年一月には、佐世保で原子力空母エンタープライズの帰港阻止闘争があった。短編連合では、商業メディアや党派色を持つ組織の取材ではなく、現地でのリアルな様相を映画フィルムと写真に記録し、まず自分たちの目で見よう、知ろう、とらえようという発議で、佐世保に取材班を送ることを決め、日映新社演出部、岩波映画撮影部の各組合員、播磨晃、竹内亮、岩波映画の契約スチールカメラマン吉岡攻の三人がその任にあたった。

その時点では未だ、その記録を今後どう活用していくかを定めてはいなかった。振り返れば、これはまさしくシネトラクトの趣旨と重なり、その運動へとつながっていくものだったといえよう。実際、この時に撮られた写真はのちのショートフィルムの作成にも活かされ、映画フィルムは未編集撮り放しのままでもシネトラクトの機能や効果を発揮したのである。

図2　上から東大，日大，青山デザイン専，東京書院，三里塚の諸闘争

同じ一月、東大医学部での問題を口火に、大学管理の歪みを指弾し、さらには大学の在り方を問う闘争が燃え上がった。東大の闘争にも、岩波映画内からを含め、フリー等様々な映画人の共感や賛同が寄せられ、「東大全共闘を支援する映画人の会」という、いわば無署名的で非定型の活動が行われた。その活動においては、状況を随時とらえアピールする内容のショートフィルムがつくられたが、残念ながらその全容は、今、定かでない。本書付属DVDに所収している『'69・6・15』は、そうした活動から生み出され、確かに受け継がれた貴重な一例である。

これらの他にも、岩波映画労組の周辺では各種の活動があった。沖縄返還闘争の一環として、船で内地帰還の際、晴海埠頭で一斉にパスポートを燃やす抗議行動があったが、これを撮ったフィルムがラッシュのまま残っている。岩波映画の社屋のすぐ近くの学部から日大闘争が起こった時は、それをバリケード内を含めて撮った有志もいて、そのラッシュも保存されている。それらは後年、日本の戦後史を扱った映像作品の中で活かされた。

六八年前期、岩波映画労組は、『おきなわ　日本'68』と『核基地の島の被爆者たち』の二本のショートフィルムを完成させた。前述したように、運動・闘争をとらえた大量の写真が蓄積されていたことから、組合内で、それらを単に写真として見せるだけではなく、もっと多角的に活かしたいという意見が出た。それを海外でのシネトラクト運動と結びつけ、スチール構成（写真構成）で短い映画にまとめるという企画が実行に移されたのである。ちなみに「スチール構成」とは、スチール（写真）を独自の撮影設計のもとに映画のカメラで改めて撮影、編集、音付けした映画のことを指す。

以下では、シネトラクト的な役割を担った映画作品として、『おきなわ　日本'68』『核基地の島の被爆者たち』『炎1960～1970』『'69・6・15』の四作品を取り上げ、その成り立ちや内容、また特徴について具体的に述べる。

『おきなわ　日本'68』（八分強、モノクロ（白黒））

沖縄現地での祖国復帰の運動の様相と羽田、王子、佐世保、三里塚等、当時の日本国内各地での闘争を重ね合わせながら、そこで共有されているものを見つめ、また、それに壁となって立ちふさがっているものの姿を浮き彫りにしようとした。

ナレーションや音楽は意図的に用いず、現地での当事者の話、現場音と若干の効果音のみでまとめている。写真が実地にとらえた迫真の様を活かし、映画のカメラワークによってさらに強いインパクトを持たせている。シネトラクトの趣旨に徹し、タイトルは独自の考えでつくられ、字幕もスタッフタイトルもない。まだ事態は何も終わっていないということで、エンドタイトルもついていない。

映像からの印象を重視し、また見る人がそれぞれの感性で受けとめることを意図し、その結果として各人の思考が深められれば、自立や主体性の喚起・強化の力となる、という思いのもとでつくられたショートフィルムである。

『核基地の島の被爆者たち』（約十三分、モノクロ（白黒））

広島と長崎で被爆した人たちの中には、当然、沖縄出身の人も多数いた。その中で、のちに沖縄に帰った人は、今度は核基地となった故郷で人生を送ることになった。岩波映画労組員のスチールカメラマン小山博孝はそこに問題を鋭く見出した。核基地の島で被爆者の人たちは、どのような想いを持ちつつ、どのように暮らしているのだろうか。そうした意識のもとに小山は沖縄で撮影を行った。それに組合が注目して、スチール構成で新たにつくられたのがこの作品である。

この企画の推進には、一九六〇年の組合製作映画『新島』の中心スタッフだった組合員の演出家、秋山矜一が大きな力を発揮したが、シネトラクトの趣旨から、小山、秋山の名前は明示されていない。

『'69・6・15』（約十分、モノクロ（白黒））

一九六九年六月十五日、九年前の安保闘争での六・一五を記念して、市民、労働者、学生の統一集会が、「反戦、反安保、沖縄闘争勝利」を掲げて全国で大規模に開催された。東京では、日比谷公園での集会が、行動の中心となった。

その場には、逮捕状が出ている東大全共闘の山本義隆議長も姿を見せ、最初に野外音楽堂の壇上で、次に服装を変えて公会堂前でと、二度の演説を行った。

その山本の姿も含めて、この東京集会の一日を、東大全共闘を支援する映画人の会の有志が記録、編集、ショートフィルムにまとめたものが本作である。

現場音以外は最後に一言あるだけである。仕上げは明らかにプロの職能者と設備で行われているが、つくられた経緯や背景はすでに不明となり、フィルムと原版が岩波映画労組に継承、管理されたことで現在に残ったという当時のゲリラ的状況の一端を物語るようなエピソードをともなう。

以上の三本とも、音楽は、現場音で入っている歌等を除いて、まったくついていない。それは情緒や情感に流れる恐れを排するためであり、かつてのプロパガンダ映画でよく見られた音楽によって感情的に誘導することはしないということでもある。

この思考・姿勢は、『現認報告書』時の活動から端を発した『炎　１９６０〜１９７０』にも共通している。この映画は、岩波映画労組、グループびじょん、映像芸術の会それぞれの有志に、外部の人も加わって製作された。

『炎　1960〜1970』（約十二分、モノクロ（白黒））

日比谷野外音楽堂での一九六八年六・一五集会における、シュプレヒコールに参加するためにつくられた。六〇年六月十五日に警官隊の暴力で殺された女子学生「樺さんの死を祈念すると言いながら、われわれは一体何をやろうとするのか？」、「人の死の意味をどれだけ継承し得るのか？」など、映像芸術の会の山際永三は、樺さんだけでなく闘いの中で死んでいった多くの人を登場させ、その人々の怨念を映像化することをモチーフに据えた。

「人物の写真に火を付けて、顔が炎に包まれる効果は、何ともいえない興奮を呼び起こすもので、成功だったと思っている」と山際はのちに記している。この映画では、スチール構成と実写の動画とが組み合わされている。

振り返れば、昭和二十年代から三十年代において、何らかの「運動」に関わる映画には、労組や団体が何らかのプロパガンダを意図して外部に委託製作した多くの作品があったが、それらには大抵、目的を鼓吹する、煽り調で説教調のナレーションが全編にわたってつけられていた。そのような主流から外れたユニークな作品としては、アマチュアながら映画技術を習得した機関車労組（のちの動力車労組）のスタッフが、鉄道の状況や労働現場の様子をルポして回り、まとめあげた『雪と闘う機関車』等の数本があげられよう。

一九六〇年代後半のシネトラクトとしての映画のほとんどが、ここにあげた四本を典型として、いずれもナレーションや音楽を排しているのは、それ以前の運動にまつわる映画とは大きく異なる。鼓吹、煽り型、説教型を忌避するという特徴は、『青年の海』『圧殺の森』『現認報告書』という小川紳介の三作品にも通ずるところといえようか。

図3　羽田闘争の諸相

5　シネトラクト運動の展開

上映が拡大、普及してこそのシネトラクト運動であるが、シネトラクトとしてつくられたショートフィルムはどのように上映されていたのだろうか。

アメリカのニューズリールで、ジョナス・メカスも「映画館でない状況でどう映画を上映するのかの情報を提供することも我々の仕事のひとつになる」（藤原敏史訳）と提起する。「たとえば集会での上映であるとか」「我々の映画を受け取った側が同じ地域の他のグループにもそれを見せてくれることを期待しているし、そうして配給ネットワークがどんどん拡大していくことになるだろう」。

専任の活動家を持たない岩波映画労組およびその周辺では、フィルムの貸出活動を推進した。まず、こうしたフィルムの存在を様々な場や機会をとらえてアピールした。また各種のミニメディアにも掲載してくれるよう働きかけた。フィルムの貸出価格も千円、千五百円など、当時としては異例といえる安さに設定した。もちろん、苦しい闘いを続けている小さな組合等には無償で貸し出した。高校生のグループが借りに来た場合も、意気に感じてタダにした。ちなみに、ニューズリールでも、「プリント代を払う予算のないコミュニティーの組織やグループには無償で」とある。

貸出先は、記録から試みに拾ってみただけでも、労組、反戦委員会、市民の会、学生自治会、大学・高校の新聞部、演劇部、映画人の団体や個人……と多種多様だった。そのほかに大きな集会や大学祭、高校の文化祭等でも上映された。また、原水禁国民会議や自主上映組織の会のように、プリントを買い取ったうえで、上映活動をした例もある。

当時の諸運動では口コミの力が大きかった。佐世保闘争のフィルムがあると聞いて、音なし未編集のままでいいから貸して欲しいという申し込みが次々ときた。第一線のカメラマンと演出家が事態をカメラにとらえた、そのラッシュフィルムには大変な迫力や迫真性があり、十分な訴求力を持っていた。また反響も大きく、シネトラクトの運動の有力な一翼となった。

貸出先の中には日本山妙法寺の名もある。大勢の僧侶がうちわ太鼓を叩きながら、平和希求のデモや街頭座り込みの先頭に立つことで広く知られる、あの日本山妙法寺である。

岩波映画労組を通しての、『炎　１９６０〜１９７０』の貸出も行われ、そうした活動に牽引されたかのように、八年前につくられた『新島』に再び申し込みがくるようになったということもあった。

6　おわりに

以上、岩波映画労組とその周辺での活動を振り返った。このころ、短編映画界とは離れたところで製作されたシネトラクト的ショートフィルムも相当数あったと考えられる。しかしそれらについて残された資料が少なくその全体像を掌握することは難しかった。

本章をまとめるには相当な困難があった。当時の闘争・運動のビラや冊子は大量にとってあるが、未整理でダンボール箱や大袋に入ったままあちこちに埋もれている。メモ類も同様である。ノートはおびただしい量が保管されているが、逐次読み返す時間はなく、ガリ板（謄写版）やタイプ印刷された資料と一部分のノートの活用にとどまった。いずれ、体系的に整理し考察を深めなければならないと痛感している。

また、その後ビデオの目覚しい発達によって、シネトラクト的な活動に有利な環境が醸成されている。それについては別の機会に概括してみたい。

第6章　日大闘争とグループびじょん

北村隆子

1　当時の短篇映画業界の状況

一九六三年四月、私は十名余りの仲間と共に日本映画新社に入りました。迫っていた東京オリンピックの記録映画のスタッフ確保のため、会社がまとまった数の新卒者を募集したのです。女性である私も、女子選手村には男性は入れないということで特別に入社が許されました。新人たちの大部分は正社員としてニュース部に配属され、私と他一名が契約社員として企画演出部に配属されました。

東京目黒に本社を持つ日本映画新社は東宝の子会社で、社長は東宝からの出向でした。制作部門としてはニュース部、撮影部、企画演出室、録音部、整理部などがあり、他に制作部、経理部、テレビ部がありました。

大阪と名古屋には支社もありました。社員百十数名の短篇映画業界では大手でした。まだ全国の映画館で、五社（松竹、東宝、大映、新東宝、東映）の作る劇映画が定期的に上映されている時代でした。街の映画館では、劇映画の前に必ず十五分位の週間ニュースが上映されていました。東宝系の映画館でかけられていたのが『朝日ニュース』で、これの制作が日本映画新社（以下、日映）の大きな仕事の一つでした。

日映のもう一つの仕事は記録映画やスポンサード映画の制作でした。テレビＣＭはまだほんの創成期で、大企業や公社などは自社の宣伝をスポンサード映画に託していた時代です。

日映は『南極大陸』『カラコルム』『エラブの海』『オランウータンの知恵』など、ドキュメンタリーの名作を何本かうみ出した会社ですが、私が入社した頃は、その制作の大半はスポンサード映画で、その多くが企業のＰＲ映画でした。

短篇映画界のもう一方の大手が岩波映画で、『教室の子供たち』『絵を描く子どもたち』『佐久間ダム』『我が愛・北海道』『ある機関助士』などの優れた作品が羽仁進、黒木和雄、土本典昭等の演出家たちによって作られていました。こうした名作のいくつかは、作家自身の努力によってスポンサード映画の中からもうまれています。

私たちの直接の上司であり、企画演出室長でもあった小笠原基生は、一方では『朝日ニュース』のコメントの名手として知られ、他方ではプロデューサーとして、松川八州雄、藤原智子、粕三平等のフリーの演出家と交流して、劇場上映のできるドキュメンタリー映画の制作を目指していました。黒木和雄の初めての劇映画『とべない沈黙』（原案：松川八州雄）も、彼の努力で日映で制作されました。

記録映画や短篇映画の作家たちの多くは、プロダクションでＰＲ映画や記録映画を作りながら、横断的な連帯組織「記録映画作家協会」に属していました。一九六四年にこの会が分裂し、反代々木系（反共産党）の作家を中心とした「映像芸術の会」が結成されました。その中心は野田真吉、松本俊夫、大沼哲郎等で、他に岩波映画出身の黒木和雄、土本典昭、東陽一、岩佐寿弥、日映の苗田康夫、平野克己、さらには西江孝之、山際永三といった演出家たちが参加し、大津幸四郎、鈴木達夫、中島彰亮等のカメラマンも名を連ねていました。この会は機関紙『映像技術』を定期的に発行して、映像とは何なのかを追求しながら、あるべき映画作りの方向を探っていました。私はシナリオを書いたり、助監督を務める一方でこの会に出席したりしながら、一本立ちしていきました。

しかし何しろ低賃金で、社員との賃金格差も大きく、不満ばかりが膨らんでいきました。日映は、伝統的に組合の強い会社でした。ニュース部をはじめとする社員は全員組合員で、定期的に賃上げ闘争を行っていました。しかし契約者やフリーの者たちはまだ組織を持っていませんでした。

2　グループびじょんの発足

ある時、日映の東京本社に、大阪支社から播磨晃が転勤してきました。組合員の彼は、演出家としても優秀でしたが、その情熱は組合運動の方に向いていました。

それまで、賃上げ闘争のみに明け暮れていた組合員たちは、委員長になった彼の呼びかけによって、組合員と契約者間の差別構造にも目を向けるようになりました。それに呼応して、苗田康夫、平野克己などを中心に「契約労働者組合」が結成され、日映労組と共闘するようになりました。「契約労働者組合は、日映労組の闘いのスト破りをしないこと」「日映労組は、契約者の差別撤廃闘争に成果が得られない間は、賃上げ闘争で妥協をしないこと」という盟約が両者間で交わされ、ストライキを含む激しい闘いが会社との間で行われました。その結果、何人かの契約者の社員化を勝ち取り、さらには、映写助手が希望していた撮影助手に職場転換するなど、かなりの成果を上げることができました。

闘いは待遇改善運動にとどまらず、「職能者としての自己の再確認」へと進んでいきました。

一九六九年十一月に、日映労組員と契約者労組員の有志たちの手で「グループびじょん」が結成され、機関紙『びじょん』第一号が発刊されます（図1）。特集は、「日映に火をつけろ」でした。そこでは、それまでの沈滞した社内の空気を一掃し、「職能者としてのプライド」を取り戻すことが提案されました。白井茂、林田重男、中村誠二とい

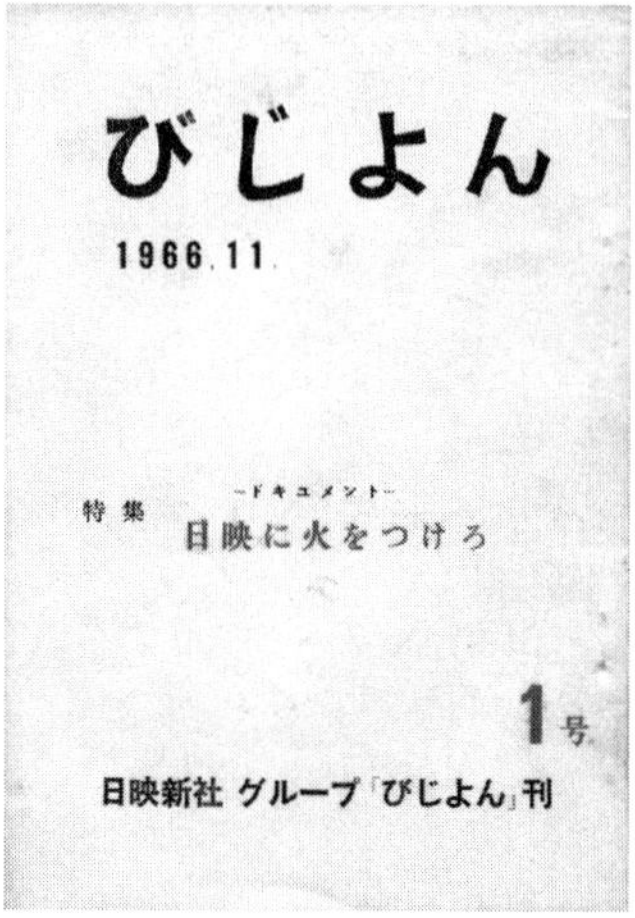

図1　『びじょん』1号

図2　『びじょん』2号

った大御所のカメラマンをも巻き込んだ、ＰＲ映画の合評会が開かれ、堀場伸世専務と組合代表との対談が『びじょん』の紙面をかざりました。第二号の発刊は翌年の三月。特集は「夢と論理を武器にせよ」でした（図2）。ＰＲ映画の可能性と限界が盛んに議論され、「作品中心の制作体制」の必要性がさけばれました。

フリーの作家たちも寄稿文を寄せて運動は拡大して行きました。

時代も、激動のさなかにありました。一九六七年の佐藤栄作首相訪米阻止羽田闘争では、京大生の山崎博昭さんが殺されます。学生たちが血を流して闘っているのに、映画人は手をこまねいていていいのかという声が映像芸術の会や各社の労働組合の中からも起こってきました。

その一つの行動として、みんなで協力して反権力をテーマとした記録映画を作ろうということになり、この羽田事件を基にした記録映画『現認報告書　羽田闘争の記録』が作られました。演出は『圧殺の森　高崎経済大学闘争の記録』を作った小川紳介でした。岩波映画労組、映像芸術の会、グループびじょんが、これを全面的に支援しました。

びじょんの仲間たちはその後、三里塚闘争などのデモにも積極的に参加するようになり、「我々の手で闘争映画を作るしかない」という思いが日に日に強くなっていきました。『びじょん』第三号の特集は、「自主映画制作の為のシナリオ・組織論・技術論」でした。

播磨は、六十年安保の時の樺美智子さんの死、羽田での山崎君の屍をのりこえたいという情念から、これから作る「闘争映画」のタイトルを『死者よ来たりて我が退路を断て』としました。何を撮るか、どう撮るかが決まる前に、タイトルだけが決まったのです。

一九六八年四月、グループびじょん自主映画制作の拠点として、会社のある目黒の権之助坂下に一軒家を借り、会社が退けるとそこに集まって討論を重ねるようになりました。徹夜になることもしばしばでした。

活動は、まず制作体制作りから始まりました。小野俊雄、安藤令三、苗田康夫等が中心となって、資金集め、スケジュール作成が検討されました。闘争を撮ること以外、この時点では、まだ何も決まっていませんでした。

びじょんが自主映画を作るらしいという噂を聞きつけて、多くのカメラマンや学生たちがアジトに集まってきました。

「来るものは拒まず」の精神で参加者は膨らんでいき、自由なディスカッションが続きました。資金も三百万円位集まりました。日々の暮らしがやっとのなか、誰もが自分にできうる限りのカンパを行いました。

最後に、撮影対象として、「日大闘争をとろう」ということが決まりました。日大闘争なら芸術学部にしようということもすんなり決まりました。というのも、びじょんの主要メンバーである平野克己と安藤令三は日大芸術学部の出身で、十年前に日大映研を組織して実験的前衛映画『釘と靴下の対話』『プープー』などを世に送り出したメンバーだったのです。十年前は映画制作運動でしたが、今回は学校の右翼体質に根本から迫る反権力闘争だということで、この闘争に並々ならぬ関心を持っていたのです。

もう一つの理由は、日大闘争が、非常にわかりやすい、正義の闘いだったということです。

特に芸術学部のバリケードは外にも開かれていて、日大芸術学部出身の作家・評論家・カメラマンたちが出向いていっては、学生たちの前で応援演説をしていました。平野克己や城之内元晴などの映画人もバリケードに入って演説していました。そういうこともあって、『死者よ来たりて我が退路を断て』の撮影も無条件で許可がおりました。後で聞くと、バリケード内では相当シビアな討論もあったようです。

しかしここで、びじょん内部に問題が発生します。タイトルの名付け親であり、当然演出を担当すると思われていた播磨が、黒木和雄の『キューバの恋人』のスタッフになるということで、私たちの前から消えたのです。さらに平野克己も、四年来のスポンサード映画、首都高速道路建設記録『東京　その変容と時間』の総仕上げ作業が、ちょうどこの時期とぶつかってしまい、演出を引き受けられない状況でした。しかし、それまでのびじょんの闘いの中でPR映画の限界を超える作品にしようと努力してきた平野にとって、自らのイメージを追求してきたこの作品を放り出すことはできなかったのです。

制作部主導で進んできた『死者よ来たりて我が退路を断て』の映画作りは、宣伝を含めた制作スケジュールが上映日時まで決まっていました。

そこで急遽、若輩の私が演出することになりました。撮影は若きフリーのカメラマンの水野征樹と秋山洋、写真は佐々木美智子、録音は当時慶大生で、日映のニュース部に就職が内定していた芳賀詔八郎に決まりました。恐いものなしのこの若手集団を、先輩格の苗田康夫が補佐しました。

一九六八年の十一月中旬から翌年二月の芸術学部バリケードへの機動隊突入までの約四カ月間、われわれはバリケード内での撮影、録音に明け暮れました。

撮影の水野は、街頭闘争以外は、バリケードの内側からのみ撮影すると決めていました。バリケードの中から見ると、下を通る子供連れの主婦たちが夢のように見えて、どっちが現実なのか、錯覚を覚えたそうです。

学生たちが熾烈な闘いを続けている一方で、労働者の側も、会社の不正を糾弾したり、不当労働行為に対して組合を作ったりする運動が、特に中小規模の職場で起き始めていました。私たちは、それらの労働者の闘いにも目を向けました。自分たちが労働者なのに、学生の闘いだけに目を向けるのは不十分ではないかという意見が徹夜の討論の中で出てきたのです。

そこで私たちは中小の出版社の闘いを知りました。騒然とした時代の中で、会社の不正に気付いて組合を作ろうと動き始めた出版社は、一つや二つではありませんでした。しかし官憲は、この動きを許しませんでした。そうした中で、私たちは神田にある小さな出版社「東京書院」の闘いに出会いました。岩波映画労組の井坂能行さんの紹介だったと思います。

十人たらずの小さな出版社で、ある日突然五人の労働者が解雇されます。組合を結成したのがいけないというのです。納得できない労働者たちは倉庫に立てこもります。そこに機動隊がなだれ込んできて、男性三人を逮捕します。残されたのは男性二人と事務員の女性二人だけ……。彼らは支援団体に助けられながら、東京拘置所にいる仲間への差し入れをし、裁判闘争を続けようとします。しかし家族や生活の問題が重くのしかかり、一人また一人と闘いを諦めていきます。女性たちはとまどい苦しみながら逮捕された仲間の救援にあけくれます。

この闘いにも、ごく当たり前の生活者が、突然生活の場を奪われてしまうという点で、日大の全共闘の、正義の闘いと通じるものがありました。

私たちは秋山カメラマンとともに、支援デモや拘置所での差し入れシーンを撮影しました。

この闘いも当然のように敗北していくのですが、その悲惨さは他人事ではなく、私たちの胸に迫りました。

日大闘争取材班の水野征樹、録音の芳賀、そして写真の佐々木美智子は、時に協力しあいながら別々に動いていました。ほとんどバリケードに入りっぱなしでした。

彼らは取材の腕章もヘルメットもなしで、機動隊からは学生と間違われ、学生たちからは私服の刑事と間違われながら、街頭デモを撮影しました。

自分たちは学生ではないけれども日大闘争に共感するものであり、第三者的な報道カメラマンではない、という立ち位置をつらぬこうと必死でした。撮影したフィルムは四万フィートを超えました。フィルムの補給や撮影済みフィルムの現像場入れは、千原卓司、奥田益也といった若手が受け持ちました。

ラッシュ（現像済みフィルム）が上がってくると、目黒のアジトで全員で見て、また徹夜で討論しました。その頃のアジトには、多いときで三十人以上が出入りしていました。その多くは、東大、早大、東京理科大など多様な大学の学生たちでした。彼らは、宣伝ビラの印刷や録音済みテープの採録など地味な作業をこつこつと手伝ってくれました。もちろんギャラは出ず、手弁当でした。

直接闘争には参加できないけれども、今自分がやれることを何かやりたいという衝動が、彼らを動かしているようでした。

3　日大闘争とは

ここで、日大闘争の概略について、少しふれてみたいと思います。「日大闘争の記録」制作実行委員会が二〇一一年から刊行している『日大闘争の記録・忘れざる日々』第一巻によると、その端緒は一九六八年一月の理工学部での五千万円脱税の発覚でした。

その後、法学部、経済学部、文理学部、生産工学部などに東京国税局の監査が入り、六月には、「日本大学の使途不明金は三十四億円の脱税である」と断定され、「史上最大の脱税事件」であると発表されました。

怒った学生たちは、六月十一日に経済学部一号館前で「全学総決起集会」を開きます。ところが上階にいた教職員、体育会系の学生たちが机、椅子、灰皿、砲丸投げの鉄球などを雨あられのように投げ落とし、学生の多くが負傷する「血の弾圧事件」が起きます。

全共闘は行動隊を編成して構内に突入しますが、大学側は機動隊の出動を要請。学生たちは右翼学生たちの逮捕を期待していたのに、抗議する学生のほうが逮捕されてしまいました。

全共闘はスト突入を宣言して法学部三号館に立てこもり、バリケードを築きます。

その後、文理学部、商学部、法学部、本部にもバリケードが築かれました。芸術学部にバリケードが築かれたのは六月十九日のことでした。

七月になって、大学側は法学部と経済学部の占拠排除の仮処分を東京地裁に申請、九月四日にこれが決定されて大学本部、法学部、経済学部に強制代執行、八百名の機動隊によるバリケード破壊が行われ、百三十二名の学生が逮捕されます。学生側は二千名を集めて全学抗議集会を開き、法学部、経済学部を再占拠。機動隊と連日激突する「激動の十日間」が始まります。

九月十二日の全学総決起集会には七千名の学生が集まり、白山通り、神田地区で機動隊と激突し、機動隊は学生に対して初めて催涙ガスを使用しましたが、学生はひるまず、法学部、経済学部を完全にとり戻し、バリケードを再構築しました。

この事態を受けて大学側は大衆団交を受け入れました。九月十三日、両国の日本大学講堂で、十二時間にわたる大衆団交が開かれ、古田重二良会頭をはじめとする学校側は九項目の要求を全面的に認めて誓約書に署名しました。三万五千名の学生たちは勝利したものと信じ喜びました。しかし十月一日、佐藤首相がこの団交を「政治問題」として取り上げると声明を発表、官邸内に「大学問題閣僚懇談会」を作って、政治介入を始めたのです。

古田会頭は誓約書を再度反故にし、当局は秋田明大議長以下八名に、公安条例違反、公務執行妨害の容疑で逮捕状を請求しました。

十月二十一日には、関東軍（日大、拓大、国士舘大、東海大、専大等の応援団、体育会系の学生で作られた右翼団体）が組織され、各学部のバリケードを襲いスト破りをしかけます。十一月八日、この関東軍が芸術学部のバリケードを襲いました。パイプ、角材、盾などで武装した四百名余りの関東軍は、五十名余りの芸闘委学生たちを四階まで追いつめましたが、法闘委、経闘委など四百名余りの救援部隊がかけつけて、六時間余りの攻防の末、百名余りの関東軍を捕虜にします。十二日には、この襲撃事件の現場検証を口実に、二千名の機動隊が導入されました。

私たちが芸術学部のバリケードに入ったのは、その直後でした。メチャメチャに壊された建物の中はなぜか温かい空気で満ちていました。

年が変わると、事態は一変します。一月十九日には東大の安田講堂が陥落。二月になると日大の法学部、経済学部、文理学部にも次々に機動隊が導入され、芸術学部もバリケードが排除されて構内は学校側によってロックアウトされます（『日大闘争の記録』制作実行委員会、二〇一一年、五二―六四頁）。

この時、撮影班の水野はバリケード内にいて、学生たちをかばいながら一番に逮捕されています。私たちが撮影、録音したのは、この壮大な日大闘争のほんの一部にすぎませんでしたが、彼らの正義感や純粋さを知るには十分でした。親のお金でのほほんと大学生になった自分が日大闘争を闘うなかでどう変わっていったのかを彼らは淡々と語りました。

録音部が独自に録音したテープは百本を超えていました。私たちは彼らの本質に迫るには、日録を追うのではなく、その心に焦点を合わせるべきだと話し合いました。

4　時間の壁との戦い——編集から仕上げ

各学部に機動隊が入り、構内が次々にロックアウトされた後、学生たちは学外での闘いを余儀なくされ、芸闘委も連日街頭でデモをする日が続きました。

そして東京書院の闘いも、官憲のしつこい介入によって次第に支援者を失っていきました。

『死者よ来たりて我が退路を断て』の第一回上映は一九六九年三月二日、紀伊國屋ホールと決まっていました（図3）。制作部は制作部で、精一杯の宣伝活動や上映スケジュールを決定していたのですが、演出部にとってこのスケジュールは苛酷なものでした。もともと制作部主体で動いていた映画制作の矛盾がここにいたって噴出したのです。徹夜の連続でほとんど思考停止状態の私を、先輩の苗田康夫がみかねて助けてくれました。

図3　『死者よ来たりて我が退路を断て』チラシ

学生の闘いと労働者の闘いを結びつけるキーワードは最後までみつかりませんでした。とにかく、撮影された画面と音を別々に時間に沿って並べていくことにしました。それをぶつけ合わせてみると、映像にシンクロさせた音をつけたときよりももっと広い、深いものが立体的に浮かび上がってきました。

学生たちの無邪気さ、明るさ、エネルギー、変わっていく自分への喜びなど、日大闘争の本質らしきものが見えてきたのです。東京書院の闘いのやるせなさも漂ってきました。

私たちは、コメントはできる限り少なくしようと話し合いました。少々わかりにくくても、自分たちの立ち位置を超えた言葉を使いたくなかったのです。

そして何とか上映に間に合うように、大久保のスタジオで録音し、ネガ編集をし、三月一日に初号（はじめての完成作品）を上げたのです。上映日の一日前のことでした。

私個人としても、作品の出来に不満がないといったら嘘になります。しかし、できるだけのことはやったという満足感も、一方では確かにありました。

作品の評価はさんざんなものでした。事前の宣伝で、ある程度前評判が良かっただけに、観た人たちは裏切られたように感じたのかもしれません。映画雑誌『キネマ旬報』はこの作品をその年のワーストワンにランクしました。ただ、劇映画の監督である中島貞夫氏だけが、ベストワンに選んでくれたのがせめてもの救いでした。

今考えてみると、学生たちも観衆もマスコミも、当時の空気を反映して、この作品に闘争のプロパガンダを望んでいたのだと思います。しかし私たちは、国家権力と体を張って闘う学生たちの心をドキュメントしたかった。その本質に少しでも迫りたかったのです。自分たちは闘争当事者ではないという自己認識がこの映画を単純なプロパガンダ映画にはしませんでした。日大全共闘の人たちの中にはこの作品に本気で腹を立てる人もいました。また、右翼は右翼で、上映会にいやがらせをしかけてきたりしました。制作部や演出部の者も、しばらく大手を振って外を歩けない日々が続きました。

そしてスケジュールに沿って、日本各地で上映運動を続けながら、グループびじょんは少しずつ解体していきます。演出を担当した私は会社からの圧力で自主退社を余儀なくされ、平野克己、安藤令三、苗田康夫たちも活動の拠点を日映から他社へ移していきました。

しかし『死者よ来たりて我が退路を断て』と前後して、平野克己の苦心のPR映画『東京　その変容と時間』がPRを超えた幻想的な作品として完成したことは、グループびじょんの一つの収穫でした。

また、フリーの映像作家の城之内元晴は、9・30大衆団交と、機動隊導入後の芸術学部の廃墟を彼独特のコマ落しで撮影し、ユートピアへの夢と日大全共闘へのオマージュを歌い上げるような作品を作り、さらに新宿での街頭デモと地下広場を活写した『新宿ステーション』を作成しました。

写真家の佐々木美智子はびじょんが引き上げた後も一貫して日大闘争全体を写し続け、『あの時代に恋した私の記録――日大全共闘』という写真集を、四十年以上たってから出版しています。

私自身は、その後出産したこともあって、短篇映画業界から遠ざかり、今に至っています。

5　その後の『死者よ来たりて我が退路を断て』

当初、フィルムは三本ありました。が、そのうちの一本は仲間の学生が沖縄に持っていこうとして、沖縄の税関で燃やされてしまいました。残りの二本のうち、一本は苗田康夫が保管していましたが、これは頭の部分が一分ほど破損していて、上映には使えませんでした。残りの一本は、イメージフォーラムに保管を委託していました。ネガは現像を頼んだソニーPCLに預けたままでした。

プリントやラッシュが官憲の手に渡って、日大全共闘の学生たちの逮捕などに使われてはまずいということで、苗田康夫亡き後は、千原卓司と水野征樹が分担してフィルムを保管し、上映会もしばらく見合わせようということになりました。そしてそのまま、二十年近くが過ぎていきました。

一九八八年、闘争の時代から二十年たって、全共闘二十周年の記念事業として当時のアジビラや映像を整理する活動が元東大全共闘や日大全共闘の人たちの手で始まりました。

その記録映画部門に『死者よ来たりて我が退路を断て』もリストアップされました。

図4　映画祭「全共闘二十年」チラシ

元日大全共闘のN君が千原卓司の事務所を訪ねてきて、一人三万円のカンパでフィルムをテープに変換できると持ちかけてきました。

当時千原は、「イメージブレーン」という会社を運営していました。

「テレビには絶対流さない」という条件で、千原はこの申し出を受け、PCLにあったネガからの変換作業をN君に託し、その後ニュープリント一本とVHS一本を受け取りました。この事業を記念して、一九八八年十月、池袋の文芸坐で「全共闘二十年」という映画祭が行われました（図4）。

そこで、二十年ぶりに『死者よ来たりて我が退路を断て』が上映されることになりました。日大全共闘が撮った『日大闘争』や城之内元晴の作品なども同時に上映されました。

それからまた、十数年の年月が流れます。二〇〇七年七月、『死者よ来たりて我が退路を断て』の一場面がNHKの番組に無断で使用されるという事件が起きます。グループびじょんは消滅したというデマとともに何者かがNHKに映像の一部を流したのです。NHKともあろうものが、他者の作品を無断で使うのは問題だということになり、水野、平野、北村、小野、などの懐かしい面々が千原の事務所に久し振りに集まりました。その結果、びじょんが休眠状態のままでは訴えるにも訴えられないということになり、改めてグループびじょんの活動を復活させ、代表を千原卓司にすることを決めました。

グループびじょんはNHKに対して、映像無断使用に対する賠償金の請求と会長名による謝罪を要求しました。著作権法のおかげでこの訴えは受け入れられ、何がしかの賠償金がグループびじょんの許に入りました。

このお金を何に使おうかと話し合った結果、グループびじょんに関係のある演出家やカメラマンの作品を一堂に集めて、上映会をやろうということになりました。

調べてみるとこの四十年間で興味深い作品がいくつも作られていることがわかりました。こうして二〇一一年の三月十九日から四月一日までの二週間、川崎市アートセンターで映画上映会「闘争の時代を共にした映像作家たちとその後」がひらかれることになりました。実に四十数年ぶりのグループびじょん主催の上映会です。

上映作品は、『死者よ来たりて我が退路を断て』を中心に、岩波映画労組の作った『おきなわ　日本1968』、平野克己の『釘と靴下の対話』『東京　その変容と時間』『魂の風景　大野一雄の世界』、水野征樹の『ヒロシマ、ランニング』『叫びたし寒満月の割れるほど』、城之内元晴の『プープー』『ボルス』『新宿ステーション』『ゲバルトピア予告篇』、佐々木美智子の『いつか死ぬのね』『アリバイ』、小野俊雄と内藤広の『多摩市　都市化の中のふるさと』、松田重箕と千原卓司『ネパールの人とともに』など、プライベートフィルムあり、PR映画あり、本格ドキュメンタリーありの多彩なラインアップが並びました。当日は上映の合間に、制作者とのインタビューも企画されました。

おりしも三月十一日の東日本大震災の直後で、会場のある新百合ヶ丘への主たるアクセス手段である小田急線の運行が不安定で上映会中止の声も出ていましたが、ブログで情報を流しながら、何とか上映を続けました。

果たしてこんな時に観客が来てくれるのか随分心配しましたが、予想に反して思いもかけず多勢の人がかけつけてくださり、上映会は大成功でした（図5）。

長いこと会っていなかった、『死者よ来たりて我が退路を断て』制作当時の懐かしい仲間たちも大勢かけつけてくれました。

あれから四十数年間のそれぞれの作家たちが歩んできた軌跡をまのあたりにして、「これもグループびじょんの遺

図５　上映会「闘争の時代を共にした映像作家たちとその後」チラシ

産なんだ」と改めて思いました。

　観客の中にはかつての日大全共闘の方々もいました。お話してみると、彼らは『日大闘争の記録・忘れざる日々』という雑誌を定期的に発行していて、あの日大闘争とは自分たちにとって何だったのかを検証しようとしていました。雑誌の中のインタビュー欄を読んでいくと、参加した一般学生のＯＢ、ＯＧのほとんど全員が「日大闘争に参加して良かった。悔いはない」と明快に語っているのがとても印象的でした。

　その後、二〇一二年一月に、「映画祭１９６８」という催しが日大芸術学部の現役の学生たちの手でひらかれます。芸闘委による『日大闘争』『続日大闘争』を主軸にすえて、一九六〇年代の闘争映画と、その時代に触発されて作られた現代の内外の劇映画を、一週間にわたって上映するという意欲的な映画祭でした。場所は、渋谷のオーディトリウムという小さな映画館でしたが、予想以上の観客を集めて大成功でした。

　そこでは古典的名作である土本典昭の『パルチザン前史』、小川紳介の『圧殺の森』、大島渚の『絞死刑』をはじめ、若松孝二の『実録・連合赤軍あさま山荘への道程』、当時の学生たちに愛された山下耕作の『緋牡丹博徒』、さらには二〇一一年に作られた山下敦弘の『マイ・バック・ページ』、ベルナルド・ベルトルッチ監督の『ドリーマーズ』等、六八年当時と現代を結ぶ作品群が上映されました。その中に『死者よ来たりて我が退路を断て』も選ばれて上映されました。

　さらに二〇一四年、雑誌『日大闘争の記録・忘れざる日々』の第五巻で、「グループびじょん」が特集されることになりました。

高尾にある水野宅に、千原、平野、北村、水野の四名が集まり、『忘れざる日々』の編集者三名との座談会が開かれました。食事をしながらの楽しい会合で、スタッフ側の当時の気持ちの披露や思いがけない告白等もあり、五、六時間があっという間に過ぎました。この座談会が載った『忘れざる日々』の誌面を見て、日大闘争を闘った人々の情熱とエネルギーは今なお健在だと改めて感動しました。

こうして作品が完成してから四十年以上が過ぎて、眠っていた『死者よ来たりて我が退路を断て』はやっと目を覚まし、少しずつ表に出てくるようになりました。

グループびじょんという運動体が作ったこの映画は、様々な課題を含みつつも一九六〇年代の生きた記録として、一つのページを立派に飾ったと、今の私は自負しています。

最後に、映画『死者よ来たりて我が退路を断て』を、記録映画アーカイブ・プロジェクトのワークショップで取り上げてくださり、この映画の制作過程と現在までの経過を報告する機会を与えていただいたことに、この紙面をお借りして感謝いたします。

付記

この機会に、この映画をグループびじょんのホームページ、あるいは、YouTubeにアップロードして公開することにしました。グループびじょんのウェブサイトのURLはhttp://bijon.i-brains.jp/です。「グループびじょん」あるいは「グループびじょん上映会」で検索して下さい（グループビジョンではなく、グループびじょんです）。

このサイトには、二〇一三年十一月二十四日の東京大学の記録映画アーカイブ・プロジェクトの時の報告も掲載しています。

参考文献

「日大闘争の記録」制作実行委員会編『日大闘争の記録・忘れざる日々　Vol.1』日大闘争を記録する会、二〇一一年
「日大闘争の記録」制作実行委員会編『日大闘争の記録・忘れざる日々　Vol.3』日大闘争を記録する会、二〇一二年
「日大闘争の記録」制作実行委員会編『日大闘争の記録・忘れざる日々　Vol.5』日大闘争を記録する会、二〇一四年
日本大学文理学部闘争委員会書記局『新版　叛逆のバリケード』三一書房、二〇〇八年

第7章　叛乱の時代

長崎　浩

1　一九六八年

世界同時多発

第二次世界大戦の終結から二十年ほど、一九六〇年代の末、世界で同時多発的に若者たちが政治運動に立ち上がった。米国、欧州、日本など資本主義国から旧第三世界（メキシコ）、そしてチェコスロバキアなど社会主義国にまで広がった。また、世界同時的というのも、一九六八年がこれらの運動の始まりを象徴する年となったからである。プラハの春、パリの五月、日本の全共闘運動もこの年に始まった。世界同時多発というだけではない。運動のきっかけや目標はもとより国によって様々であったが、それでも運動の在り方には無視しえない同質性がうかがえるのだった。そのため今では、これらの運動はたんに「一九六八年」、あるいは「若者たちの叛乱」と呼ばれることが多い。しかし、運動の何が同質なのか、若者たちとは誰であったのか、そして叛乱は通常の政治運動あるいは革命とどう違うのか。こうした点は本章がこれから考えていくことになるだろう。なお、運動の世界的広がりについては、カーランスキー（二〇〇八年）やノルベルト・フライ（二〇一二年）が詳しい。また、日本に関しては、何といっても小熊英二の大作『１９６８　若者たちの叛乱とその背景』（二〇〇九年）が網羅的に扱っている。

歴史としての1968

ところで、現在の関心から一九六八年の叛乱を歴史として振り返ることに、どんな意味があるのだろうか。あらかじめ、次の二点に注意しておきたい。第一に、この運動が戦後世界の大きな曲がり角を画したという事実である。全共闘の活動家だった小阪修平の感慨を引けばこうなる。「文化や風俗という点では六〇年代末から七〇年代初頭にかけての変化はすさまじかった。テレビで六六年頃の映像と七三、四年頃の映像を見比べると、別の国のようだ」（小坂、二〇〇六年、一四〇頁）。日本だけのことではない。一九五五年生まれのドイツの歴史家、先に上げたノルベルト・フライが次のように指摘している。「一九六八年はすべてを変えてしまった年ではなかった。それまでにあまりにも多くのことがすでに進行しつつあった。だが「六八年」以後はほとんどなにひとつ、もとのままではなくなった。そしてこの意味で「六八年」は、いたるところにあったのだ」（フライ、二〇一二年、二三二頁）。

もし以上の通りだとしたら、六八年は今日にまで続く社会の始まりを画する事件だということになる。振り返れば、戦後世界とポスト戦後社会とがこの運動のうちでせめぎ合い、そこからあたかも運動をすり抜けるようにして、現代社会が溢れ出て来るのを見ることができるだろう。この運動を機にして、近代とは区別すべき「現代」の歴史が始まると見る研究者もいる（大嶽、二〇〇七年、森、二〇〇八年）。それればかりではない。ウォーラースティンに言わせれば、これは「一九六八年の世界革命」である。歴史上初めて成功した世界革命であり、何ら新しい体制を残さなかったとはいえ革命の衝撃は現在にまで継続している。それというのも、一九六八年の世界革命は近代自由主義二百年の歴史の分水嶺となる事件であり、歴史的意味からすれば一九九〇年の社会主義体制の終焉以上に重要だということになる（ウォーラースティン、一九九七年）。

今ではこんなにまで重い意味を背負わされている一九六八年とは、では、実際どんな運動であったのだろうか。各国の運動実態を調べてみれば、ひとはそこに政治運動としてのある種の貧しさを見出して驚くかもしれない。歴史とはそういうものだろう。

叛乱の時代、ふたたび？

さて、現在の問題関心に照らしてあらかじめ指摘しておきたい第二の点は次のことだ。今世紀も一〇年代に入ると、同じように「若者たちの叛乱」と総称される運動が世界各地で頻発するようになった。二〇一一年のウォール街の占拠、チュニジアに始まるアラブの春、スペインの怒れる者たちの蜂起、それに反原発の日本のデモ行進もこれに含めてよいかもしれない。トルコ、台湾、香港などの運動がこれに続いた。一九六八年から長い空白期を挟んで、歴史はもう一度叛乱の時代を迎えようとしているのだろうか。若者たちという運動主体、叛乱という運動性格、占拠という運動形態など、二つの「若者たちの叛乱」は一見似たものに見える。

このため、二〇一一年以降の叛乱についての関心から、若い人びとが一九六八年を振り返ることがあるだろう。だが、あれは半世紀も前の出来事である。時代と社会がまるで違ってしまった、というだけではない。同じ「若者たち」でも両者は存在性格が違う。占拠という運動形態は似ているかもしれない。だが、かつては学生や労働者は自分たち自身の学校や工場、学習と生産の拠点を占拠したのである。今は違う。街路と公園の占拠である。この一事を取っても二つの叛乱は別の性格のものだと推察できるだろう。今日になって一九六八年の叛乱を振り返れば、彼我の同一性と差異性の両方を顧みるよすがになることだろう。

2　全共闘運動

全共闘という組織

日本の一九六八年は全共闘運動と呼ばれる。この年、全国の大学の八割に当たる一六五校にまで運動が拡大し、内七〇校で全共闘による大学の占拠とバリケード封鎖が行われた。翌年には紛争大学はさらに拡大した。もちろん、これには前史があった。学費値上げに反対する慶應義塾大学（一九六五年）と早稲田大学（一九六六年）の学生運動は、全共闘運動のはしりという性格を持っていた。さらに日本の特異性として、全共闘運動には一九六〇年の日米安保条約改定反対闘争からの継続性が認められる。米国によるベトナム戦争への介入が激化するのが六〇年代である。ベトナム戦争反対が日本でも全共闘運動に先駆した。そして、六八年以降は全共闘運動と新左翼政治党派（セクト）中心の反戦街頭闘争が並行して行われ、相互に高揚していった。とはいえ、その規模と運動の性格からして、日本の一九六八年は全共闘運動に代表されるとしていいだろう。次に東大全共闘に話を絞って、日本の「一九六八年　若者たちの叛乱」をやや具体的に想起しておきたい。

東大闘争全学共闘会議（東大全共闘）は一九六八年七月五日に結成された。大学院生たちの全学闘争連合（全闘連）と助手共闘も広義の東大全共闘に含まれる。東大の全十学部にはそれぞれに学生自治会があるが、当時はそのほとんどを日本共産党系の民青（民主主義青年同盟）が握っていた。東大全共闘はこれとは独立に、各学部の闘争委員会の全学的機関として結成された。従来は自治会規約にのっとって自治会の多数派となることが、学生運動の主導権を握ることだった。戦後民主主義のいわゆるポツダム自治会のルールである。意識的にこれに反して、闘う者たちが闘いの都合からいわば勝手に（直接民主主義的に）、ルール外（学校当局非公認）の組織として結成したのが全共闘である。全共闘に規約はない。メンバーシップもリーダーシップも規約によるのでなくいわば各人の自主性に委ねられる。このような組織が六八年に結成され、一挙に全国の大学に波及したこと。これはやはり日本の戦後民主主義期には考えられない一九六八年の特徴というべきだろう。他方で、民主主義制度という政治の積年の知恵を捨てたことで、全共闘という組織は直接民主主義特有の政治的困難を背負い込むことになるのだが、この問題はやがて顕在化することになる。

全学ストライキと校舎占拠

東大全共闘は運動の獲得目標として大学当局にたいする七項目要求を掲げた。「医学部不当処分白紙撤回」から始まり、最後に「以上（六項目）を大衆団交の場において文書をもって確約し、責任者は責任を取って辞職せよ」で結ばれる七項目である。非公認の全共闘が、当局との直接交渉の場（大衆団交）で要求を確約させるという姿勢がここにうかがわれる。また、東大では医学部学生の処分反対闘争がこの年の三月から始まっており、これが全共闘運動の引き金になった。

七項目要求という全共闘運動の目標を見る限り、これは個別具体的な闘争課題である。全国政治闘争に対比して従来「学園闘争」と呼ばれてきた運動であり、大学が独自に解決すべき、またそれが可能な課題である。民青にいわせれば「学園民主化」運動である。闘争の最高形態が授業ボイコット、つまりストライキとされてきた。また、全共闘による東大闘争でも、ストライキ決行は（その解除も）最後まで学生大会の決議によるものとされた。この点で特徴的だったのは、ストライキが医学部から始まったこと、そしてこれに最も敏感に反応したのが工学部の学生・大学院生だったことである。つまりは、東大でも教育体系がなおギルド（同業組合）の性格を残していた（民主化の遅れた）学部で、闘争が始まった。医学部教授会が処分問題をこじらせてしまった要因の一つをここに見ることができる。

　ところが、以上のような戦後民主主義的な形式のもとから、学生叛乱ともいうべき全共闘運動が急速に台頭して、個別学園闘争の枠をはみ出していく。早くも六月には東大本郷キャンパスの象徴である時計台（安田講堂）が全共闘に占拠され、占拠は翌年の一月の機動隊導入まで維持される。先行して六月十一日に日大全共闘が校舎のバリケード封鎖を始めていた。そしてもちろん、パリ五月の叛乱の日々がわが国にも伝えられていたのである。大学の封鎖や占拠は自治会と学生大会決議に拘束されない全共闘独自の行動である。通常なら校舎のバリケード封鎖のような過激な闘争は、機動隊に頼らずとも一般学生に包囲されて孤立し解除されてしまう。民青はこれを当て込んだのだが、案に相違して、時計台＝全共闘を核にして無期限のストライキ決議が全学に広がっていった。ことに、全学生の半数を占める教養学部（駒場キャンパス）の無期限スト開始（七月三日）が全体の大きな弾みになった。学生数の多い駒場では学生大会は代表による構成だが、スト決議は五日に全学投票にかけられた。その結果は投票総数四千八百七十、賛成二千六百三十二、反対一千九百四、保留三百三十三票だった（島、二〇〇五年、六五頁）。当時の在籍数は七千百十九人、その七割近くの学生が投票に参加した結果である。この無期限ストは翌年まで維持された。無期限ストは十月十二日の法学部の参加をもって全十学部そろい踏みとなった。戦後学生運動の歴史でも稀有なことであった。どうしてこんなことが起こったのか。処分された医学部学生への同情ストライキ、大学教授会への権利要求だけの理由でこんなことが起こるはずはない。

自己否定

　大学当局に異議を申し立てる全学ストライキの中で、七項目要求とは別の合言葉が全共闘運動に広がっていった。「主体性の確立」、「自己の生き方を問う」、「学問・研究とは何か」などであり、これらを「自己否定」という掛け声が代表するようになった。大学当局への抗議と要求は、同時に運動主体自身に内攻していく。「自己否定」はもともと闘争に参加した研究者の卵、大学院生や助手たちが言い出したものだが、それが「自己の生き方を問う」のように倫理的に一般化されてハイティーンの学生たちにも浸透していった。大学の管理方針の是非ではなく、先生自身はどうするのかと教員は追及される。仲間内でも自分はどう生きるか、君自身はどう決断するのかと、相互の告発と決断要求が執拗に行われた。

こうした言葉の氾濫の記録に接して、後には、過度に倫理的な全共闘運動への評価が定着することになる。小熊英二が先の書物でこう結論付けている。「結果として、全共闘運動は、「政治運動」といえるような性格のものではなくなり、体制にたいする「ノン」の「気分」の表現や、「青春の自己確認」で終わってしまった。政治運動というものが、政治的目的を獲得するための行為であるとするなら、東大闘争中期以降の全共闘運動は、「政治運動」といえるものではなかった」(小熊、二〇〇九年、下巻七九八頁)。小熊のこの評価は七項目要求とその決着が「政治運動」であり、中期以降の東大全共闘運動はこれからの逸脱だという認識にもとづいている。だが、その中期以降にこそ、全共闘運動はよくも悪しくもその名にふさわしいものになったのだから、「政治運動」からの逸脱が「若者たちの叛乱」だということになる。そして、東大の内部で全共闘運動が誰の目にも明らかな政治関係を作りだしたのも、この中期以降の叛乱のせいだったのである。六八年が政治の文体を変えたことを見落としてはならない(西川、二〇一一年)。全共闘運動について、従来の政治運動の観念にとらわれない視点での政治的評価が必要である。

全共闘運動は「自分探し」だった、あるいは、その後の新自由主義的価値観の起点となったという評価も定着している(鈴木英生、二〇〇九年、鈴木謙介、二〇〇八年)。わが国だけのことではない。例えばフランスでは六八年から十年ごとに特集が組まれるが、年を追うごとに六八年五月は青春の自己確認だったといった評価が強くなる(ロス、二〇一四年)。また、六八年を文化革命と見る見解も強い(ウォーリン、二〇一四年)。こうした評価には次の事情も関係している。どの国でも短い叛乱に続く時期に、六八年は「新しい社会運動」と呼ばれる運動に引き継がれていった。アイデンティティの政治、差別反対闘争、フェミニズム、カウンター・カルチャー運動などである（安藤、二〇一三年）。こうした運動から逆に六八年の叛乱を振り返るならば、そこに著しく倫理的で文化的なバイアスがかかることにもなるのである。

3　学生叛乱へ

知識生産の在り方を問う

けれども、運動主体の自己否定は本来叛乱というものの定義に属することだ。ひとはそれまでの自己の社会的規定性（例えばエリート大学の学生身分）を清算して叛乱に立ちあがる。自己否定が過度に倫理的に内攻したとしても、二十歳前後の学生運動の特異性と見る視点が必要である。とはいえ、全共闘の学生たちは教育研究の在り方とお互いの生き方を追求しながら、運動つまり集団としては本当のところ何を求めていたのだろうか。もうたんに七項目要求の実現でないとしたら、ユートピアでもいい、それ以上の何を望んでいたのか。学園という場を離れて、社会主義や共産主義の理念を掲げたのではない。「生きている　バリケードという腹の中で生きている」という感慨が聞かれた（島、二〇〇五年、七一頁）。けれど、占拠した校舎の中で生きていても、革命のコミューン一般が展望されていたわけでもない。「今や青春の中に生きている」のだった。それゆえ、全共闘運動を性急に倫理主義、あるいは反政治的な叛乱と決めつける前に、やはりこれがこの時期の学園闘争だったことを軽視してはなるまい。教育の場における闘争として、彼らはいかなる学生と大学の姿を追い求めていたのだろうか。このように視点を「狭く」絞るならば、見えてくるのはやはり（教育と研究に関わる）民主主義と政治の問題だというほかない。

とはいえ、民主主義という言葉は悩ましい。デモクラシーとこれを言い換えてみても同じことだ。「学園民主化」

はまさしく反全共闘派のスローガンであり、全共闘は逆に「戦後民主主義」の全否定に傾いていった。しかし悩ましいのはこれだけではない。昨今では誰もが民主主義を掲げて相手を批判し、民主主義の名によって自分の立場を擁護する。そうすればするほど、民主主義は各人各様その定義の数が爆発して、結局何も言っていないに等しい結果になる。そしてそれでいて、民主主義の主張は執拗に登壇することを止めない。加えて、社会主義体制が瓦解しマルクス・レーニン主義の革命論が失墜した今日では、便利なスローガンが失われており、どんな過激な運動でも皆が民主主義者のごとくに振る舞っている。このような民主主義のインフレーションの中で、全共闘運動の無意識を教育における民主主義に見定めるとき、それはどんな民主主義だったのか。それはあれこれの制度的な「民主化」ではなく、およそ民主制度の発生の基盤にある自由と平等の理念だというほかないだろう。

教育における平等と不平等

英文学者で東大教授だった中野好夫がかつてこんなふうに言っていた。大学で教えていて常に警戒し自戒していたことは、この生徒のうちには誰か一人必ず俺より偉い奴がいるということだ、と。教育は先生と生徒の体制だが、この不平等（非対称性）はまさしく不平等を解消するための不平等のはずである。生徒を先生のレベルにまで引き上げる。先生の専門的能力とは生徒のうちで自己が否定される能力であり、だからこそ逆に、自分のプロフェッショナリティにたいして自覚的に厳しくなければならない。これは教育ということの本来の自己矛盾だろうが、往々にして先生と生徒の矛盾は形骸化する。東大教授はそれだけで権威者、第一人者である。形骸化した不平等こそが、戦後民主主義の成れの果てとしての現在の大学の姿ではないか。全共闘の学生たちは「教育という矛盾」の原点にまで先生と大学が降り立つことを求めた。過度に倫理的と見えた自他への追及とは、このための執拗な試みだったと解釈できる。ハイティーンの学生風情に自分の学問研究の姿勢など分かってたまるかと、先生方は内心で苦り切ったかもしれないが、分かってたまるかと公言することが憚られるほどに、先生と生徒の非対称が固着し制度として形骸しているとしたらどうか。全共闘による大学の教育・研究への批判追及の背後にこの事態を見ないとしたら、やはり全共闘運動の評価は的を外す。大学が急増しマスプロ教育が常態になっている現状が批判された。だが、これもたんに制度改革や学生の権利要求などでなく、だから「学園民主化」はピントを外している。「教育カリキュラムの改訂」などではもはや収拾できない所にまで、全共闘運動は我知らず逸脱していったのである。逸脱した地点がたんに自分探しや青春の自己確認であったはずがない。では、どんな民主主義ならいいのか。

不合意としてのデモクラシー

トマ・ピケティの『21世紀の資本』（二〇一四年）は、現代世界で経済的不平等が拡大していることを示したうえで、「資本の民主的な統制」が必要だと繰り返して強調した。ここでもまた民主主義であるが、この大著の数ある註の最後にピケティが共感をこめて引いているのが、ジャック・ランシエールの『民主主義への憎悪』（二〇〇八年）である。ランシエールによれば、学校教育では教師と生徒とは本来的に平等のはずである。でなければ、そもそも教師の話は理解されない。だが、学校という制度では格差は当然のごとく固定されており、平等は生徒が先生になることによって初めて到達できるような平等に姿を変えている。不平等を無くそうとすることがますます不平等を強める仕組みだ。だが、生徒は教師に到達しようとするのでなく、両者の平等という前提から出発しなければならない。前提としての平等の有効な特性は不合意、つまり二つの論理の対決を通じてしか存在しえない。ところが、教育のみならず今や国家そのものが不合意の逆、「コンセンサス国家」となっている。そこでは「国家はますます、学校の教師として、専門家の知を一般に普及させ、国家の提示する解決だけが、現実のデータにもとづいているという理由から、唯一可能なものであると説明する国家になりつつある」（ランシエール、二〇〇九年、一三二頁）。思えばわが国でもいつのころからか、民主主義とはコンセンサスのこととされ、専門家（教師）への過度の依存が常態の社会になっている。

そもそも、ランシエールの考えるデモクラシーとは政治制度でも理念でもない。社会形態でも統治形態でもない。多数派住民の権力でも労働者階級の権力でも、また、それらを目指すことでもないという。そうではなく、そもそもが統治する資格もされる資格もない人びとに固有のアナーキーな資格をもって、この人びとが参加する権力、この取るに足りない人びとの権力がデモクラシーだとするのである。そしてさらに、「この権力を厄介払いすることは、政治自体を厄介払いすること」になる（同書、六六頁）。ランシエールのデモクラシーを教育の場に、そして一九六八年に引きつけていえば、生徒、この取るに足りない者たちの大学統治への不合意こそがデモクラシーの出現だということになるだろう。そして、この不合意を厄介払いしてしまえば、そもそも政治ということが見失われる。

ランシエールのデモクラシー論には六八年の経験が明らかにうかがえる。かくてこの人は、その後一貫して「全共闘派」であり続けているのだろう（ランシエール、二〇一三年）。実際、わが国でも全共闘運動が教師との不合意をあらわに表明し、かつは自らの資格を執拗に問い直したとき、そこに賭けられていたのはランシエールの意味でデモクラシーであったろう。同じ意味で運動が七項目要求をはみ出していくとき、これは政治というもののデモクラシーによる再設定の運動だった。全共闘はこの意味で政治権力の機関のはずであった。ランシエールなら、これ以外のところで民主主義を呼号するのを拒否するだろう。そして実際、全共闘運動が敗走した後の大学は学園民主化に逆行したというより、遥かに知識生産の権力性に無自覚の場所に変わっていった。

しかしそれにしても、民主主義と政治のこの定義は今では幽かな、遠くからの呼び声のように聞こえる。ランシエールのいう民主主義への「憎悪」とは、現状批判をすべて民主主義の行き過ぎのせいにする世論を指していた。だが、事態は今や逆だ。昨今の民主主義論のインフレーションを腑分けして、少なくとも思想的に、そこに遠い呼び声を聞きとる作業が必要である。でなければ、全共闘運動はこれからも「青春のノンの気分の表明だった」のままであり続けるだろう。

叛乱という言葉

さて、東大の全共闘運動に戻る。無期限ストライキが全学部に拡大した。運動が七項目要求をはみ出し、しかもこれと全然違う次元の「自己否定」などの合言葉が浸透するようになる。日本共産党がここを学生運動の天王山と見て、組織された暴力部隊を東大に導入し、全共闘との暴力的抗争も常態化する。この時期、六八年の秋口に、全共闘運動はまさしく学生叛乱というべき様相を呈していった。追及を受ける教員たち、もともと無関心な一般学生の困惑も深まっていった。「君たちはこれ以上一体何を求めているのか」。同じ推移は、性格の切れ目がこれほどはっきりしない形で、同時期の日大全共闘でも急激に進行した。以降の全国の全共闘運動になれば、もう初めから全共闘の結成すなわち校舎のバリケード封鎖という形をとる。

全共闘運動は学生叛乱の様相を呈する。ところで、本章はすでにこれまでに定義抜きで叛乱という言葉を用いてきた。今日では「若者たちの叛乱」という名称が定着しているから、それに従ってきた。けれども、日本の全共闘運動渦中では、自称でも他称としても「叛乱」という規定はなおポピュラーではなかった。叛乱といえば軍隊用語であり、二・二六事件は右翼国家主義者の叛乱、クロンシュタット水兵の叛乱はレーニンとトロツキーの革命にたいする反革命なのだった。それゆえ、これまでのところ本章で叛乱という言葉は、従来の大衆運動の枠組みとは別のタイプの騒擾を名指していたにすぎない。学園闘争、あるいは一般に戦後政治の大衆動員様式の枠を外して、その外に氾濫した大衆蜂起である。東大闘争でもある時点から、お互いに見も知らぬ学生たちが勝手に文字通り「湧いて出てきた」のである。言論の洪水がそこに氾濫した。こんな事態を政治的に何と名づけるか。

政治思想へのインパクト

それればかりではない。マルクス・レーニン主義革命論の慣例に従えば革命とは国家権力の問題であり、革命以外は大衆闘争にすぎない。なるほど、パリコミューンやソヴィエトなどの評議会運動が評価されてはきたが、労働者階級の前衛党と革命権力から離れてこれを独自に、自立した闘争形態として論じることは許されない。これまでの革命観では叛乱は独自の位置を持たず、たんに大衆の一揆という意味付けだった。全共闘という闘争組織を観察して史上の評議会運動を想起するのは自然なことだった。しかし、社会主義と前衛党への従属的位置づけを取り払ったうえで、評議会単独の意義を把握しようとすれば視点は宙に舞ってしまう。少なくとも資本主義国を見る限り、六八年は戦争と革命の時代ではなかった（米国にとってもベトナムは国外の戦争である）。それればかりか、戦後の高度経済成長がどの国でもピークに達する時期のことだった。マルクス・レーニン主義の革命史から見て、六八年は評議会とも、まして革命とはおよそ似て非なる突発事件のごとくだった。

このような見方に慣れた古い世代から見れば、パリの五月あるいは全共闘運動の出現に直面して、これは一体何なんだと一驚を喫せざるをえない。この現象に背を向けるのでなければ、目の前の事態を従来の革命観に照らして吟味しないわけにはいかない。日本ではそこに大衆叛乱という言葉が登場し、徐々に定着していった。全共闘自身の主張というより、これを少しは対象的に見ることができた（見るべきはずの）世代からの言葉だったといってもいい（長崎、一九六八年）。全共闘のような運動が世界同時多発、しかも同質的な性格のものだとしたら、これは一体何かという驚きが世界的に新たに政治的思考を促さないはずがない。いわゆる現代思想、とりわけその政治思想とは、叛乱へのかような呼応という性格のものであったろう（市田、二〇一二年、市田・王寺、二〇一五年）。六〇年代のフランスに発し、米国でフレンチセオリーとしてアカデミーに定着し、八〇年代にわが国に渡来したところの、ポストモダンの思潮などではなかった。

4　叛乱という政治

政治空間の出現

では、六八年以降このようにして吟味にかけられてきた叛乱とは何か。戦後史の一断面を振り返る本章では深入りはできない（長崎、一九七七年）。ただ、先に指摘したような戦後教育への「不合意」の大衆的噴出を、戦後社会にたいする叛乱のまぎれもない指標と受け取ることができるだろう。こんな不合意を表明されても、それは制度や政治のコンセンサスの変更によっては解決することができない、ただの理不尽にほかならなかった。「自己否定」やさらには「大学解体」などと、東大全共闘が訳のわからぬことを叫んで自滅への道を突き進むかに見えた六八年の秋口以降、全共闘を見る世間の眼もまた困惑と嫌悪を深めていく。

先に指摘したが、東大全共闘では学生すべてを（民主主義の約束事として）拘束するはずの決定は、その都度学部ごとの学生大会の決議だった。戦後の自治会制度に全共闘といえども従っていたかに見えるが、実情はそうではない。通常の時期では、学生大会は出席者が定員を満たして成立するかどうかがいつも問題であった。東大闘争ではその逆のことが常態になった。事実上、学生の随時の全員集会に姿を変えたのである。学生大会は開かれればエンドレス、その開催頻度がまた半端でなかった。当時もこれは東大闘争の最も著しい印象の一つであったが、島泰三の書物が克明に記録している。そこからほんの一例だけを拾えば、理学部学生大会が十月一日の午後五時から開かれた。「それまで自治会を完全に牛耳ってきた日本共産党系は、すでに絶対多数者ではなかった。全共闘を支持する学生との勢力が拮抗して、採決は「あいこ、また、あいこ」だった。どちらの提案が通るかは、東大闘争の命運とその主導権をかけた闘いだった。議論は深夜になっても続いた。結局、翌二日午前四時にようやく決着がついた。東大全共闘の主張する、無期限ストライキ方針が通り、私がストライキ実行委員長に選出された」（島、二〇〇五年、一〇三頁）。学生大会は原則暴力抜きの言論戦であり、言論はこの時期キャンパス全体に氾濫していた。

確かに、人生の猶予ともいえる学生時代に特有の時間の濫費ではあったろう。それでも、ハンナ・アレントが書いた古代ギリシャ人の政治観が、ここ学生大会でも遥かに響いている。「人間としての人間は、言論と活動の中で自らの姿を現し、自らを確証する。そして、これらの活動力は、なるほど物質的には空虚であるにしても、それ自身の記憶を残す以上、それにふさわしい耐久性を持っている」（アレント、一九九四年、三三二頁）。耐久性の証左として、アレントがハンガリー叛乱（一九五六年）の評議会を評価したのはよく知られている。「ハンガリー革命の悲劇が世界に示したことは、ただ、あらゆる敗北、あらゆる外観にも関わらず、このような政治的活力はまだ死に絶えていないということだけであった。しかし、そうであったとしても、その犠牲は無益ではなかった」（同書、三四四頁）。これもまた、革命でなく叛乱の、「始まりとしての政治」の兆候である。

全共闘運動が一つの叛乱であったのなら、叛乱はあたかも時と所を選ばずに突発する。規模の大小、運動主体の階層、権力への意志の有無、こうしたことにかかわらず叛乱はある。それでいてひとたび突発するや、自己の小さな世界、「バリケードの腹の中」があたかも全世界であるかのように、叛乱の心性は急速に膨れ上がる。そしてこのことを通じて、およそ政治という在り方をリセットする政治の場を設定するのである。とらわれない目で見れば、かような意味での叛乱は全共闘以前にも生起し続けていた。全共闘運動以降には叛乱は絶滅した、そう決めつける理由は存在しない。

交渉事としての政治

こうして全共闘運動が学生叛乱の様相を呈するとともに、東大当局のこれへの対応も急速に政治的な形を整えていく。教育研究の在り方いかんでなく、学内諸集団の間の交渉事としての政治である。十一月一日に大河内一男総長が辞任した。これに先立つ十月二十六日の学部長会議で、総長と全評議員そして全学部長の辞任と医学部学生の処分撤回が決定された。全共闘の七項目要求はその根本で大学の受諾するところとなったといっていい。こうして加藤一郎法学部長を代表とする新執行部が学生の前に姿を現した。「自己否定とか青春の煩悶などはお門違い、諸君の間で済ませてほしい」。そういう態度は、大河内執行部と違って小気味がいいほどにはっきりしていた。「要は君たちとの交渉事なのだ」。七項目要求イエスかノーかと全共闘が追及すれば、加藤の返答が即座に返ってきた。「諸君の要求のなかで、われわれが正当と思うことは取り上げるし、不当と思うことは取り入れることは出来ない」（島、二〇〇五年、一四四頁）。

この年の秋が深まるとともに、東大当局には文部省からの圧力と来年度入学試験実施の問題がのしかかってくる。「東京大学の危機を理性的に解決するため」の交渉事を急がねばならない。学内には全共闘以外に、（後に文部大臣になる）町村信孝などと民青による合作「七学部代表団」が存在する。民青と全共闘の対立はもはや言論レベルを越えて暴力的抗争になっている。結果として、東大当局はこの「代表団」と翌年一月十日に東大闘争解決の確認書を交わすことになる。そのあげくが、一月十八—十九日の機動隊による時計台封鎖解除である。だが、政府自民党は一月二十日に来年度東大入試の中止を発表した。東大当局は結局東大闘争に「勝利」できなかったのである。

以上のような動向が全共闘にも難しい政治を強制したのは言うまでもない。全共闘運動と政治についても本章は次のことを指摘するにとどめる。運動が叛乱の様相を強める中で、全共闘は大学当局との交渉事という政治に、もはや戻ることはできない。焦点はもう七項目の是非ではなくなってしまっている。学生側の交渉の主導権を民青と七学部代表団から奪うこと、それは可能な政治戦略ではあったが、交渉事という政治と共に放擲された。日本の新左翼の状況では、東大闘争が政治党派と全国の全共闘からの一致した援護を受けるという体制にはない。まして、去る六〇年安保闘争での全学連と違って、全共闘運動は世論と政治過程に直接の影響を与えたことはなく、これを期待もできない。そして何より、全共闘運動という叛乱は先に指摘した意味でのデモクラシー、既成の政治をリセットする政治を追い求めこれに熱中していた。こうして、機動隊の学内導入による全共闘の自滅につながる。全国の全共闘運動についても、「学園民主化要求」から全学ストライキと校舎・研究室の占拠へ、次いで大学当局と警察機動隊による学外への放逐という出来事の推移が、一般に運動のパターンになった。

5　「若者たちの叛乱」、ふたたび？

集団としての私、その解体

全共闘運動を戦後史の中で振り返る際に、二〇一一年以降の新しい「若者たちの叛乱」が一つの参照点となる。こう指摘することから本章を始めた。同じく叛乱といっても、六八年は自分たちの大学や工場を占拠したが、昨今の運動は街路と公園の占拠である。「生産拠点の占拠」はまず見られない。この点、闘争戦術の些細な違いとは思えない。そこで気付くのは、「若者たち」なるものの性格の変化ということだ。かつては、労働者はもとより学生もまた一個の階層を形成していた。戦後日本の学生運動が「層としての学生」の闘いと呼ばれたゆえんである。大学生は入学金と一緒に「自治会費」を納めた。戦後の企業別組合と同様、学生自治会は大学ごとのクローズドユニオンなのだった。これをもとに自治会規約が定められ、各大学の自治会の決議によって全学連が組織された。全共闘時代に「ポツダム自治会」と揶揄されたのがこれであったが、しかし六八年にはなお戦後学生層という観念が自他ともに生き残っていた。全共闘運動もこの観念の上に形成され、そして、戦後の社会と教育への叛乱という形態を取ることによってこの観念を自壊させた。六八年の若者たちの叛乱は戦後の学生運動の延長上にあり、かつ学生運動を越えてこれを無効にしたのである。二〇一一年以降の若者たちの叛乱はこの廃墟の上に起こっている。若者たちは闘争の拠点も集団の一員という組織基盤も失っている。ただの怒れる若者たちにすぎない（長崎、二〇一四年）。

六八年の叛乱が自分たちの教育拠点の占拠という形を取ったのも、若者たちが大学単位の「組織された階層」だったからにほかならない。この点は労働者サンジカリズムの伝統を想起すれば容易に理解がいくことだろう。そして、彼ら労働者という階層（階級）についても学生層同様の変容が起こる。こちらの方がより重大な社会問題であるのは言うまでもない。問題はたんに組織された労働者階級（労働組合）の力量低下というにとどまらない。

ロベール・カステルの『社会問題の変容』（二〇一二年）は、十八世紀から現代に至る西欧における労働の在り方を追った浩瀚な書物である。とりわけ、二十世紀に形成され「労働に基づく体制をその基盤としていた」社会、すなわち「賃労働社会」が、今「根底から揺らいでいる」とカステルは結論付けている（四四八頁）。賃労働社会とは政治的に見れば西欧社会民主主義を育て、社会民主党を政権に近づけたような社会である。そればかりではあるまい。フランス革命のいわゆる「神聖にして不可侵の労働の権利」、さらには勤勉に労働すれば報われるというプロテスタントの倫理が、かくて定着した社会であるだろう。労働の聖別は近代自由主義ブルジョアジーのイデオロギーである。それが今「根底から揺らいでいる」とカステルは言う。雇用状況が根本的に変化し、一〇パーセント台の失業率、無期雇用契約から非典型労働へ。労働者という社会的アイデンティティが失われ、集団闘争は断念される。さもなければ暴動になる。確かに、学生蜂起に呼応して六八年のパリ近郊で工場を占拠した労働者はまだ階級の一員であったかもしれない。だが、カステルも認めるように、フランスでは一九七三年のリップ時計工場争議が古いモデルの最後となった。またイタリアでは、フィアットを占拠した若い労働者たちは「大都会のアパッチ」とか「ラリッっている」などと、すでに評されていたのである（ベラルディ、二〇一〇年）。

賃労働社会のゆくえ

賃労働社会の崩壊は何も西欧だけのことではない。日本でも一九九〇年代以降に広く認められている通りである。労働の聖別、ブルジョアとしての階級意識も何のその、資本家諸氏はグローバル化に浮足立って海外へ遁走するばかりである。先にも触れたピケティの『21世紀の資本』は、日本でも経済的格差の拡大という主張にだけ注目が集まっている。これは当然のことだが、一方で見過ごされていることがある。ピケティは様々な経済指標について、十九世紀から現在までの経年変化をグラフに示し、特徴的なU字曲線を指摘している。典型的には労働収益に対する資本ストックの比率であるが、これは十九世紀末までの七倍前後から二十世紀には急落し、それがまた一九七〇年代以降に増大し始め、今や十九世紀の水準に迫っているという。この指標で資本とはいわゆる資本家の所有物だけでなく、庶民のマイホーム資産までを含む資本ストックのことであり、労働収益もまた米国大銀行CEOのサラリーまでを含んでいる。この両者の比率が二十世紀は七〇年代まで四倍ほどの低い水準で推移した。言いかえれば、働いて稼ぐということが、寝かせた資産で暮らす身分にたいして、より強く価値を主張できた時期である。働けばなんとかなる。この時期とはつまりはカステルのいう賃労働社会だったに違いない。ピケティのU字曲線が言外に語っているのもこのことだ。政治的には第一次から第二次世界大戦へ、そしてその後の三十年ほどの時代である。いうところの戦争と革命の二十世紀だった。社会民主主義がまさしくこの時代の荒波を乗り越えて西欧で政権を獲得した時代だったのだ。

繰り返すがこうした社会が根底から揺らいでいる。そして振り返れば、一九六八年の世界同時的な叛乱はこの起点になった出来事に違いない。ピケティがランシエールを引き合いに出したことは先に触れた。だが、形骸化した民主主義をリセットするようなデモクラシーと政治を出来せしめたのは、労働すること、あるいは大学に学ぶことが将来を約束した時期の終わり、若者たちがなお学生層や労働者階級の一員であった六八年のことなのだった。二十世紀の民主主義は賃労働社会の社会民主主義として初めてゆるぎない社会基盤を得ていたのである。その基盤、つまりは労働の聖別と社会民主主義の存在価値とが、今や根底から揺らいでいる。それが逆説的にも、かえって民主主義のインフレーションを作りだしている。奇怪というほかない。

その一方で、「若者たち」はただの個人の集合としてしか名指すことができない。若者たちのかなりの部分が（高齢者の一部とともに）プロレタリア化している。彼らは「搾取されてすらいない」（カステル、二〇一二年、まえがき）。ルンペンプロレタリアだとして、マルクスならこの現象に苦情を言うだろうが、ルンペンプロが組織された労働者階級（プロレタリアート）に再形成される展望はない。近年の世界各地の「若者たちの叛乱」が、六八年の若者たちの経験を幾分なりと再発見することになるかどうか、これも定かではない。

なお二〇一六年以降になると、欧米では「ポピュリズム」という形をとって若者たちの蜂起が頻発する。これについては長崎（二〇一七年）を参照されたい。

参考文献

ハンナ・アレント『人間の条件』志水速雄訳、ちくま学芸文庫、一九九四年
安藤丈将『ニューレフト運動と市民社会』世界思想社、二〇一三年
市田良彦『革命論』平凡社新書、二〇一二年
市田良彦・王寺賢太編『現代思想と政治』平凡社、二〇一五年
エマニュエル・ウォーラースティン『アフター・リベラリズム』松岡利道訳、藤原書店、一九九七年
リチャード・ウォーリン『１９６８　パリに吹いた「東風」』福島愛子訳、岩波書店、二〇一四年
大嶽秀夫『新左翼の遺産――ニューレフトからポストモダンへ』東京大学出版会、二〇〇七年
小熊英二『１９６８　若者たちの叛乱とその背景』（上下巻）新曜社、二〇〇九年
ロベール・カステル『社会問題の変容』前川真行訳、ナカニシヤ出版、二〇一二年
マーク・カーランスキー『１９６８　世界が揺れた年』（前後篇）越智道雄監修・来住道子訳、ヴィレッジブックス、二〇〇八年

小坂修平『思想としての全共闘世代』ちくま新書、二〇〇六年
島泰三『安田講堂1968―1969』中公新書、二〇〇五年
鈴木謙介『サブカル・ニッポンの新自由主義』ちくま新書、二〇〇八年
鈴木英生『新左翼とロスジェネ』集英社新書、二〇〇九年
西川長夫『パリ五月革命私論』平凡社新書、二〇一一年
長崎浩「叛乱論」『情況』十一月号、一九六八年（『叛乱論』合同出版、一九六九年に収録）
長崎浩『政治の現象学あるいはアジテーターの遍歴史』田端書店、一九七七年
長崎浩『リアルの行方』海鳥社、二〇一四年
長崎浩「第三勢力の徘徊」『情況』、二〇一七年秋号
トマ・ピケティ『21世紀の資本』山形浩生・守岡桜・森本正史訳、二〇一四年
ノルベルト・フライ『一九六八年　反乱のグローバリズム』下村由一訳、みすず書房、二〇一二年
フランコ・ベラルディ（ビフォ）『ノー・フューチャー』廣瀬純・北川真也訳、洛北出版、二〇一〇年
森政稔『変貌する民主主義』ちくま新書、二〇〇八年
ジャック・ランシエール『民主主義への憎悪』松葉洋一訳、インスクリプト、二〇〇八年
ジャック・ランシエール『アルチュセールの教え』市田良彦ほか訳、航思社、二〇一三年
クリスティン・ロス『68年5月とその後』箱田徹訳、航思社、二〇一四年

第8章　68年と映像

筒井武文

1　「記録映画作家協会」の分裂

一九六八年をひとつの（革命闘争の）頂点とする六〇年代から七〇年代前半にかけ、ドキュメンタリーのあり方は大きく変容した。それは、日本の政治・経済状況と密接に関係する文化状況の変化とも関係している。六〇年安保闘争から、七〇年の安保再改定をめぐる闘争への時代。六〇年安保条約は改定されたが、その結果、憲法改正を目論んだ岸信介内閣は退陣した。退陣の結果、所得倍増を謳った池田勇人内閣誕生による高度経済成長の時代に入る。その節目として、六四年の東京オリンピック、七〇年の大阪万博開催がある。それにより、都市部を中心に風景が変わっていき、新幹線や高速道路等の交通網の整備が急速に進んだ。また手狭になった羽田に変わる国際空港として、成田の農民の土地を国家が買い上げ、結果として三里塚闘争がはじまった。経済発展の負の側面として、水俣をはじめとする公害の実態が顕在化もした。さらに、この時期、暗殺されたケネディの後を継いだジョンソン大統領によって、ベトナム戦争が泥沼化し、日本の米軍基地が中継基地として活用され、日本国内でもべ平連をはじめとする反戦・平和運動が盛り上がる。テレビが国民に普及したことも大きい。その結果、五社を中心とする映画撮影所が観客数の減少に苦しみ、撮影所を維持していくことが困難になった時期でもある。削減された撮影所のスタッフは、フリーになるか、小規模な独立プロをつくっていくことになる。一方、テレビではTBS、日本テレビ、テレビ東京等が、仕事の減った映画人や独自に養成した若手を中心に、意欲的なドキュメンタリーを撮り出した。

そうした時代、記録映画作家はどう動いたのか。一九六四年の『映画芸術』誌七月号に発表された「記録映画界の大騒動をめぐって」というルポルタージュ時評がある。筆者は佐々木守。この後、映画、テレビで大活躍することになる脚本家である。当時は「記録映画作家協会」の事務に関わっていたはずだが、この年には、大島渚のプロダクション「創造社」に参加している。まず、主要登場人物の紹介から、時評ははじまる。松本俊夫、黒木和雄、吉見泰の三人である。その描写は戯画調で、かなり辛辣でもある（よって、引用は控える）。「さて、なぜこの文章が松本、黒木、吉見の三人からはじまったかといえば、まず作協（記録映画作家協会の一般的略称）第十回総会は、松本俊夫を理論的バックボーンにした一派と、吉見泰を精神的支柱にした一派との対立であった。つぎに、その後の動きの中で、吉見泰が重役である東京シネマで『あるマラソンランナーの記録』を演出した、黒木和雄がクローズ・アップされてくる」。それで、吉見の言い分を佐々木が嚙み砕くと、「芸術、芸術というのもいいが、映画界全体の不況に伴い、記録映画界も今や作品本数の低下とプロダクションの弱体化で、作家個人の生活すら危くなっている。このときにあたり、もっと会員の切実な要求をくみ上げて、まず生活権の確保と製作の場の擁護を考えなければならない」。一方、松本の意見は、「反対派の意見はまったく守勢のもの第一に我々が作家として存立すべき基本的任務すら忘れている。そのような状況であればこそ、運動的に我々の芸術を発展させなければならない。いつも状況にふりまわされている没主体的な作家のあり方が逆にいえばこのような状況をまねいたともいえる。それに反対の意見は企業資本家と手をとってチョネチョネやろうとする、反階級的意見ではないか」。佐々木守は、これを「生活派」と「芸術派」の対立と要約する。

記録映画作家協会第十回総会が開かれたのは、一九六三年十二月二十七日。その後の展開は六四年二月一日の臨時総会で、数をかき集めた「生活派」が「芸術派」に勝利し、機関誌『記録映画』を休刊にする。松本俊夫を中心とする「芸術派」は、「記録芸術の会」を発足させる。再び佐々木の記述。「五月六日、千代田公会堂では、記録芸術の会実行委員会主催の「人間の存在を問い、映像の可能性をさぐる講演と現代ドキュメンタリーの会」というのがもたれた。プログラムは松本俊夫の講演「映画の未来は可能か」東陽一演出『A FACE』土本典昭演出『路上』黒木和雄演出『あるマラソンランナーの記録』つまり記録芸術の会の花形役者総登場の会であった。ところが、黒木作品のみが上映不可能となった。理由は製作会社の東京シネマがどうしてもかさないという。映写終了後、会は「抗議集会」または「裁判」の場にきりかえられた」。この『あるマラソンランナーの記録』事件は、後の鈴木清順の日活解雇とフィルム貸し出し拒否をめぐる事件と並ぶ六〇年代の日本映画界を揺るがした二大事件と言っていいと思うのだが、佐々木守の時評の貴重さは、その背景を教えてくれる点にある。東京シネマにフィルムを借りに行った「映像芸術の会」の連中が、ゴロツキと罵られたというのだ。ここから、かなり長い引用となる。

さて、今は昔、教育映画作家協会（註、この会は東宝・日映レッドパージ組を中心とした記録映画製作協議会が発展したものだ）というPR映画作家の集団が『記録映画』という名の雑誌を出していた。誌上の中心は「ドキュメンタリー方法の追求」と「作家の主体のあり方」をめぐってはげしい論争であった。世はこれをドキュメンタリー運動と称して、やがて劇映、文学者、美術家、演劇関係者等々も参加していった。

折しも日本は「記録」とか、「ドキュメンタリー」とかいえば新しい芸術だと思われる状況にあったため、『記録映画』の支持者はふえ、又各方面の「記録ずき」の若者たちに浸透していった。五八年から六〇年にかけての頃である。協会も六〇年末の総会では会の名称を記録映画作家協会と改めたほどであった。

この頃は、前年の安保闘争をキッカケとして日本共産党内部の思想闘争がようやく激しくなって来た時であった。『記録映画』誌上で論客会員のほとんどが党員、又はシンパであったため、御多分にもれず作家協会も「民主的芸術団体」らしくその党内闘争にまきこまれていったのである。

党内作家たちは、月二回ほど新宿の農協会館に集って、中央の指導をうけたり、また『記録映画』編集方針や協会の運動方針について論じあった。その中でやがて反日共派が形造られてくる。集団脱党問題が起る。そこへ日共が『アカハタニュース』製作の話をもちこんでくる。月給五万円で働きにこい。動揺するものがでる。しかしとにかく党と「訣別」した連中が、反党的シンパ、及びドキュメンタリストを集めて、「民主主義研究会」を作った。党内民主主義問題がキッカケだったためこういう名前になった。

略称「民研」。耳だけできいて「自由民権運動」と間違えた奴もいる。その間違えた奴も含めて映画「民研」は新日本文学や美術や新劇とも手を結ぼうとはかる。しかし、何度集会をやっても新劇はでてこない。新劇にテコ入れしよう、といっているうちに拡大民研は雲散霧消した。

やむなく協会「民研」は独自活動をはじめたが、元々政治から出発した会であったために、仲々《ママ》芸術的にまとまりがつかない。

（中略）

一方、日共にのこった党員作家たちは、協会をやつらにのっとられてたまるもんかとその対策に余念がない。そこで理論ではだめだから生活で行こうじゃないかということになって、これまでの協会と『記録映画』に対する不満分子をかき集めにかかった。

（中略）

つまり、作協第十回総会と今度の分裂の裏にはこんなできごとと人の動きがあったのだ。そしてありていにいえば日共の各種民主団体のっとり政策の一つのあらわれであり、「新日本文学会」では反日共が勝ったけど作協ではまけた。原因は、作協反日共派に狸穴のソ連大使館に通うほどの「大物」がいなかったためである、との噂だが噂は噂だ。気にすることはない。

これが一九六四年当時の記録映画作家協会分裂の状況である。[1] 政治とあまりにもパラレルではないか。六〇年安保闘争において、中心を担ったのは、総評をはじめとする労働組合と、全日本学生自治会総連合（全学連）であった。その全学連の主流派と言われているのは、共産党に代わる真の前衛党を目指し、五八年に結成された共産主義同盟（ブント）である。後に新左翼と呼ばれることになる。政治の世界における旧左翼と新左翼の対立が、記録映画界では、吉見泰をはじめとする「生活派」と野田真吉、松本俊夫を中心とする「芸術派」として代理戦争をやっている趣もある。大島渚が、六〇年安保闘争の最中に急遽撮りあげた『日本の夜と霧』（一九六〇年）が、旧左翼批判の映画であったことが、政治と映画史を結びつけてもいる。

さて、作協第十回総会の開かれた一九六三年暮れには、松本俊夫の第一評論集『映像の発見』が出版されている。大島が映画で状況批判をしたとしたら、松本は映画理論に関する論争を通して、状況を超えるための模索をしていたと言える。ここには、旧左翼系の映画人が、戦前帝国主義に加担したのと同じ文体で民主主義映画を作っていることへの批判がある。内容が変わるには、形式も変わらねばならないのだ。当時、松本俊夫が『日本の夜と霧』を擁護したのも、内容と共に、ワンシーン＝ワンショットの映画文体の持つ意義をいち早く捉えたからであった。では、劇映画ではなく、ドキュメンタリー映画においては、どういう突破口があったのか。

まず、当時のドキュメンタリー製作は、亀井文夫のように自身のプロダクションをもって自主的に撮りたいものが撮れるという映画人は少なく、多くが製作プロダクションに所属し、官庁関係をはじめとする教育映画や企業のＰＲ映画の枠内で、企画を通し、製作していた。つまり注文主の意向が第一で、その許容枠を超えると、撮り直しか、おくらになってしまう。そのなかで、松本俊夫や黒木和雄も実験を重ねていた訳だが、そうした組織内改革という姿勢の限界が見えてきたのが、六〇年代前半だったと言える。それまでの記録映画は、実質教育映画だったり、PR映画だったりしたわけだが、劇映画同様にシナリオが重視され、それに沿ったシーンが撮られ、ナレーションで強い意味づけがなされた。黒木和雄の『あるマラソンランナーの記録』(一九六四年)は、シナリオなしで、君原健二のトレーニングを記録していくこと自体が重視された。撮影は、江連高元。松本俊夫の場合、与えられた題材に異化作用を加え、社会構造の異様さを浮かび上がらせようとするものだった。結果、松本俊夫には注文自体がこなくなり、黒木和雄は、記録映画界から飛び出して劇映画に活路を見出そうとしていた。そして、松川八洲雄の企画をもとに、日映新社で『とべない沈黙』(一九六五年)を撮ることになる。そのときのキャメラマンが鈴木達夫である。鈴木は、その前に土本典昭が岩波映画を離れ、『ドキュメント 路上』(一九六四年)を撮るとき、岩波を辞め、フリーとなって参加していた。その『路上』で見せた革新的キャメラワークが、今度は劇映画の分野で披露されることになる。

岩波映画は、撮影技術に力を注いだプロダクションであり、そこから若手の優れたキャメラマンが輩出した。土本典昭や黒木和雄たちが岩波映画を離れ、外部で作品を撮り出すことになると、技術スタッフも会社を辞め、フリーになっていく。『とべない沈黙』撮影の鈴木達夫のチーフ助手には、大津幸四郎がつき、その下には押切隆世や田村正毅がいた。ここでの鈴木達夫の映像は、周りを驚かせ、劇映画の撮影自体を変えていくことになる。アングルの斬新さやトーンの美しさ、超望遠レンズの効果的な使用。ひとつのショットを撮るのに、どういう手法を取るのが最上かという追求。単に手持ち撮影だからというわけではなく、あらゆる選択肢の中から選ばれたことでの衝撃である。

2　キャメラ・ポジションの発見

記録映画界から出てきた才能が、一九六八年という時代をどう切り取ったのか。全学連の時代から、日大・東大を中心とする全共闘による闘争に時代は移っている。まず、六七年の第二次羽田闘争を扱った小川紳介監督の『現認報告書　羽田闘争の記録』（一九六七年）を見てみよう。製作は、上映実行委員会＋岩波映画労働組合＋映像芸術の会＋グループびじょん。メインの撮影は大津幸四郎。小川・大津コンビの前作『圧殺の森　高崎経済大学闘争の記録』（一九六七年）が、その描写の息苦しいまでの迫力で評判を呼んでいた。『現認報告書』は、佐藤栄作首相の南ベトナム訪問阻止の第一次羽田闘争（一〇・八）で亡くなった京大生、山崎博昭の死因解明からはじまる。その六十分足らずのフィルムは、当然のことながら第一次羽田闘争自体は撮影されておらず、闘争の写真を再撮影している。乱雑に並べられた写真の群れをキャメラが次々捉えていく。そこに闘争の状況音が被せられる。写真は過去の時を示す、それを現在時制のキャメラが捉え、過去とはいえ現在進行形の音響が響くことで、ここでは三重の時間が生まれている。遅れた時間をどう捉え返すのかが問われている。そして、佐藤首相の訪米阻止をめぐる第二次羽田闘争（一一・一二）が撮影される。ここでは六台ほどのキャメラが動員され、大津の他に鈴木達夫や渡辺重治、押切隆世たちが参加する。その前の小川紳介が医者に取材している同時録音のシーンから、闘争のシーンに移ると、音声はサイレントとなり、それゆえの緊張感がもたらされる。そのなかでも、ひときわ印象的なのは、機動隊の一群が走ってきて、それを受けていたキャメラがパンをすると、全学連の学生たちを棍棒で殴りつけている機動隊員の暴力がなまなましく捉えられたワンショットである。そのショットが終わったあたりで、環境音が聞こえてくる。闘争の模様が続くなか、見覚えのあるショットが繰り返される。似たショットだなあと思ううち、キャメラに近づいたひとりの機動隊員の顔がストップモーションで止められる。環境音は続く。ストップモーションが溶け、その機動隊員につけ、キャメラがパンされると、先ほどのショットが反復されたことが分かる。今度は一度フレーム・アウトして戻る機動隊員の棍棒の動きがコマ伸ばしで、ゆっくり示され、分析される。どことなく、ジガ・ヴェルトフのモンタージュ法を思い出させなくもないのだが、そういう構成を思いつかせたのは、そのワンショットの力だろう。機動隊の集団のなかで、そのひとりの動きに合わせて、キャメラをパンした撮影者の直感力というか、運動神経に驚かされるのである。大津によれば、このショットを撮ったのは鈴木達夫だという（大津幸四郎『撮影術――映画キャメラマン大津幸四郎の全仕事』以文社、二〇一三年）。

同時代的には、『圧殺の森』を絶賛した松田政男に『現認報告書』は酷評される。松田は製作スタッフに反論を求めるが、小川紳介をはじめとするスタッフは次回作で勝負とばかり、あえて反論はしなかった。その次回作が、小川プロダクション作品『日本解放戦線・三里塚の夏』（一九六八年）となる。ここで、闘争の撮影中に、大津幸四郎は機動隊に逮捕される。その瞬間は、Bキャメラの田村正毅によって撮影され、ドキュメンタリーのなかにストップモーション付きで収められる。大津は、その後、関西小川プロの製作による土本典昭監督『パルチザン前史』（一九六九年）の撮影を担当し、小川プロによる三里塚シリーズのキャメラマンは田村正毅に引き継がれる。大津はその後、『水俣　患者さんとその世界』（一九七一年）にはじまる土本の水俣シリーズを担当していく。このキャメラマン交代劇が、七〇年代の日本のドキュメンタリー史を変えていくことになる。

ここで、キャメラ・ポジションの政治性に触れておくべきかもしれない。映像とは被写体だけでなく、撮影者側の視点も顕わにするものである。小川プロは農民側に立って、キャメラを回したとはよく言われる。農民・学生と機動隊が対峙しているときは、当然、農民側の視点で、ということは機動隊を正面から捉えることになる。『三里塚の夏』で、大津は農民の近くにポジションを据える。至近距離にいるから、各人の表情はよく伝わってくるが、全体の状況はよく分からない。そんなとき、塔の上などから、俯瞰して、機動隊と農民たちの全体図を示すのは、Bキャメラの田村正毅だった。大津は農民と機動隊の中間に位置し、機動隊の表情を捉えたかと思うと、逆側にキャメラを回して、農民の表情もワンショットで捉える。大津は機動隊員も人間として捉えようとするのである。それが、「三里塚のおっ母」の叫びと呼応して、機動隊員個人の居心地の悪さも伝えてくる。

そうした大津に比べ、『三里塚・第二砦の人々』（一九七一年）の田村正毅の戦闘シーンの捉え方は対照的でもある。ここで田村は砦を守る攻防戦の只中に入る。そこで、敵味方が入り乱れる渦中で、しかし手持ちのキャメラは乱れることはない。その結果、双方の寄せ引く様子は、キャメラが透明化したように伝えられる。機動隊は人間性のカケラもなく、戦う機械のような無機質さで捉えられる。一九六八年より、より激化している状況の反映でもあるのだが、田村のキャメラは、大津のような人間的迷いはない。常に最上の距離感を保ち、絶対的な視点を獲得する。

とはいえ、一九六八年は大津幸四郎の時代である。『三里塚の夏』の何をどう撮るか、迷いが状況を迷宮化するように、事態の全体像が把握困難な世界。その模索のなか、対象との関係の変化が画面を変えていく。それはシナリオのない世界である。手探りで事態と対峙し、把握していく。『パルチザン前史』では、市電が走る京都の街中で、激しい市街戦が繰り広げられるのをキャメラが目撃する。東大安田講堂が落ち、関西が全共闘闘争の最後の現場となった。『パルチザン前史』を経て、『水俣　患者さんとその世界』に至り、患者さんを正面から撮れないことに迷うキャメラ。つまり対象の時間と撮影者の時間の双方を抱え込んだドキュメンタリーが、六八年を契機に現れていたのである。『水俣一揆　一生を問う人々』（一九七三年）では、患者とチッソの社長が対峙する場面を二台のキャメラで捉え、ドキュメンタリーで切り返しショットが使われる驚くべき事態が起きる。そうしたとき、三里塚の機動隊員に向けた視線のように、チッソの社長も苦悩する人間として捉えられる。やがて『不知火海』（一九七五年）では、海が人間の生きる環境として捉えられることになる。それは、患者さんの苦悩が捉えられていながら、至福のような瞬間が訪れていることの矛盾に満ちた光景でもある。

大津のキャメラでは、パンやズームが多用される。どこを撮るべきか、瞬間瞬間に探っているのである。その結果、編集がとても難しくなる。リズムで気持ちよく切っていくことができない。対象との関係が深まるにつれ、そのキャメラワークは確信を持って撮られるようになる。ただ時間がかかるのである。要はテクニックの人でない、元々は演出家志望だったことも関係しているのであろう。その代わり、対象を摑んだら、誰も撮れないような素晴らしいショットを撮るのである。

3　フレームの消滅

キャメラマンの軌跡を追いながら、一九六八年の表現を探ってみたのだが、監督も取り上げておこう。映像作家というべきなのだろうが、松本俊夫である。六三年以降、映画作品がほとんど撮れなかった松本は、プリマハムのPR映画『母たち』（一九六七年）で復活する。と言っても、映画祭受賞を狙い、PR臭を消した。ニューヨーク、パリ、ガーナ、そして戦時下のベトナムの母たちを現地で探し、撮影する。ベトナムは提出用の企画書には書かず、内密に取材した。もちろんベトナム反戦運動に呼応したわけだが、極力、政治的側面は抑えられている。とはいえ、北と南の軍事的な境界線近くで撮影し、南ベトナム政府軍に捕まり、強制送還される。ここで、松本は鈴木達夫と初めて組み、その映像の美的達成が高く評価される。そして、本当にベネツィア国際記録映画祭で金獅子賞を受賞する。この受賞が、これまでスポンサード・フィルムの枠内で作っていた松本に、自分の撮りたいものが撮れる自由を与えることになる。

一九七〇年大阪万国博覧会せんい館のディレクションが松本に任され、その前渡金で、松本プロダクションを結成する。そこで、最初に手掛けたのが、三面マルチ作品『つぶれかかった右眼のために』（一九六八年）である。これは、六七年のドキュメントと言える作品だが、当時の全共闘の闘争シーンや新宿西口広場でのべ平連の若者によるフォーク・ゲリラや座り込みの情景が鈴木達夫のキャメラで捉えられている。ただ、そこに時代の風俗の諸相や金嬉老事件のテレビ画面等が引用され、それらが同時に展開していく。まさしく時代のコラージュが目論まれている。ドキュメンタリーでありつつ、実験映画でもある。バタイユの本から取られたような残酷な死体写真やポップなコマーシャル映像が並置される図鑑のようでもある。この混沌とした時代は、線的な構成では捉えられないという認識だったのだろう。この作品が草月ホールで初上映されたときには、作品の終わりに合わせて、マグネシウムのフラッシュが連動して発光し、爆弾が爆発したような効果で観客を驚かせたという。

国立代々木競技場第二体育館で上演された『イコンのためのプロジェクション』（一九六九年）では、いくつもの巨大なバルーンがスクリーンとして会場中央に浮遊し、それに向かって周囲から映像が投影され、湯浅譲二の電子音楽が響くなか、観客は周囲を歩き回りながら見た。観客が何を見るかは、偶然に委ねられているということである。見るものは、ひとりひとり異なるし、二度と同じ体験はできない。映像は、松本のオブセッションと化している目玉であったりしたらしい。おそらく、万博せんい館の『スペース・プロジェクション・アコ』（一九七〇年）のテスト映像のようなものだったのではないか。その『アコ』で被写体となるのは、アコという女性モデルひとりだけである。アコの顔や手や全身の映像がさまざまに組み合わされ、全天周のドームに、複数の三五ミリやスライドのプロジェクターで同時に複数の像が映し出される。そのドームもアコから形どられた巨大なレリーフ像がいくつも広がり、つまり映写される面に凹凸があり、フラッシュが煌めくと映像は消え、像が現れる。つまり同じ女性の彫像と映像という、実像と虚像が戯れる。そこに地鳴りのような湯浅譲二の音楽が上下に回転していく。もちろん観客は背後の映像は見えないわけだから、すべての映像を体験することはできない。「人類の進歩と調和」をテーマに掲げた万博にあって、せんい館はパビリオン自体が未完のまま放置されたという外観を呈していて、まさに人類の廃墟というべき両義性を帯びたモニュメントを作り出したのである。

一方、土本典昭の『パルチザン前史』の終盤では、大阪駅近辺の電光掲示板が、「万国博まであと148日6時間15分」と示すのを皮肉を込めて映していた。万博の内と外に別れた元映像芸術の会の同志の対照性を示す挿話のように思っていたが、それほど違うわけではないのかもしれない。松本俊夫は、万博の前に劇映画第一作『薔薇の葬列』（一九六九年）を鈴木達夫のキャメラで撮っている。劇映画でありながら、新宿の雑踏を前衛芸術家集団ゼロ次元商会が毒ガス用マスクを被って練り歩くのをピーターが目撃するという、やはり時代のドキュメンタリーというべきシーンを紛れ込ませている。東京タワーから見た東京の俯瞰や半ば水没した墓地が出てくるのは、未来の予言のようでもある。そして、万博を挟んで撮られた劇映画第二作『修羅』（一九七一年）が時代劇の形式を借りながら、戦後という時代の総括を行っているのを見ると、時代の闇の深さを感じざるを得ない。

もちろん、小川紳介の三里塚も、土本典昭の水俣も、そうした時代の負の側面と対峙することによって、ドキュメンタリーの可能性を切り開いていったわけである。その歴史の負の源には、明治維新以降の最後の帝国主義国家としての日本がある。敗戦後の日本は、五〇年代前半、朝鮮戦争による経済の復興、そして六〇年代の高度経済成長の背景には、ベトナム戦争が激化した六〇年代後半のアメリカ軍の中継基地としての役割を、沖縄を犠牲にしつつ担っていたことが不可欠だった。六八年の日大・東大を中心とした全共闘運動も、そうした近代批判としての歴史のうえで検証すべきことであろう。六〇年安保改定をめぐる闘争を起点に、七〇年を安保再改定反対闘争をとりあえずの終点にするのか、それとも万博を据えるのか、どちらも同じことの裏表なのだろう。

『'69・6・15』と題された十分くらいの小品についても触れておこう。六八年フランスの五月革命前後に、映画人や学生によって多作されたシネトラクト（アジビラ映画）の日本版のようなものか。製作は、東大全共闘映画班、東大全共闘を支援する映画人の会とクレジットされる。有楽町スバル座前を通り、日比谷公園に集結する全共闘各派が映し出される。その年の一月安田講堂陥落後、逮捕状の出ているはずの東大全共闘代表、山本義隆の演説が聞けるだけでも貴重なものだが、この広場を埋め尽くす人の群れと多くの旗の揺れる様が感動的でもある。その後、デモ隊は国会前に向かい、機動隊とぶつかり、夜になるまでの長い一日が描かれる。「十一月佐藤訪米阻止、安保粉砕」のシュプレヒコールが響くなか、突然、その声が消えるが、しばらくして、音が復活し、最後に「六九年六月十五日、労働者、学生、市民は、その革命的統一戦線の構築を開始した」と簡潔に告げられる音構成から、プロの映画人の参加が実感される。

六八年の前後で、ドキュメンタリーの内実も変わっていく。形式から変革しようとした松本俊夫の試み。それは映画フレームの破壊から、観客の主体性を求めることへ繋がる。もちろん、こうした試みは松本だけではない。一例だけ挙げると、日大映研からVAN映画科学研究所を結成した中心メンバーのひとり城之内元春。彼の六〇年安保闘争の記録映画『ドキュメント6・15』（一九六一年）から、上映にハプニングを絡めたものだったが、六八年十月二十一日国際反戦デーの新宿における騒乱を記録した『新宿ステーション』（一九七四年）では、一層過激な上映になり、作家本人の詩の朗読が必要不可欠なものとして声の肉体性を露出させた。

シナリオのない現実と対峙し、それをどう捉えるか模索した小川紳介、土本典昭とそのスタッフたち。欧米（シネマ・ヴェリテ、ダイレクト・シネマ）から十年遅れの七〇年頃に、同時録音が可能なキャメラと録音機（ナグラ）を手にしたことで、彼らのドキュメンタリーのスタイルも変わっていく。前世代の伊勢長之助に代表される映像のリズムで繋いでいく（PR映画的）記録映画のスタイルが決定的に古くなったのである。シナリオの説明のための映像に、裏の意味を忍ばせた抵抗の時代から、現場で発見し、編集でその意味を問い直す時代へ。PR映画から、自主製作ドキュメンタリーへの転換。同時録音による長回しで、現場の模索自体がドキュメンタリーとして成立し、モンタージュの意味自体が変わっていく。三里塚シリーズも、水俣シリーズも。長編第二作でほぼ同時録音の撮影環境を整えている。『三里塚・辺田部落』（一九七三年）や『不知火海』は、そうした過程を経た達成でもあるだろう。だが、それを欲するという表現における欲望抜きでは、成果も期待できない。同時録音のキャメラの条件として、回転音が静かなことと同時に、回転速度が録音機と同期することが必要だった。その条件を満たせず、画と音が擬似的にしか同期できない、それぞれの連作の第一作（『日本解放戦線・三里塚の夏』、『水俣　患者さんとその世界』）時点での編集の創意工夫が、いま見て面白いということも言えるのである。それが、結果的に六八年の表現として残ったのである。

注

（1）映像芸術の会・会報第一号（64・6・10）及び第二号（64・6・27）で、佐々木守のルポに対する反論が行われた。第一号には、運営委員会による事実確認、西江孝之による「『映画芸術』七月号所載ルポ「記録映画界の大騒動をめぐって」（佐々木守）の無責任かつ、低劣な論述について」、第二号には、山際永三による「佐々木守の「映画芸術」（七月号）に書いた文章をめぐってのこと」、運営委員会（文責・岩佐寿弥）「再び佐々木守氏の「映画芸術」誌上での発言について――山際永三氏の批判にこたえる」、大沢鉄郎による「山際永三君へのコミュニケーションの試み」が掲載された。

第3部　万博とアヴァンギャルド

第9章　記録映画から展示映像の世界へ

坂口　康

1　はじめに

本章は二〇一五年三月一日に東京大学で開催された記録映画アーカイブ・プロジェクト第十二回ワークショップ「戦後史の切断面（3）――万博とアヴァンギャルド」での報告を整理し、論旨を明らかにするため多少の加筆を施し、さらに当日は時間の都合から割愛せざるを得なかったいくつかの論点を補足したものです。

一九七〇年の日本万国博覧会（以下、大阪万博）の現場に製作スタッフとして参加した人の数は次第に少なくなりつつあり、その経験を土台に、その後の万博体験も含めて、二十世紀後半に登場した展示映像の進化と課題について簡単に述べます。

2　モントリオールから始まった大阪万博

一九七〇年大阪万博を回顧するうえでは、その前に開催された一九六七年のモントリオール万国博覧会（以下、モントリオール博）から検討することが重要です。なぜならモントリオール万博はその後の二十世紀後半の万国博覧会の特徴と方向を明確に示したものだったからです。

モントリオール博が開かれた一九六七年に、カナダは建国百周年を迎えていました（一八六七年、イギリスより自治権獲得）。カナダ政府はこの機会に連邦国家としての結束を強化するためのさまざまな施策を打ち出します。その最大のひとつがマイノリティであるフランス語圏のケベック州に万博を招致することでした。その結果セント・ローレンス川の中州で開かれたモントリオール博は規模の大きいものとなりました。その全体テーマも、いささか抽象的で文学的ながら「人間とその世界」というかつてない大きな概念を扱うことになりました。

すでに大阪万博の準備が始まろうとしていた日本からはたくさんの関係者がモントリオール博へ出向きました。大阪万博は会場計画、演出計画、運営計画などあらゆる点で基本的にモントリオール博から学んだと言ってよいでしょう。

日本からモントリオール博へ見学に行った人々がまず驚かされたのは映像パビリオンの多いことでした。大小さまざまな映像システムが新奇さを競っていたのです。なぜそうなったのか、それには十分な理由がありました。二十世紀後半に、さまざまなレベルで押し寄せた技術革新の波は、科学や技術を巨大化し、あるいは逆に微小化し、ソフト化し、つまりはどんどん非可視的なものにしました。かつての万博が産業技術の成果をモノとして展示したような具合にはいかなくなっていました。この傾向はすでに一九六四年のニューヨーク世界博覧会のときにも現れていたのですが、六七年にははっきりと前面にでてきたわけです。そのうえ、平和・平等・人権などの理念はもとより、「人間とその世界」というようなテーマをモノによって表現することはいっそう難しくなります。

モントリオール博は、「映像博」としてその後二十一世紀の初頭まで、博覧会のもっとも基本的な姿を作り出したのです。

3　モントリオール博の展示映像

モントリオール博の映像の大きな特徴はマルチスクリーンの多用です。アイマックス（IMAX）のようなスーパー七〇ミリはまだ開発中で登場していませんが、七〇ミリ、三五ミリ、動画と静止画の組み合わせによる実に多くのマルチシステムが試みられています。その中でもっとも特徴的な二つの方向に触れておきます。それは大阪万博にも強い影響を与えることになったものです。

ひとつは、テーマ館（別称ラビリンス館）で、マルチスクリーンで構成される二つのシアターをラビリンス（迷路）で繋ぐ形式です。最初のシアターは垂直と水平の二枚の七〇ミリスクリーンに映される映像を四五度上方のバルコニーから見下ろすというもので、二面のスクリーンに展開する別の世界のコラージュが作る効果で「人間とその世界」というテーマを表現します。迷路を通って次のシアターへ移動すると、十字形に配された五面の三五ミリスクリーンがあり、ここでも複雑に人間の行動と多様性がモンタージュされます。このテーマ館は博覧会協会が国立映画局（NFB）に製作を依頼したものです。NFBはご存知のように戦前からのイギリスのドキュメンタリー運動の流れを汲む国立プロダクションであり、テーマ館は伝統的な記録映画の手法と展示映像の新手法を見事に融合させました。表現はいくらか哲学的で観念的でしたが、人間の世界の複雑さをかえって的確に伝えていたともいえます。

もうひとつは、カナダ・ベル電話会社がアメリカのディズニーに製作発注した三六〇度全周映像で、映像テーマは「オー・カナダ」。このシステムは全周に九面の湾曲スクリーンを配し、三五ミリカメラ九台で撮影した連続画面を、あたかも空飛ぶ円盤の窓から移動しながら見るというものでした。広大な風景をいっぺんに捉える「サーカラマ」は画面の接続精度も解像度も高く、東はニューファンドランドの海から、西はカナディアン・ロッキーの山並までを雄大に旅することで、観客はカナダの多様性を知るとともに、その愛国心を十分満足させることができたのです。いずれにせよ、一九六七年にモントリオール博を観た人々は、それ以後の万博のパビリオンで、マルチスクリーンとエクスパンディッド・スクリーンなしに魅力を作り出すことはかなり難しいということを知らされたのです。

4　大阪万博のパビリオン演出

さて、一九七〇年の三月にいよいよ大阪万博が幕を開けたとき、作り手も観客も、万博のパビリオン演出は「映像に如くものなし」ということを改めて確認することになります。メイン演出を映像に委ねたパビリオンが四十館中十七館を数えたのです。補助的に映像を使ったものを含めばおそらく半数をはるかに上回るはずです。その映像のほとんどが何らかの形でモントリオール博の「ラビリンス館」の影響を受けたマルチスクリーンを使用したものです。

また大阪では、新案を取り込んださまざまな大型スクリーンが登場し、七〇ミリ一五パーフォレーション（アイマックスの原型）が「富士グループ館」に初めて使われました。七〇ミリ八パーフォレーションの全天周システムを使った「みどり館」（三和グループ）、スモークスクリーンの「三菱未来館」などは苦心の末に新しく開発されたメイド・イン・ジャパンです。予想されたこととはいえ、これほど多くの映像が大阪に集中した理由は、科学技術の成果がモントリオール博の時代よりさらに目に見えにくいものになっていただけでなく、博覧会のテーマがモントリオール博以上に抽象的な「人類の進歩と調和」だったことも理由のひとつでしょう。このテーマ・ワードは万博を快く思わなかった人々からはことあるごとに「意味不明なナンセンス・ワード」だと揶揄されることになりましたが、この頃公害などにより表面化していた産業技術の負の側面を、産業界自身が自覚し始めていたことを実は反映してもいたのです。映像はそうした時代の微妙な雰囲気を表現するにも適した媒体だったように思います。

ところが実に皮肉なことに、大阪万博でもっとも人気を集めたのは映像館ではなく、「月の石」を展示した「アメリカ館」でした。「アメリカ館」は会場でも一、二を競う大型パビリオンで、その館内では全館「アポロ宇宙計画」のインスタレーション展示を繰りひろげ、その中央に一塊の「月の石」を置いたのです。その石は一見したところ富士山の登山道に転がっている火成岩と大した違いはなかったのですが、何といってもアポロ11号によって三十八万キロメートルの彼方から来た「月の石」の集客力は抜群で、どんな映像の人気館も及びませんでした。その後私がさまざまな博覧会の企画作業に参加するたびに、スポンサー諸氏や代理店諸氏からも「何か、月の石に匹敵するアイディアはないか」と訊かれました。だがそんなモノはあるはずもなく、「まあ、火星探検が成功するまで待ちましょう」と冗談をいう他はありませんでした。

「月の石」は十九世紀以来、新しいモノの魅力で人々を引きつけてきた博覧会の伝統の最後の一撃であり、大阪万博が入場者六千四百万人という空前の記録を達成するうえで大いなる貢献をしたことになります。二十世紀後半の博覧会が「月の石」以上のモノを発見することができなかったことが、映像の世紀を作ることになったという表現は必ずしも逆説とはいえないでしょう。

5　「東芝IHI館」の全体構造

「東芝IHI館」の映像は、私もスタッフの一員として製作したものです。このパビリオンの経験を通じて大阪万博という戦後日本の最大のイベントの雰囲気の一部を伝えることにします。

「東芝IHI館」の総予算は映像製作費も含めて当時の金額で三十億円ともそれ以上とも伝えられており、現代の仮設構築物ではほとんど想像できない規模でした。映像の前にこのパビリオンの全体構造について少し触れておきます。なぜならこのパビリオンは何よりもそのプロポーションの奇抜さで話題になったからです。

全体の建築設計は寒河江市庁舎で建築界の新鋭として登場した黒川紀章です。全体構造は円形劇場の屋根から裾脚までを一体の大ドームで被い、客席となる円形の床を地下からジャッキで回転させながら持ち上げ、ドームの下から蓋をするというものでした。この円形ドームを数本の足で支え、五十メートルの柱一本で全体を吊り上げるサスペンション構造の実現が黒川さんの新しい試みのひとつでした。しかし彼がもっともこだわったのはドームの表面でした。ドームのフレームの上に一辺が二メートルもあるテトラピース（三角形の鋼板）千四百七十六個をあたかも無数の棘のように組み込むことでした。黒川さんはこの建築のコンセプトを「鉄の樹木」とし「青年の木」という呼び名を付けました。

回転する床（五百人の観客を乗せる）を一軸のオイルジャッキで持ち上げ、映像と音響に合わせて正確な位置に停止させ、再起動させるという床下の作業は石川島播磨の技術者の仕事でしたが、極めて難度の高いもので、成功まで限りない試行錯誤が繰り返されました。そのとき、黒川紀章はすでに床についての興味をほとんど失っていました。彼にとって美しい樹木は「樹冠」の方に目が向いていて「根っこ」の方にはなかったのです。

万博会場でこのパビリオンを目にした多くの子どもたちは、「青年の木」などという名前には関心を持たず、「ゴジラ」という実に正直な渾名で呼びました。蓋し名言です。「東芝ＩＨＩ館」の「ゴジラ」というニックネームは、単にこのパビリオンの呼び名を超えて、大阪万博が一九七〇年の日本に与えた勇ましい気分や可能性とともに、漠然とした不安や奇怪さをも表現していたのかもしれません。

6 「東芝ＩＨＩ館」のサークルヴィジョン

黒川紀章設計による大型円形シアターで上映された映像は八角形九面マルチスクリーンによるサークルヴィジョンです。これは一見ディズニーの「サーカラマ」の「オー・カナダ」とよく似ていますが基本的に異なるシステムです。「サーカラマ」は九台のカメラを円形に配置し三六〇度の風景をまるごと一点に集約させますから九面のスクリーンは全面連続していて、映像（観客の視線）はカメラの動きにつれて方向性を与えられます。常に雄大な風景の中を旅することになります。「サーカラマ」にはディズニーの厳格なパテントがあり、このシステムを使う場合は、映像製作をディズニーに発注しなくてはなりません。

「東芝ＩＨＩ館」のサークルヴィジョンは三台連続のカメラ・ユニットを開発し、三面×三面×三面の三方向システムを取りました。この三台ユニットはカメラをバラバラに使うこともできるので、一方向を三面連続、二面対一面、一面単独のスクリーン構成にすることができます。また打ち寄せる海の波を一台のカメラで長回しで撮影して、それを九面に分けて使うことで、あたかも全周から海の波が客席に向かって押し寄せるといった視覚上のトリックも可能です。しかし基本的には三面単位のコラージュがこの映像の視覚言語になるのでシアター全体（映像全体）には方向性がないわけです。そこで客席を同心円状に配置し、観客は対面式で内側を向いて座り、相手側のスクリーンを見ます。自分の後方にひろがる重要な情報も見られるよう、床が映像展開に合わせて適宜回転する仕掛けが付加されています。

このサークルヴィジョンはモントリオールにおける「ラビリンス館」と「オー・カナダ館」の折衷型ともいえるもので、岩波映画が苦心の末に開発したメイド・イン・ジャパンのひとつです。このシステムはマルチスクリーンの合理性を十分満たしており人気の高いパビリオンになりました。

上映した映像ソフトについては、サークルヴィジョンの完全な再現はできないので、想像力を働かせていただく必要があります。

その上映した映像のタイトルは『希望　光と人間たち』ですが一般的に博覧会映像および展示映像はスクリーン上にタイトルが表示されませんから、これはあくまで製作過程での共通認識のためのテーマ・コンセプトということになります。

映像監督は藤久真彦さんです。わたしはこのチームのチーフ助監督として、藤久さんとともにシナリオを作り、準備を含めて一年四ヵ月のロケーションに参加しました。映像の内容を要約すれば、世界各地で生活している若い世代を中心にした多様な人々を伝統的な記録映画の手法で捉えるというものです。三面ごとの三方向には、それぞれ日本人、アメリカ人、ポーランド人などの主要な若いキャラクターが登場しますが、一定のストーリーはなく、その点で見れば典型的なコラージュ作品といえます。私たちが取材で訪れた国は北米、西欧、東欧、東アフリカ、日本各地など相当広い範囲に及んでいます。もちろん、もっとも身近なはずの中国との国境は閉ざされたままで、世界はまだ先の見えない冷戦構造下にありました。それでもこれを取材した当時、日本が西ドイツを超えてGNP世界第二位につこうとしていた自信を背景に、日本人は戦後もっとも肯定的な目で世界を見るゆとりがありました。この映像のコンセプト「希望」も、そういう時代背景の中から生まれたものだという記憶があります。

この「希望」という映像コンセプトは、しかし、時に第三者からも、時に取材相手からも、「甘っちょろい」と、その世界の見方を批判されたことがあります。藤久さんはそうした意見に必要以上に反論することはありませんでしたが、もし世界に「希望」というものがあるとすれば、それはごくありふれた人々の、ごくありふれた日常生活の中にしか、その種を見つけることはできないだろうという、彼の確信は変わらなかったように見えました。

大阪万博の後、私は時に映像プロデューサーとして、時にプランナーや脚本家として、藤久監督と度々パートナーを組み、いくつもの展示映像作りに参加したのですが、二度同じシステムは使えないので、その都度システムは変わり、スクリーンも新しい組み合わせを考案しました。しかし映像の素材は常に世界中にくらしている人々のありふれた日常生活に採ることは同じでした。藤久さんは、その後登場したコンピュータ・グラフィックスや電子映像にも表現上の奇抜さにも関心を示すことはありませんでした。

「東芝ＩＨＩ館」の『希望』には、しかし、これまでお話ししてきたことと多少異なる素材のシーンが挿入されていることにお気付きでしょうか。三面単位のスクリーンにモンタージュされた「広島の原爆ドームと資料館の遺品」と「アウシュヴィッツ・ユダヤ人強制収容所跡と死者の遺品群」がそれです。この二つのシーンを取材するのには当時それなりの苦労もあり、とくにアウシュヴィッツは鉄のカーテンの向こう側にあったので、ポーランド大使館とは複雑な交渉が必要でした。ヒロシマ－アウシュヴィッツは円周スクリーンの反対側に対角線状に配置され、その間のスクリーンには、スペイン内戦から第二次世界大戦の終わりまでに世界各地で撮影された戦争の記録写真が現れ、やがて多くの写真が全面にひろがってゆきます。ロバート・キャパ、アンリ・カルティエ＝ブレッソン、ディヴィッド・シーモアなど著名な報道写真家の作品です。これらの写真を使用するにあたっても写真家集団「マグナム」との長い著作権交渉が必要でした。

これらの「日常的ではない」シーンは、藤久さんのいう「ありふれた人々のありふれた日常生活」の意味、つまりは「希望」の意味を明らかにするうえでどうしても必要なものでした。しかしこのシーンを作る際に、私は藤久さんとどんな議論を交わしたのか、いまではっきりした記憶がありません。むしろほとんど議論はなかったのかもしれません。あまりに意味の明白な事柄に口角沫を飛ばすほど、私たちはすでに若くなかったような気もします。

以上、大阪万博での私の体験を「東芝ＩＨＩ館」の映像製作の過程を通じて簡単に整理してみました。この時点までに展示映像はつぎつぎに新しいスクリーン・システムを試みていましたが、モントリオールから大阪までの展示映像の大きな特徴のひとつはマルチスクリーンと従来からのフィルムによるドキュメンタリー映画の手法をどううまく合体して、新しい視覚体験を実現するかということであり、そこに多くの知恵と時間が費やされました。しかし、その方法はやがて大きく変貌していくことになりました。

7　一九八五年つくば科学万博

大阪から十五年を経て、一九八五年に筑波研究学園都市に、国際科学技術博覧会（以下、つくば博）が招致されました。そこで展開されたパビリオン演出は、大阪万博にもまして多種多様な映像が出展され、「映像に如くものなし」どころか、「映像の他に何もなし」といわれる状態を呈していました。もちろん、それまでなかったロボット技術も登場していますが、現在のものに比べればまだ初歩的で、記憶再生型の六軸の産業ロボットの延長線上のものでした。つくば博を彩った多様な映像は、その数に驚くだけでなく、そこに現れたいくつかのそれまでに見られなかった変化、あるいは変化の兆しにこそ目を向けるべきでしょう。そこには展示映像を超えて、映像全般に関わる大きな曲り角が見えるからです。そのいくつかを思い返してみます。

つくば博でもモントリオール以来のマルチスクリーンは、さまざまな衣装替えを施して、まだたくさん作られていましたが、「ラビリンス」型にしろ、「オー・カナダ」型にしろ、すでに人々を引き付ける新奇性を生み出す力は衰えつつありました。

新しい方向を打ち出したのはコンピュータ・グラフィックス（ＣＧ）と電子映像の分野です。ＣＧの代表的なものは「富士通パビリオン」で、物質の極小単位である元素・分子・原子の世界へ観客席をまるごと連れ込みました。映像システムにはスーパー七〇ミリの「オムニマックス３Ｄ」が使われました。全天周大型ドームの中で立体用眼鏡を装着して、分子構造の中を自在に旅する体験は画期的でした。この頃のCGを作るためのコンピュータの演算能力は限られていたので、この作品を作るスタッフは多大な苦労をしたことでしょうが、その効果は大きかったのです。

電子映像ではソニーの「野外ジャンボトロン」、電電公社の「でんでんINS館」、NECの「NEC　C&Cパビリオン」などが特筆に値します。電子映像館はいずれも未熟なものでしたが、映像を単にパッケージとして提供し、観客はそれを客席で享受するという従来の関係を変えつつあることは誰の眼にも明らかでした。情報の即時性、相方向による参加性、観客による選択性を強調することで、映像によるコミュニケーションの形が大きく変わっていくだろう近未来の姿を暗示していました。

この新しい傾向の中で、ひとつだけ従来の伝統的なドキュメンタリーの手法で作られた映像が印象に残りました。サントリーの「燦鳥館」が出展した『空のかなたへ』（スカイ・ワード）です。この映像は、カナダ・グースの家族が産卵から子育てを経て、多くの試練に立ち向かいながら、やがて南の空を渡ってゆく感動的な自然ドキュメントです。ただこの映像を作り出した機器は従来のものとはまったく違います。映像システムは、スーパー七〇ミリ一五パーフォレーションの「アイマックス」で専用エアロヴィジョンが使われました。そのスクリーンは当時日本最大の面積を持ち、観客の視界にスクリーンのフレームが入らないほど大きかったのです。観客はカナダ・グースの家族とともにあたかも大平原や大空の中にいるように錯覚し、ストーリーとは別の感動を共有することになります。この映像は、鑑賞するだけでなく、体感するものでもあることをはっきりと示しています。

CG、電子映像、巨大スクリーンなどは、映像が人間を取り巻く新しい環境になりつつあることを示しました。その点で一九八五年のつくば博は映像史における大きな転換点のひとつになったのです。しかし三十年後の世界では、手のひらサイズのコンピュータ（スマホやタブレット等）が、あらゆる映像情報をたちどころに受け取り、送り出すようになると予想する人はまだ少なかったでしょう。

8　展示映像の作り手たち

ここで少し話の方向を変えて、展示映像の作り手側のアイデンティティないしメンタリティについて触れてみます。こうしたことは展示映像の歴史を知るうえで役に立つと思います。ただ、一般論ではあまり意味がないので、私自身の体験をもとにしてお話しします。

私はこれまで、ずいぶんと多くの展示映像、なかんずく万博パビリオンの映像に関わってきました。その過程で、何が職業上の楽しみであったかを一言で表現すれば、それは「コラボレーション」ということになります。博覧会映像は映像技術者だけでは作れません。仮に映像だけを作れたとしても意味がありません。建築、ランドスケープ、インテリア、グラフィック、音響、照明、そしてそれらをコントロールするシステムデザイン、さらには演劇・舞踊などのライブの領域、パビリオン全体の運営デザインなど、実に多くの分野のクリエーターとの共同作業、すなわちコラボレーションがなければ万博のパビリオンは生まれないのです。それは規模の大小には原則的に関係がありません。映像はそのコラボレーションの中で初めて機能します。そのコラボレーションの外側にはさらに多くのネットワークがひろがっており、単独での映像作りではけっしてあり得ない人間関係が生まれます。私はこのコラボレーションを通じて、多くの職能と技術者を知り、とりわけかけがえのない友人たちにも出会いました。そうした楽しみがなければ、私はこれほど長く展示映像に携わってこなかったでしょう。

ところが一方で、展示映像は進化の過程、とくにCGや電子映像の比重が増すに従って、職業的ルーツを失い、あるいは断ち切ってきたように見えます。

展示映像は、もともとドキュメンタリー映画（記録映画、教育映画、文化映画、科学映画、PR映画など、その都度便宜的に分類されてきた短篇映画）から生まれてきました。なかでもPR映画（広い意味での産業映画）との強い紐帯を持っています。日本の展示映像の最初の大掛りな発表場所こそが大阪万博であり、そのパビリオンはいずれも大企業グループによって担われていたのですから、それはむしろ当然のことでした。最初の展示映像はPR映画の製作会社とそこで働く映画技術者によって実現したのです。

戦後日本のドキュメンタリー映画は、記憶に残る名作傑作を含め、ほとんど全てが何らかの形で企業や団体にスポンサードされていたにもかかわらず、「記録映画」と「PR映画」とは別の領域だと思いたがる心理的な風土が当時の映画界にはありました。とくに「産業映画」というカテゴリーで語られるときには、作り手自身の中にも外からはわかりにくい偏見と卑屈さが滲んでいたのは奇妙なことでした。それだけ「記録映画」という言葉に純粋さと憧れを感じていたのかもしれませんが、職業人としては合理的態度とは言えなかったでしょう。

一方で、大阪万博は時代背景の中で「反博（ハンパク）」という言葉も生まれたように、国策イベントとしての一面も持っていたので、「万博に参加するかしないか」で映画技術者の立場が二分されることになりました。このことが、展示映像の作り手たちがその後ルーツを失っていくことになった最初のきっかけのひとつになったと思います。

しかし、そのような経緯はごく一時的なもので、やがて展示映像はCGや電子映像を採り入れて、独自の技術、独自の映像文法を駆使するようになり、映画技術者が「参加するかしないか」を選択できる対象ではなくなっていきます。いまでは展示映像はドキュメンタリー映画とはまったく別のメディアといってよく、双方の間での相互交流、スタッフの互換性もなくなりました。私自身はその後もいまも、ドキュメンタリーの作り手たちと協力して仕事をしています。しかしこれは世代的な重複による偶然であり、例外的事象です。戦後の代表的なドキュメンタリストの一人であった土本典昭さんは、かつて「東京・水俣展」の「五百人の患者さん」の遺影の構成を私に頼みながら「きみはあちこちいくつも万博をやりながら、僕の仕事も手伝って、よくこんがらがらないねえ」と言ったことがあります。

そこには大いなる皮肉が込められていたと思いますが、私は「なあに、絵画と音楽ぐらい離れた別の事柄だから、こんがらがりようがありませんね」と応え、まったく痛痒を感じることはありませんでした。

展示映像とドキュメンタリー映画の乖離は今後いっそう進むでしょう。展示映像は「環境化」が進み、映像タイトルもクレジットタイトルも表示されません。その意味で展示映像は作品性（作家性）の希薄なメディアともいえますが、それはむしろ好ましいことでもあり、多くの分野とのコラボレーションに柔軟に応えることができ、それによってよりすぐれた共同作品の製作に結びつきます。

ドキュメンタリー映画は逆にどんどん作品性を強め、ほとんどパーソナルな方向に進みつつあります。カメラをはじめ映像機器のデジタル化と小型化はますます進むと思われ、一九四八年にアレクサンドル・アストリュックによって提唱された「カメラ万年筆論」はいま名実ともに現実のものになろうとしています。若い世代はかつてよりはるかに自由にドキュメンタリー映画を作る機会に恵まれています。もし課題があるとすれば、それはいまも昔もただひとつ、何を撮るかを選択するのはカメラではなく、思考する人間の眼だということだけです。大阪万博から四十五年というこのおよそ半世紀は、「映画」と「映像」という近似した二つの言葉がどのように交錯し、どのように離れていったのかを考えるうえで興味深い時間だったといえます。

9　万博とアヴァンギャルド

二〇一二年に韓国のヨス（麗水）で、「港と海洋」をテーマにした特別万博（麗水国際博覧会）が開かれ、私は「日本館」のプランニング・ディレクターを担当し、全体のストーリー・シナリオを作りました。私にとっての最後の万博参加になるはずです。

ヨス博でも相対的には展示映像がまだ主流を占めていたようです。とくにLEDを映像画素に使用した巨大なアニメーションは人の目を引くに十分なもので、韓国のクリエーターの技術も優れていました。だが、全体的に見ればヨス博の映像は、新しい試みに挑戦するというよりは、映像の方が手っ取り早く作ることができ、経済的にも安価に済ますことができるからという理由で選択されている印象が拭えませんでした。

展示映像に支えられた博覧会、博覧会が担ってきた展示映像の相互依存の関係はいまようやく命脈を絶たれようとしているのではないでしょうか。もちろん映像は今後も重要なツールとしてさまざまな場所で役割を担うとは思いますが、問題はその担い方です。今後の新しい担い方につながる重要なキーワードのひとつは「生身の人間」に映像がより積極的に関わる必要がありそうだということです。博覧会とは限らず、いろいろな場所で生身の人間たちが、出会い、交流し、行動をともにするとき、これまで蓄積してきた展示映像の技術を駆使して、さまざまな新しい実験的試みが望まれます。そのためには展示映像に関わる若い人々の中から、抽象的な言い方になりますが、現代だからこその「前衛的」な精神がでてくることが期待されます。

さて、最後に「万博とアヴァンギャルド」に少し触れて私の話を閉じることにします。この「万博とアヴァンギャルド」というテーマには少なからぬアイロニーが含まれているように見えます。万博の理念とアヴァンギャルドの精神はもともと反りの合わないものだったように思えるからです。

二十世紀の初頭からつぎつぎに登場してきたアヴァンギャルド（前衛芸術）の諸派とそのマニフェストはあらゆる社会的権力、世俗的通念、芸術的伝統に多かれ少なかれ反逆するものでした。翻って万博の理念はあくまで文明の進歩を信じ、発明・発見を賞揚してきたのです。事実、万博の軌跡とアヴァンギャルドの軌跡はほとんど噛み合うことがありませんでした。相互に関心の外だったのです。例外があるとすれば、一九三七年のパリ万博で、パブロ・ピカソがスペイン共和国政府のために『ゲルニカ』を描いたときでした。ピカソがもっともシュールレアリズムに接近した時期でもあり、万博の軌跡とアヴァンギャルドの軌跡は確かに交錯したのです。この例外的出来事は迫りくるファシズムが西欧文明そのものを脅やかそうとしたときに起こりました。同じ年、同じパリで、ルイス・ブニュエルは『マドリード1936』を発表して人民戦線の苦戦を伝えています。ピカソと同じ動機から作ったのでしょう。

何もかもが戦火に消えた後、アヴァンギャルドはさまざまな形で再び勃興しますが、一九六〇年代中頃には、最後のアヴァンギャルドといわれた抽象表現主義があたかも台風が熱帯性低気圧に変わるように、爛熟する大衆社会の中に呑み込まれてしまうと、後には豊かな社会の多様なモダニズムが茫漠と広がっており、アヴァンギャルドという言葉もすっかりカビ臭いものになってしまいました。

大阪万博はまさにそのような時代に開かれたのです。大阪万博には確かに有能で「前衛的」なアーティストが結集しましたが、彼らの闘うべき芸術的な「前線」は一人ひとりの心の中にバラバラにあるだけで何かひとつのまとまりのある主張があったわけではなく、社会的な「前線」は博覧会場のゲートの内側にはありませんでした。

この大阪万博を舞台に産声をあげた日本の展示映像は、その後さまざまな技術を蓄積してきたことはこれまでお話してきた通りですが、その展示映像も万博も、いま大きな曲がり角に差しかかっているように思えます。「生身の人間」が集い、交流し、行動しようとするとき、映像はどんな役割を果すことができるのか、その答はまだ出ていないようです。私個人は、かつて大阪で藤久真彦さんが強調した「ごくありふれた人々のありふれた日常生活」という視点にはいまでも重要なヒントがあるように思っています。だがそれは次の世代の人々に委ねることにしましょう。

第10章　『一日二四〇時間』と安部公房・勅使河原宏

友田義行

1　はじめに

一九七〇年三月十五日に開幕した日本万国博覧会（通称・大阪万博）の会場には、様々な映像があふれかえっていた。その多くは、映画観客やテレビ視聴者が慣れ親しんだ長方形の単独画面に示される映像とは異なり、多様な形態のディスプレイが複雑に組み合わさったものであった。たとえばドーム型の天井を用いた全天周映画の「アストロラマ」（みどり館）、百六十八面画像の「マンダラ」（富士グループ館）、スクリーンと鏡を組み合わせた万華鏡のような「ホリ・ミラー」（三菱未来館）、煙幕に映写される「スモークスクリーン」（同前）、上下概念のない「大型床映像」（日本ガス協会館）といった多面かつ大型のスクリーンに、世界各地の様子やドラマが映し出されたのである。一九〇〇年のパリ万博からすでに現れていた、映像をディスプレイとして用いる発想は、一九五八年のブラッセル万博で加速し、一九七〇年の大阪万博ではもはや「雪崩現象」と称されるまでに過剰化していた（岡田、一九七一年、一―三頁）。マルチスクリーンをはじめ、音響や客席の装置も含めた映像実験と宣伝が、同時多発的に繰り広げられたのである。

日本自動車工業会のパビリオン「自動車館」第二展示室では、『一日二四〇時間』というミュージカル映画が上映されていた。この作品もまた、正面スクリーンに加え、左・右・天井にもスクリーンが設けられた、四面マルチスクリーン映画であった。これらの銀幕に、時には連続し、時にはそれぞれ独立した映像が映し出され、一連のドラマが展開されたのである。脚本を執筆したのは安部公房で、演出は勅使河原宏が担当した。

安部公房と勅使河原宏は一九六〇年代に四本の長編劇映画を発表している。いずれも安部が原作・脚本を、勅使河原が演出を担った。『おとし穴』（一九六二年）、『砂の女』（一九六四年）、『他人の顔』（一九六六年）、『燃えつきた地図』（一九六八年）に続いて、劇場から離れて万博パビリオンでの上映を前提として製作されたのが、『一日二四〇時間』である。「ミュージカル・ファンタジー」として書かれたシナリオのあらすじを、あらかじめ確認しておきたい。[1]

――時は現代の中の未来。場所は誰でも知っている都会。とある生化学研究室でX博士と助手Aが加速剤「アクセレチン」の実験に成功する。街に出た二人がアクセレチンを一吸いすると世界はたちまち一変し、せわしかった人と車の動きはまるで止まるかのようにのろく感じられる。Xはこの発明を全世界に発表した。「アクセレチン」を服用すると十倍のスピードが得られる、つまり一日が二十四時間から二百四十時間に拡張されるのだ。もっと時間があったら、と望んでいた人々にとってそれは何とありがたいことだろう。労働時間は十分の一に短縮され、人々は豊かで自由な時間を手に入れたように見えた。しかし、実際には目にもとまらぬ速さでの犯罪や暴力が横行し、海もゴルフ場も労働から解放された人々で大混乱となる。X博士は愕然とし、加速剤の製造ラインを止めてしまった。ところが、欲望に駆り立てられた人々の手が薬品を追い求めてX博士に襲いかかる。逃亡劇の末、アクセレチンを飲み干したX博士は、誰にも追いつけない速度で疾走を続け、やがてタイヤに変身して地平線の彼方に消え去ってしまう。

敗戦から二十五年を経て、高度経済成長を遂げた日本の気分が如実に表れた内容ではある。自動車社会の拡大に伴う人の移動や物流の加速を表すだけでなく、マルチディスプレイによって賑やかに提示される大容量の情報は、情報化社会の到来をも印象づける。物語、映像、軽やかな音楽のいずれもが、物・人・情報のスピードと、それらに伴う生活感覚や時間感覚の変化を表現してやまない。

ただ、結末部に現れるタイヤの群れは、この作品が単に先端の時代感覚と科学技術賞賛に終わらないことを示している。すなわち、車輪（タイヤ）という、人類にとって最古の道具の一つを示すことで、物と人間の関係を再考することを求めているのである。車輪のような原初的道具は、安部公房にとって重要なモチーフであった。縄（小説「なわ」）、棒（戯曲「棒」、小説「棒になった男」）、鞄（小説「鞄」）、布（安部公房スタジオの舞台）、箱（小説「箱男」）といった、基本的な道具を主要なモチーフとした作品の系譜に、『一日二四〇時間』も連なっているのである。

本章では、まず万博から半世紀近くを経て再上映された『一日二四〇時間』の復元について報告する。次に、この作品のシナリオを執筆した安部公房と、演出した勅使河原宏監督が、自動車をテーマにした作品を創作するに至った理由を、彼らの経歴からあぶり出すとともに、ほかの創作との関わりを探る。映像と音声の分析についても適宜加えていきたい。

なお、主に一九六〇年代までの安部公房と勅使河原宏による協働については拙著（友田、二〇一二年）にまとめたほか、『一日二四〇時間』についてもすでに論じたことがある（友田、二〇一三年、二〇一八年予定）（車輪に着目した上述の解釈についても詳述した）。本章では内容の重複を極力避けるため、断片的な記述になるが、他稿で触れられなかった点を中心に論じていきたい。

2　復元上映に至る経緯

安部公房研究においても、勅使河原宏研究においても、『一日二四〇時間』について言及されることは少なく、特に映像と音声の分析はほとんど試みられてこなかった。大衆娯楽色の濃いエンターテインメント作品と捉えられたことも理由の一つかもしれないが、そもそも大阪万博用に製作されたという特殊事情により、視聴が困難となっていたのである。映画館でのロードショーではなく半年という限られた期間のイベント会場で上映されたフィルムであったこと、日本自動車工業会という社団法人の製作によるスポンサー映画であったこと、そして何よりも、この作品のためだけに用意された特別な上映装置用に作られたこと。様々な理由から、本作はたとえば『砂の女』などとは違って、時代を超えて繰り返し上映されたり、映画祭に出品されたりすることもなかったし、批評家や観客から言及される際も、「万博映画」というくくりで語られることが多かった。大阪万博が半年の会期を終えたあと、フィルムはソフト化されることもないまま、保管倉庫で眠りについてしまった。

本節では、『一日二四〇時間』の特殊性について、中でもその上映形態について説明し、復元上映に至った経緯を報告する。

この映画が上映された「自動車館」は、二棟の円筒形タワーと、「交通ゲーム広場」から構成されていた。(2) 交通広場では、コンピューターで自動制御された電気自動車が展示されており、来場者が実際に運転することもできた。二棟の建築物の内、第一パビリオンは高さ二十七・五メートル、直径三十五メートルの大きさで、導入編の役割を担っている。この棟では、交通の発展に伴う生産機構の変革や、技術革新にもとづく人間生活のリズムの変化が、巨大な都市の変貌をかりて視覚的に展示された。『一日二四〇時間』が上映された第二パビリオンは、高さ十八・五メートル、直径四十二メートルの大きさであった。そしてその内部に、巨大なスクリーンと、特殊な音響装置が設置されたのである。

『一日二四〇時間』の上映形態は、コンテンツに負けないほど目を引く特徴を持っている。客席の正面にあたる中央と、それに隣接する左・右・天井に設けられた、合計四面のスクリーンを使って上映されたのである（図1）。スクリーンの数だけでなく、形状もまた特殊であった。天井部のスクリーンは縦長で、観客席に覆い被さるような角度で設置されていた。また、四面スクリーン作品とは言いながら、冒頭から結末まで常にすべてのスクリーンに映像が映

図1　『一日二四〇時間』展示室風景

し出されていたわけでもなく、中央をメインとしながら、時折左・右や天井も用いられ、全体として縦長のスクリーンや超ワイドのスクリーンが展開されるという趣向がとられた（ただし、各スクリーンには傾斜や間隔が設けられていた）。こうした上映形態に対応して、シナリオも複雑な構成となった。安部公房は中央および上部（天井）と、左・右の三列構成でシナリオを執筆したのだ。シナリオは一般向けに発表されることはなかったが、現在は『安部公房全集』（第二十三巻）で読むことができる。

四面映像を作り出した映像装置と、音響装置はどのようなものだったか。映像は弧の形に並列する三面のパネル形スクリーンと、その上方の一面に傾斜するテントに投影された。これらの映写は後方よりそれぞれのスクリーンに対応した四台の三五ミリ映写機構によって行われた。天井スクリーンは四階から、中央スクリーンは三階から、左側スクリーンは二階から、右側スクリーンは一階から同調映写を行う方法である。天井スクリーンの大きさは縦十二メートルで横八・四メートル、左右スクリーンは縦五・五メートルで横七・九メートル、中央スクリーンは縦五・五メートルで横八・四メートルであった。スクリーンに近接した位置の客席は円形鉄柵の立席となっており、スクリーンをすぐ傍から見上げる体勢になるため、映像の迫力も増したことだろう。

音響は八チャンネル十八スピーカーで、立体的な効果を付加するように再

図2　フィルム缶に入った『一日二四〇時間』フィルム

生された。また、録音はプレイバック方式が採用された。これは音楽を先に録音して、あとでそれに映像を合わせる方法である。中央スクリーン用のフィルムには音を焼きつけ、ほかのスクリーン用フィルムにはマグネチック録音が用いられた。四台の映写機によって連動映写を行い、音の再生にはシネコーダーを使用。これら映像・音響・照明などの運行は、総合的にプログラムまたは手動によってコントロールされていた（安部、一九七一年、一七―二〇頁）。

本章の執筆に先立ち、二〇一四年三月一日に東京大学本郷キャンパスで開催された「記録映画アーカイブ・プロジェクト　第十二回ワークショップ　戦後史の切断面（3）――万博とアヴァンギャルド」で、『一日二四〇時間』の復元上映を行った。勅使河原宏が所属・主宰していた草月会の関係者によって非公式の場で試写された例を除けば、約四十五年ぶりの全編再上映となった。

再上映に向かう大きな契機となったのは、草月会資料室の磯部昌子氏から紹介を受け、かつて勅使河原プロダクションのプロデューサーであった野村紀子氏と、スクリプターを務めた吉田栄子氏より、『一日二四〇時間』のフィルム保管場所や、復元のために必要な情報（特に映像と音声のタイミング）をご教示いただいたことにある（図2）。二〇一二年度に研究費を得て資金の目処が立ったことで復元計画が具体化し、所蔵元の財団法人草月

図3　デジタル復元された『一日二四〇時間』／©財団法人草月会　アクセレチンの発明について街角でインタビューが行われる、ニュース番組風のシーン。左・右スクリーンでは異なる時空間での出来事が同時に提示される一方、中央と天井のスクリーンには２面を連続する映像が用いられ、縦長の画面を形作っている（図の左上・右上部分は、４巻分の映像をデジタル化して１つの画面に合成編集した際に生じた余白である）。

会理事長・勅使河原茜氏からもプロジェクトの立ち上げを快諾いただくことができた。ＩＭＡＧＩＣＡウェストの柴田幹太氏や、記録映画保存センターの村山英世氏、東京テレビセンターＯＢの甲藤勇氏らから様々な技術提供を受けて、デジタル化による復元上映が実現した次第である。

しかし、この作品は実際には先述したような複雑な機構によって上映されたものであり、今のところ上映環境も含めた復元には至っていない。各スクリーンが少しずつ離れて配置されていたことや、天井スクリーンが縦長の台形でかつ傾斜していたことなどによってもたらされたはずの映像効果については、現時点では想像で補うしかない。今回の復元上映では、四面分をあらかじめ合成編集した映像を用い、一枚のスクリーンに一台のプロジェクターで映写する形を取らざるを得なかった（図３）。ただ、四面分の映像を合成編集する前のデータ、すなわち一面ごとの映像内容を個別に収録したディスクも作成したため、いずれはより完成度の高い復元上映が実現する可能性も残している（もちろん、莫大な予算を用いて建設された万博パビリオンと同等規模での再現は極めて困難であるが)。復元作業の過程では、フィルム状態のチェックやクリーニングも施されており、オリジナル・フィルムの保存・延命と、死蔵されてきたコンテンツの有効活用を同時に行うことができたと言えよう。

3　安部公房と自動車

安部公房が縄・棒・布といった原初的な道具に特別な関心を持ち、『一日二四〇時間』でも車輪(タイヤ)に的を絞っていく構成を採ったことは「はじめに」でも触れた。では、なぜ安部は自動車あるいは車輪をテーマにした映画脚本を執筆したのか。もちろん、この作品は万博展示のために日本自動車工業会から依頼された企画であり、自動車や車輪が登場するのは当然とも考えられるが、ではなぜ自動車工業会はほかでもない安部を指名したのか。これも、勅使河原宏とセットで白羽の矢が立った側面もあるが、それでも作家にとってより内在的な理由も考えられるのである。安部と自動車をめぐる情報を整理しておきたい。

安部公房は早くからエッセイやルポルタージュ、談話、そして創作の中で、繰り返し自動車を取り上げている[3]。その前提として、そもそも安部は自他共に認める自動車ファンであり、エッセイ「私の車」では自ら「カーマニア」を称していた(安部、一九六九年)。北海道から関西、九州まで各地を走破しており、外国産車を中心に少なからぬ自動車を所有していたことも知られている。小型ルノー4CVに始まり、ルノー・コンテッサ・セダン、同クーペ、ルノー・カラベル、BMW二〇〇〇、ランチア・フルビア・スポーツ、三菱ジープ、チェロキー・ジープ、ラングラー・レネゲード、そしてメルセデス三五〇SL(安部、一九六九年、安部ねり、二〇一一年、一三六―一三九頁、山口、二〇一三年、一八二頁)。複数台を同時に所有していた時期もあり、目的に応じて乗り分けていた。自動車旅行を好み、時には単独で、時には真知夫人と交代での運転で、千キロに及ぶ長距離をノンストップで走ったこともあったようだ。また、簡易着脱型タイヤ・チェーン「チェニジー」を発明し、一九八六年四月の国際発明家展で受賞まで果たしている。

次節でも論じるが、勅使河原宏は一九六六年にカーレースのドキュメンタリーを製作していた。同じ年、安部は『東京新聞』の取材に対し、レーサーのライセンスを取得することをこの年の目標に掲げており、自宅のコンテッサ・クーペをレース用にチューンアップする計画まで語っている（安部、一九六六年）。六〇年代後半には、安部・勅使河原の自動車熱はアマチュアの域を越えようとしていたと言えよう。

また、安部は自動車を取材のために活用していた。特に、勅使河原との映画製作におけるシナリオ・ハンティングでは存分に駆使している。エッセイ「酒と車と…」（安部、一九六三年）では飲酒と運転の棲み分けの利点が述べられているが、このエッセイはほかでもない、「『砂の女』のシナリオ・ハンティングのために酒田（論者注・山形県）に出かけた、帰りの車中」で書かれたものであった。また、『砂の女』に先立つ映画『おとし穴』でも、舞台となる筑豊の取材に安部と勅使河原の自家用車が使われた。一九六〇年の大晦日にルノーとトヨペットワゴンで東京を出発し、岡山あたりでのパンクを乗り越えて、カーエアコンなしの寒さに凍えながらの旅であったようだ。筑豊では地元テレビ局の案内で約三十カ所の廃坑を車で巡ったという（野村、二〇〇七年、八七―八八頁）。

安部公房にとって自動車による映画舞台の取材は、映画と車輪とを結びつける最初の体験だったとも言える。この点を強調したい理由は、『一日二四〇時間』が、複数の位相で映画と車輪の関わりを表現しているからである。この映画の主眼となる架空の加速薬「アクセレチン」が、人々の移動や行動のスピードを速め、必要となる時間の短縮を可能にする「自動車」（のアクセル）のメタファーであることは明らかである。いや、さらにさかのぼって、自動車の疾走に必要不可欠な道具である車輪が発明された時点で、すでに人・物・情報は加速を始めていたし、それに伴う社会や意識の変化も起こりつつあったとも考えられる。本作は、虚構の薬を用いて、自動車からさかのぼって車輪と人間の関係を歴史的に再考させるものである。しかし、実はそれだけに止まらず、映画というメディアと車輪との関係自体にも踏み込んでいるのだ。

大阪万博の直前に邦訳が出版された、マーシャル・マクルーハン『人間拡張の原理』では、歯車の一種でもある車輪が、映画の機構に組み込まれていることが論じられている。

車輪をもっとも進んだ、もっとも複雑な方法で利用しているものは、映画の撮影機と映写機である。この極めて複雑微妙な車輪の組合わせは、もとをただせば、走っている馬の四本の脚は、全部同時に大地を離れるかどうかという賭に勝つために発明されたということは意味深い。（マクルーハン、一九六七年、二三〇頁）

ここでマクルーハンが言及している「賭」とは、映画史の教科書でもしばしば紹介される有名なエピソードである。一八七七年夏、イギリス生まれの写真家エドワード・マイブリッジは、連続写真の仕掛けを考案した。このきっかけになったのが、鉄道と海運の最大手であるセントラル・パシフィック社の社長リーランド・スタンフォードが友人たちと行った賭である。その賭とは、疾駆する馬の四本の脚は同時に地面から離れるのかどうか、というものであった。

撮影機と映写機は、この脚の動きを機械的に再構成しようという思いつきからひき出されたのである。こうして「拡張された脚」で始まった車輪は、ついには「映画館」の設立を招くにいたる大きな革命的な一歩を踏み出したのである。（マクルーハン、一九六七年、二三〇頁）

マイブリッジの連続写真により、疾駆する馬の四本脚は地面から「離れる」ことが判明した。この装置は、フランスのエティエンヌ・ジュール・マレイをはじめ多くの人々を、連続写真を撮影できるカメラの製作に向かわせ、一八九五年の映画誕生へとつながっていくのである。（村山、二〇〇三年、二八―二九頁）

『一日二四〇時間』は最先端の科学技術が披露される万博会場で、最先端の映画装置（マルチスクリーン等）を用いながらも、未来の高性能自動車を提示するのではなく、自動車の先祖であり基盤である車輪をクロースアップした。それは人類最古の道具の一つであると同時に、映画の発明に欠かせない重要なアイテムだったのである。(4)

さらに、安部は万博の約二年前に開かれた日本自動車工業会の座談会で、次のようにも語っていた。

というのは自動車というのは、人間が走っているのと同じなんですよ、あれは。機械が走っているんじゃないんだ。つまり人間の願望の物質化でしょう、自動車は。だから、たとえば１００馬力の自動車があるとすれば１００馬力の人間ができたことですよ。（安部、一九六八年）

ここでは「人間としての自動車」が語られている。環境問題などの政治や資本の問題に踏み込むのではなく、メーカーや日本の宣伝でもない。地球文明としての車輪や、人間拡張のメディアとしての自動車を、安部は万博で表現しようとしたのである。

4　自動車と風景

さて、『一日二四〇時間』と関わる、安部の自動車歴を別の角度からも探求したい。先に自動車によるシナリオ・

ハンティングについて述べたが、安部は取材とは異なる用途での運転時に、車窓からの風景について言及している。たとえば、東京―北海道を自動車で走った際のエッセイに、次のようなくだりがある。

　しかし、すべての風景が、額縁のなかに入れて見るべきものとは限らないのだ。スピードを通してしかとらえられない、流れとしてとらえて始めて生きてくる、そんな風景だってありうるのである。陸羽街道のすばらしさも、たぶん、そんな風景の一種だったのではあるまいか。（安部、一九六四年）

足を引き留める風景ではなく、ドライブコースとしての通り抜ける風景が持つ魅力。ここには自動車によって初めてもたらされた風景の発見があった。アラン・コルバンが論じたように、風景とは解釈であり、空間を見つめる人間と不可分なものである（コルバン、二〇〇二年）。同じ空間であっても、見つめる人間の解釈によって、風景は異なったものとして現れてくる。自動車を走らせる安部は、空間の新たな解釈を言葉で紡いだのである。

近い時期に、大阪万博の基本理念の起草にも携わったＳＦ作家の小松左京が、やはり自動車から風景論を立ち上げている。たとえば、山野を抜ける自動車の長距離旅行について小松は次のように述べている。

　日本の、すばらしく変化の多い山野の中を新しい道がのびて行く。その道を車で走ること。自動車による長距離旅行においては、道路が媒体《メディア》になり、車はそのメディアを通じて、今までまったくふれられなかった「新しいタイプの情報」をうけとめる「受信機」になる。（中略）そして、視線の高さをかえ、移動様式を変えるだけで、この古び、したしんだ日本の山野は、再びまったく「新鮮な情報」、「今まで見られたことのない土地」としての意味をもち出す。（小松、一九六九年、傍点ママ）

スピードや視線の高さのほか、同乗者との親密な空間を維持したまま、道路上をかなり自由に移動できるという、自動車がもたらす様々な作用が、人間の感性を変えていくことが示唆されている。ほかにも、万博会場の付近に出現していた千里ニュータウンについて、次のように論じている。


それは基本構想からして、「自動車」をくみこんだ町である。そして、ニュータウンの「良さ」「美しさ」は、自動車にのって走ってみて、はじめてあらわれてくる。

中央分離帯に樹をうえた直線道路の快適さ、空をくぎる、白や灰色やベージュ色の高層アパート群のスカイラインの幾何学的な美しさ、昔の「街」の中では、甍や軒端でせまく区切られて、決してあらわれることのない、ひろびろとした天空の爽快さは、実に、自動車にのって走ってみて、はじめて感じられるものである。（小松、一九七〇年）

自動車によって都市や自然の風景に対する人間の感性が変化するのとは逆に、変化した感性に呼応して姿を変えた都市への言及が見られる。「未来学」を提唱した小松らに加え、安部もドライバーとしての体験を通して、早くから自動車と感性の変貌について考察していたと言える。

こうした風景と認知をめぐる問題は、安部の小説にも取り入れられている。一九六七年に発表された小説『燃えつきた地図』（新潮社、一九六七年）の主人公は、ある失踪者の調査を依頼された私立探偵である。彼は手掛かりを求めて大都会を駆け巡るが、その際の移動手段の大部分は自動車である。都市を移動する「箱」の窓から周囲を観察する姿は、安部公房が一九七三年に発表する『箱男』（新潮社、一九七三年）を想起させる。『安部公房全集』の編集者である宮西忠正は、安部の車好きについて以下のように分析していた。「電車の人ごみや集団の中で他者に見られることが苦手な公房にとって、車は必須の移動手段であり、匿名の透明人間と化して他者を観察できる覗き窓であった」（宮西、二〇〇九年、一五六頁）。作品から遡及して作家の人柄が解釈されているようにも捉えられるが、作家の感性が作品に投影されている一例とも考えられる。ただ、安部が観察していたのは他者だけではなく、風景もそうであったのだ。公共交通機関や馬上などから体験されるのとは異なる、自動車が生み出す視覚に、安部は特別な関心を寄せていたのである。

小説『燃えつきた地図』で主人公が探し求める失踪人もまた、自動車に特別な関心を抱く人物であった。自動車整備の免状を所有し、大型二種の運転免許も取得していた。もっとも、この失踪者は無線通信士や電気溶接、危険物取り扱いといった様々な資格を持っており、自動車マニアというよりは免許状マニアではあった。ただ、原作の「自動車マニア」の部分は、映画化の際に拡大されている。それは安部によるシナリオからすでに確認できるし、シナリオには指示のないカメラワークも明らかに手伝っている。失踪人の部屋にはスポーツカーのポスターが貼られ、カメラはそれをズームアップで大きく捉える。さらに、車のエンジン音が録音されたレコードまで残されており、それが再生されることで部屋中に轟音が響き渡る場面も加えられた。また、映画版では様々なシーンで、タイヤのホイールやサイドミラーに映り込む、歪曲した風景が提示される。加えて、走行する自動車から次々と目に入ってくる、ビルや団地の窓ガラスなど、都市に散在する様々なインターフェイスが鏡像を作り上げていく。失踪人も探偵も（観客／読者も）、鏡面に覆われた都市を、それ自体も鏡面である（車体やミラーなど）自動車で走りながら、どこかへ迷い込んでいく。彼らは都市と自動車という組み合わせで、それまでとは異なる感性での世界認識を体験し、「今まで見られたことのない土地」（前掲「ＳＦと未来学」）へと歩み出していったかのようである。その風景は、映画版で示される摩天楼と砂漠や、ラストシーンで探偵が見据えるオフ・スクリーンの空間によってのみ示唆される。ただし、従来の空間解釈のまま都市に安住する側からは、彼らの体験は単に失踪と見なされることになる。『一日二四〇時間』の結末でタイヤに変身し、誰にも追いつけない速度で走り去ったX博士もまた、まだ見ぬ風景へと踏み出した失踪者の一人なのである。

5　勅使河原宏『爆走』と機械

次に、勅使河原宏と自動車との関わりについてである。勅使河原は戦後占領期から続く安部との協働で、芸術や政治だけでなく、より気軽な話題に関しても、安部と共通する趣味趣向を持っていた。ボクシングやカーレースもその一例である。(5) 二人はこれらの観戦を大きな楽しみとしていた。また、こうした娯楽を自らの創作に取り込んでいるところも共通している。ボクシングに関しては、安部公房が落ち目のランキングボクサーの内面を独白体で描いたラジオドラマ「チャンピオン」（安部、一九六五年）と小説「時の崖」（安部、一九六四年）を発表しているし、勅使河原もプエルトリコのボクサーに取材したドキュメンタリー映画『ホゼー・トレス』（I：一九五九年・II：一九六五年）を製作している。そしてカーレースあるいは自動車を走らせることに関しても、二人は並々ならぬ熱意を持っていた。

『一日二四〇時間』に至る勅使河原と自動車の関わりを考えるとき、特筆されるのは、一九六七年公開の『爆走』である。勅使河原のフィルモグラフィからもしばしば漏れ落ちるこのドキュメンタリー映画は、残念ながら現時点ではフィルムの所在がつかめておらず、その内容を確認することはできない。よって、残された資料から分かる情報に限って整理しておきたい。

『爆走』は富士スピードウェイで行われたインディアナ・インターナショナル・チャンピオンレースの記録映画である。ワイドサイズのカラーで、約七十三分の作品。撮影監督は成島東一郎が務め、二十五台以上ものカメラが動員された。企画は協栄プロモーション、製作は勅使河原プロダクション。作家の安岡章太郎が解説を、俳優の小沢昭一がナレーターを務め、音楽はポップミュージックの作曲家として一世を風靡していた浜口庫之助が担当した。

勅使河原はこの映画について紹介する記事で、「テレビの実況中継とはまったく印象のちがった画面」を見せたいと抱負を語っている（勅使河原、一九六六年）。自身も日頃からテレビを通してレースを楽しんでいたことが分かる言葉でもあるが、加えて指摘したいのは、勅使河原が映画を作る際にテレビ番組の演出を強く意識していたということである。そもそも勅使河原の長編劇映画第一作『おとし穴』は、テレビドラマ『煉獄』の映画化であった（共に脚本は安部公房）。『煉獄』の放映を見た勅使河原は、すぐ安部に連絡を取って、映画化を提案している。その際に二人が共有したのは、「風景」の問題であった。勅使河原はテレビドラマが書き割り風のセットを用いていたことに不満を抱き（勅使河原、一九八九年、八六頁）、安部も風景と人物を同等のものと扱うことの重要性を語っている（安部、一九六二年）。当時のブラウン管に映し出された小さく不鮮明な映像では、舞台となった廃坑の風景を充分に活かすことは困難であり、ドラマの中心はあくまで俳優たちであって、風景は人物の背景に過ぎなかった。これに対してスクリーンに投影される映画は、テレビでは表現できない映像の情報量を持ち、それゆえに独自の試みを創作者にもたらすものだったのである。

それでは、『爆走』ではどのような点で、「テレビの実況中継とはまったく印象のちがった画面」が目指されたのだろうか。前掲記事中に挙がっているのは、「ハイ・スピードで走る車を、スロー・モーション撮影するような試み」、「単なる記録的なレース再現の映画にはしないで、現像処理の段階で、カラー表現にも工夫をこらしてみたい」、「ナレーションを通りいっぺんのやり方で画面につけるようなことも、やりたくない」といった点である。こうした主に映像的・音声的な効果については、作品を見ずに分析することはできない。ただ、残されたシナリオから別の側面を見出すこともできそうである（図4）。

シナリオは、インディレースとは一見無縁の光景から始まる。夜の街を跳梁する原宿族の姿である。ジグザグに走る車中からの主観ショットや、ヘッドライトをきらめかせて走る車の外観に、改造車に乗る醍醐味を語り合う男女の声が重ねられ、続いて「自動車とは何だろう　要するにそれは　モノを運ぶための道具です　人間を　荷物を　男を女を　そして風俗を　時代を――」というナレーションが挿入される。ある男女グループを軸に据えながら、原宿に集う若者たちの姿が捉えられていくが、ナレーションは徐々に彼らへの批判的論調を強めていく。「近頃　感心できないものの代表のように言われている〝原宿族〟――彼等に言わせると「車は遊びに絶対必要」――そうでしょうか？　本当は彼らは車にもて遊ばれている　どうもそんなふうにしか見えませんが――」。彼らをこのように規定しつつ、舞台は変わって横浜港の様子へと移る。そこで初めて、貨物船から陸揚げされる自動車が姿を現し、「はるばる海を越えてやってきたのは、インディアナポリス・五百マイルレース――」とのナレーションが入る。レース・スタッフへのインタビューが行われ、メカニックがエンジンルームの内部を見せながら詳細な解説を加え、安全ベルトの重要性などを語っていく。すると再び場面は原宿族へと移り、街道を暴走する彼らの姿に、「こういう連中には一体どんな安全ベルトがあるでありましょう？」といったナレーションが重ねられる。

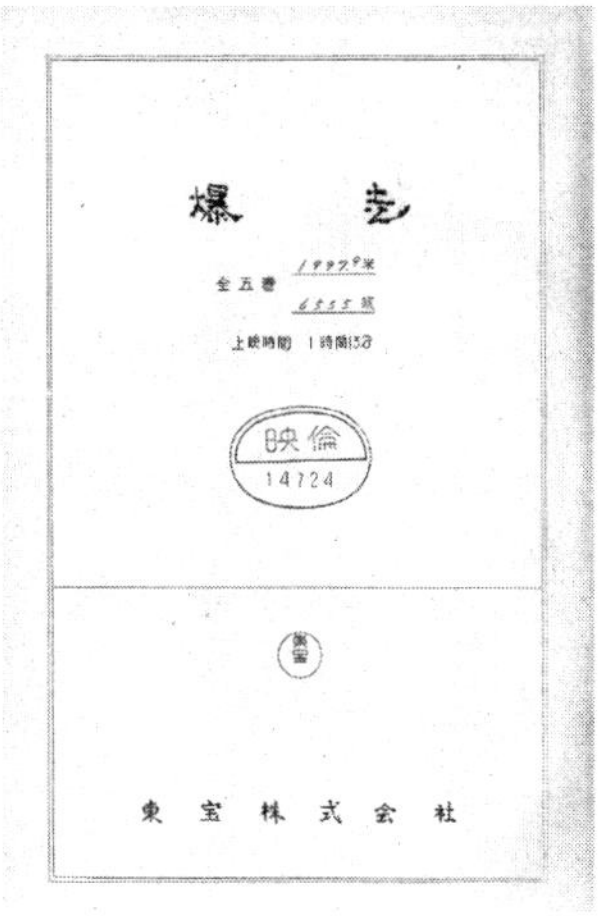

図4　『爆走』シナリオ表紙（財団法人草月会蔵）題字は粟津潔

シナリオを見る限り、『爆走』はインディレースに参加したプロレーサーおよびスタッフと、同時期に流行した原宿族やカミナリ族の姿を、交互にモンタージュする構成を取っている。異なる時空間のドラマを交錯させるのは映画『他人の顔』でも用いられた手法だが、『爆走』の場合は原宿族をネガティヴに捉え、プロの意識や技術の高さを際立たせるために用いており、

図5　『爆走』チラシ表

分かりやすい対称的構図となっている。(6) 若者の風俗への視線は、彼らを「近頃　感心できないものの代表」として捉えるステレオタイプをいくばくも脱していないが、テレビのレース番組で若者の暴走を取り上げることはなかったため、こうした構成がまず映画独自のものであったと言える。

　インディレースのパートでは、コーナーで激しくスピンする車、滑り止めの粉（松ヤニ）を巻き上げて走る極彩色の車、絶妙なコーナリングとギア・チェンジを見せるレーサーの表情などが、ヘリコプターによる空撮も含めて、各所に配置されたカメラによって捉えられた。その中には、たとえばレース中のトラブルで日本人係員に救援を求めたものの、意思疎通がうまくいかずに苛立つ海外選手の姿など、ただゴールまでの距離を縮めるだけではないレースの側面が映し出されている。また、練習中のアクシデントや、徹夜で修理に取り組むメカニックとレーサー、盛大な開会式、レース前の緊張した選手たちの表情、観客席の風景など、レースの前後や周辺にも取材は及んでいる。ジャッキー・スチュアート選手が「気狂いカメラが来たぞ」と話す場面もあり、一般的な取材が入らない場所も含めてカメラが執拗なまでに彼らを追いかけていたことがうかがえる。このレースで優勝したスチュアートのほか、グラハム・ヒル、ジム・クラーク、ビリー・フォスター、マリオ・アンドレッティなど、錚々たる顔ぶれのレーサーたちの姿と声が捉えられた。

複数台カメラの使用や、舞台裏の取材、選手への突撃インタビューなどは、今となってはテレビでも珍しくない要素となっている。むしろ『爆走』は、その後のテレビ番組に継承されていく様々なアイデアを先取りした点で、前衛的なドキュメンタリーであったと評価できるだろう。

一方、原宿族のパートでは、夜の饗宴が半ば馬鹿にしたような視線で捉えられたのち、後半ではインディレースをテレビで観戦する彼らの姿が映し出され、実はドキュメンタリーとフィクションが融合されていたことが分かる。ナレーションは、趣味で自動車を楽しむ原宿族との対称で、「命がけの仕事」としてのレースに出場するプロレーサーたちを称揚していく。

製作者たちの関心はあくまでインディレースの方にあるようだが、原宿族とレーサーとの共通点は、スピードに対する熱狂であろう。シナリオだけではその真意は読み取り難いが、現代人にとってのスピードの意味を、プロの世界と若者の風俗という両面から捉えようとした意図がうかがえる。

なお、『爆走』の結末でも、『一日二四〇時間』と同じく、車輪が登場する。カメラはビリー・フォスターが乗り終えたレースカーのタイヤを捉えてから、出場できなかったマリオの車のタイヤへとパンする。そこに、「たったひとレースで、こんなにもすりへってしまうタイヤ。（中略）勿論、消耗するのはタイヤだけではない。あらゆるものについて云えることです」との言葉が重ねられる。ナレーションは続けて、「ムダと言えば、こんなに大きなムダ使いもないでしょう。しかし、これはまた私たちが、機械文明に依存して暮らしているということへの、一つの啓示でもありましょう」と締めくくり、映画は幕となる。機械文明に依存した現代人の生活を批判しているのか、そのためになぜレースや若者風俗が取り上げられたのか、やはりシナリオを読む限りでは、この作品の意義を摑むことは難しそうである。ただ、最後にタイヤへと注目を向ける構成は、もしかすると『一日二四〇時間』に向かう安部公房に構想の芽を植え付けたかもしれない。

『爆走』をはじめ、勅使河原の自動車に対する関心に着目したのか、親交のあった建築家・前川國男から大阪万博での企画依頼が舞い込んだ。前川は自動車館の設計者であり、プロデューサーも務めていた人物である。勅使河原はスポンサーを得て、再び安部公房との協働映画製作に取りかかることになる。四面スクリーンを駆使して、モンタージュや画面の奥行き、色彩やアニメーション、コンピューター・グラフィック合成、そして時間の操作（スロー・モーションやファスト・モーション）など、先端技術を用いた様々な実験が盛り込まれた。だがこうした表現実験以外の関心対象として、自動車を始めとしたメカニックなものがもともと勅使河原の基底にはあったのである。

メカニズムについて、勅使河原はより広範囲に亘る創作に取り組んでいる。そもそも『一日二四〇時間』が上映されたのは自動車館の第二パビリオンだが、隣接する第一パビリオンには、「エンジン楽器」（勅使河原宏製作）が展示されていた。これは六十台分もの自動車部品を組み合わせて作られた音響彫刻である。エンジンやマフラーなどの音を素材とした電子音楽と、自動車の走行音を重ねた音響が発せられ、パビリオンのテーマでもあった「リズムの世界」が展開された。

勅使河原監督は常に、意に反して生成流動する対象を撮ってきた。『おとし穴』『砂の女』の泥や砂や水はどれも捉えがたく流動するし、そこに住む小動物や虫たちも思いがけず現れて意表を突く動きを見せる。セット撮影が増えた『他人の顔』でも、牛のオブジェにたかるハエを逃さず画面に捉えている。また、俳優の演技にしても、勅使河原は台本から逸脱するハプニングを歓迎していた（友田、二〇一〇年、二〇一三年）。いけばな草月流第三代家元としての活躍も手伝ってか、勅使河原の創作は植物や水をはじめとした自然有機物との関わりが注目される傾向が強い。しかし、有機物だけでなく、無機物の中にも偶発性を見出し、両者の境界を画面上で無化していくところに勅使河原の映画的特徴がある。

一九八一年製作の『動く彫刻　ジャン・ティンゲリー』では、一九六三年に初来日した彫刻家ジャン・ティンゲリーを撮影したリールが再編集されている。ティンゲリーの作品は一般的な彫刻とは異なり、動きを伴う。踊り、跳ね、回転する機械彫刻の表情が捉えられた本作もまた、無機物の有機性、生きている無機物を提示している。複雑で無規律にも見えるその動きは、自由と偶然性の感覚を見る者に与え、さらに「生きている」ことの感覚をも生じさせるのである。

『爆走』のレースなどは、誰が優勝するかはもちろん、死者が出る可能性も含めて、予測不可能な偶然性に満ちた一回性の出来事であった。優勝候補の一人だったマリオ選手の車はトラブルを起こし、出場を見送る羽目になったが、彼はインタビューに、「レース・カーと女は気まぐれなものさ」と応える。最先端の科学工業技術の結晶でもあるレースカーに潜む偶然性も、本作は拾い上げていたのである。

6　おわりに

安部公房・勅使河原宏がなぜ大阪万博で自動車をテーマにした映画を発表したのか。その背景を両者の経歴から探り、ほかの作品との関係性についても考察してきた。『爆走』についてはフィルムの所在が摑めていないため、詳細に分析を加えることはできなかったが、一方で『一日二四〇時間』が様々な思考を導き出してくれたのは、何よりもその映像と音声を視聴することが可能であったからである。「記録映画アーカイブ・プロジェクト」での復元上映が実現したことで、万博での映像展示について再考する種子が蒔かれたはずである。

『一日二四〇時間』復元プロジェクトの進行と時を同じくして、市川崑監督の万博上映作『日本と日本人』のフィルム原版が九州大学の脇山真治によって発見された（脇山、二〇一三年）[7]。上映設備が廃棄されていたため、発見時には上映不可能だったようだが、現在ではデジタル化され、鑑賞可能となっている。ただ、残念ながら、音声原版は失われたままとのことである[8]。

『一日二四〇時間』は、製作関係者や技術者、専門家たち有志の尽力によって、映像と音声の原版が引き継がれ、両者を同期して復元できた、そして作品を観たいと願う観客たちの意志によって再び光りを得た、幸福な万博映画なのである。

付記

本稿は科学研究費補助金若手研究（B）課題番号一六K二一〇七一の成果である。

注

（1）安部公房「ミュージカル・ファンタジー　1日240時間——物体としての人類に関する感傷的方程式」と銘打たれたシナリオが、『安部公房全集』（安部、一九九九年）に収録されている。本章執筆に当たっては、このほかに草月会館資料室所蔵のシナリオも適宜参照した。

（2）映画『公式記録映画　日本万国博』（監督：谷口千吉、一九七一年）とCD『映画音楽　佐藤勝作品集』（第十六巻、日本コロムビア、一九九三年）で、会場の様子や、上映風景の一部と音楽を視聴することができる。

（3）安部の文学的営為において自動車が重要な意味を持った早い例としては、むしろ「道」との関わりが挙げられるだろう。安部はルポルタージュ「道——トラックとともに六〇〇キロ」（安部、一九五七年）で、長距離急行トラックに乗り込んでの取材・考察を展開している。この問題については『運動体・安部公房』（鳥羽、二〇〇七年）に詳しい。

（4）動物学者の本川達雄は、一九七〇年頃に大学で、「生物界には車輪がない。身の回りにある道具類は、よく調べてみると、その原理は生物がとうの昔に発明していたものばかりの中で、車輪は例外的に、人類独自の偉大な発明なんだ」と習ったことを述懐している。（本川、一九九五年）

（5）もっとも、こうした傾向は安部と勅使河原に限ったことではなかったようだ。安部ねりは「父の時代の日本男性の多くが車フェチである。同時に時計が好き、ボクシングが好き、マリリン・モンローが好きである」（安部ねり、二〇一一年、一三六頁）と、この世代の男性の傾向を述べている。

（6）安部公房も、自宅からすぐの多摩丘陵をドライブしつつ、「あたりの丘一面に、ジェット機のような排気音をひびきわたらせながら、ありったけのエネルギーを爆発させていた、あのカミナリ族どもの饗宴」（安部、一九六五年）について書こうとしていたが、そのときには多摩は家庭向けの平和な遊園地に変貌しており、カミナリ族の姿は消えていたようだ。若者を中心とした自動車をめぐる風俗に、安部と勅使河原は強い関心を持っていた。

（7）「大阪万博の映画発見　富士山を超巨大画面で」（『日本経済新聞』web版、二〇一三年六月二十九日付）に掲載された脇山真治の言葉によると、デジタル復元には一億円にのぼる莫大な資金が必要と予想されている。フィルムの数も状態もまったく異なるため比較にはならないが、『一日二四〇時間』の復元に必要となった費用は、調査費を含めても、その数パーセントに過ぎない。

（8）市川崑『日本と日本人（デジタル復元版）』は、二〇一五年十月二十六日に第28回東京国際映画祭日本映画クラシックス出品「市川崑生誕100周年記念上映」で、新宿バルト9にてサイレント上映された。

参考文献

『新潮日本文学アルバム　安部公房』新潮社、一九九四年
安部公房「道――トラックとともに六〇〇キロ」『総合』一九五七年九月号
安部公房「平行線のある風景」『アートシアター』一九六二年六月号
安部公房「酒と車と…」『酒』一九六三年一月号
安部公房「時の崖」『文学界』一九六四年三月号
安部公房「夫婦ドライブ・北海道への一〇〇〇キロ」『旅』一九六四年四月号
安部公房「チャンピオン」『テレビドラマ』一九六五年五月号
安部公房「新日本名所案内六三　多摩丘陵」『週刊朝日』一九六五年七月九日号

安部公房「私の安全運転」『東京新聞』一九六六年二月六日付（談話記事）
安部公房・石本泰博・上浪渡・柴田南雄・杉浦康平・野見山勉、座談会「EXPO'70になにを求めなにを訴えるべきか」『自動車工業』一九六八年三月号（全集未収録）
安部公房「私の車」『東京スポーツ』一九六九年八月三十一日付
安部公房「マルチスクリーンの映像と音響」『自動車館報告書』日本自動車工業会、一九七一年
安部公房「ミュージカル・ファンタジー　1日240時間——物体としての人類に関する感傷的方程式」『安部公房全集』第二十三巻、新潮社、一九九九年八月
安部ねり『安部公房伝』新潮社、二〇一一年
アラン・コルバン『風景と人間』小倉孝誠訳、藤原書店、二〇〇二年六月、原著二〇〇一年
岡田晋『映像ディスプレイ』ダヴィッド社、一九七一年
小松左京「SFと未来学」『今週の日本』一九六九年九月七日号
小松左京「「機械化人類学」の妄想」『季刊人類学』一九七〇年八月号
勅使河原宏「「爆走」に賭ける！」『キネマ旬報』一九六六年十一月下旬号
勅使河原宏・大河内昭爾・四方田犬彦『前衛調書——勅使河原宏との対話』学藝書林、一九八九年
友田義行「偶然性という作法」、黒沢清・四方田犬彦・吉見俊哉・李鳳宇編『踏み越えるドキュメンタリー　日本映画は生きている第七巻』岩波書店、二〇一〇年
友田義行『戦後前衛映画と文学——安部公房×勅使河原宏』人文書院、二〇一二年
友田義行「文学と映画の〈偶然性〉論——花田清輝・安部公房を基点に」『フェンスレス』二〇一三年三月号
友田義行「安部公房と日本万国博覧会——勅使河原宏との協働最終章」、鳥羽耕史編『安部公房　メディアの越境者』森話社、二〇一三年
鳥羽耕史『運動体・安部公房』一葉社、二〇〇七年
野村紀子編『プロダクションノート　勅使河原宏・映画事始』studio256、二〇〇七年
マーシャル・マクルーハン『人間拡張の原理——メディアの理解』後藤和彦・高儀進訳、竹内書店、一九六七年、原著一九六四

年
宮西忠正『安部公房・荒野の人』菁柿堂、二〇〇九年
村山匡一郎編『映画史を学ぶクリティカル・ワーズ』フィルムアート社、二〇〇三年
本川達雄『ゾウの時間ネズミの時間』中央公論社、一九九五年
山口果林『安部公房とわたし』講談社、二〇一三年
脇山真治「日本万国博覧会の展示映像のアーカイブの契機となる日本館上映フィルムの原版を発見！」『九州大学PRESS RELEASE』二〇一三年六月十三日付
無署名「大阪万博の映画発見　富士山を超巨大画面で」『日経新聞』二〇一三年六月二十九日付
Tomoda Yoshiyuki, Le rôle de la tradition dans la phase finale des mouvements artistiques d'avant-garde durant l'après-guerre : le film de l'exposition universelle d'Osaka par Abe Kôbô et Teshigahara Hiroshi'translated by Antonin BECHLER, La tradition dans le cinéma japonais, edited by Antonin BECHLER, Virginie FERMAUD, Sandra SCHAAL, Presses Universitaires de Strasbourg, 2018.

第11章　パビリオンから見た大阪万博

暮沢剛巳

1　パビリオンから見た大阪万博の概要

大阪万博の通称で知られる日本万国博覧会は、日本はもとよりアジアで初めて開催された国際博覧会である。一九七〇年三月十四日—九月十三日の計百八十三日間に亘り、大阪府千里丘陵を会場として開催されたこの万博には七十七カ国と四つの国際機関が参加し、当時史上最高の約六千四百万人の観客動員を記録するなど、空前の盛り上がりを見せた未曾有の国家事業でもあった。多くの参加国や参加企業にとって、万国博覧会とは自国や自社の最新技術をPRするための格好の舞台であり、当然ながらこの大阪万博でも多くの最新技術が披露された。なかでも目覚ましかったのが映像の分野であり、万博開催から半世紀近く経た今もなお検証に値する事例が少なからず存在する。長らく埋もれていた戦後の様々な記録映像を発掘、検証することを目的とした「記録映画アーカイブ」で、「万博とアヴァンギャルド」と題するワークショップが開催されたこと自体がその画期性の証左と言えよう。

本章も大阪万博における映像実験の重要性に着目して構想されたものだが、映像そのものの検証や分析はほかの論者に譲るとして、今回は様々な映像が上映されたパビリオンの方に焦点を合わせてみたい。

多くの読者は、万博会場の俯瞰写真を見たことがあるだろう。現在は公園となっている千里丘陵の万博会場には、約三百三十ヘクタールの広大な敷地に総計百十六のパビリオンが林立し、さながら未来都市が出現した観があった。

七十七カ国と四つの国際機関が参加した大阪万博の中でも、開催前から特に高い関心を集めていたのが、ホスト国の日本と米ソ両超大国の展示であり、この三カ国のパビリオンは三大人気館とも称された。五つの円型のドームを桜の花びらのように配置した日本館は縄文時代から現代までを対象とした「日本文化の発展」という射程の広い展示で人気を博し、ソ連館とアメリカ館は、かたや高さ百九メートルに達する螺旋上のパビリオン、かたや空気膜構造の平べったいパビリオンと対照的なデザインながら、ともに宇宙開発を前面に押し出した展示（よく知られているように、アメリカ館の最大の目玉展示は前年にアポロ12号が持ち帰った月の石であった）でしのぎを削るなど、冷戦時代ならではの競い合いが展開された。

図1　日本館パビリオン
出典：平野暁臣編『大阪万博――20世紀が夢見た21世紀』小学館クリエイティブ，2014年，126-127頁

図2　アメリカ館パビリオン
出典：同書99頁

図3　ソ連館パビリオン
出典：同書100-101頁

他方、単独でパビリオンを構える余裕のない発展途上国には負担軽減策が講じられ、複数の国が同じ施設の中で事務所やスタッフを共有しながらユニット化した小さな展示を行うことができる「インターナショナル・プレース」が提供された。この「インターナショナル・プレース」にはアジア、アフリカ諸国を中心に総計二十九カ国が出展した。このスキームは、後の愛知万博や上海万博でも踏襲されることになる。

企業パビリオンも大阪万博を彩った。大阪万博には旧財閥系を中心に計三十社の企業がパビリオンを構えたが、その多くは著名な建築家を起用し、諸外国のパビリオンを超える予算を投入して実験的な展示を行った。

一方、大阪万博の全く別の側面についても言及しておきたい。多くのパビリオンは夜間も開館していたため、会期中の万博会場は連日煌々とした灯りに包まれていた。その夜景もまた多くの会場写真によってお馴染みだが、実はこの灯りは原子力発電によって供給されたものだったのである。大阪万博が開幕した三月十四日は、奇しくも敦賀原発の営業運転開始日でもあった。万博会場のある吹田市に電力を供給する関西電力は、「万博に原子の灯を！」というスローガンを掲げ、万博開幕に間に合わせる形で原発の建設を急ピッチで進めていたのである。一九五八年にベルギーで開催されたブリュッセル万博では、現在も会場跡地に残る「アトミウム」という原子模型を模した巨大なシンボルタワーが建設され、「夢のエネルギー」としての原子力開発への期待が高まっていた当時の時勢が強く反映されていた。その十二年後に開催された大阪万博では、原子力発電による会場への電力供給が実現し、その理想が断片的に実現されたとも言えるかもしれない。

2　大阪万博における数々の映像展示

大阪万博では国家、企業を問わず多くのパビリオンで映像展示が行われた。三年前の一九六七年に開催されたモントリオール万博で多くの映像展示が行われたこともあり、当時の技術水準での表現の可能性は追求し尽くされたのではないかと映像展示を疑問視する意見も囁かれていたが、蓋を開けてみれば多くのパビリオンでモントリオール万博にも劣らない意欲的な展示が行われた。全天周型のドームやマルチスクリーン、サラウンド式のスピーカーなどを活用して、通常の固定スクリーン方式とは異なる実験的な上映が可能な万博パビリオンは、やはり多くのクリエーターや国家・企業の関係者にとって魅力的な器だったのだろう。

では大阪万博の各パビリオンではいかなる映像実験が行われたのか、まず国家パビリオンからいくつか例を挙げてみよう。

英国館は「英国の伝統」「人類の進歩」「未来への設計」「英国風景」の四部構成からなり、全体を通じて映像を用いた展示が行われていた。写真で確認する限り、床下からの照明が部屋を照らす薄暗い劇場のような雰囲気の展示空間で、壁の上部に設置されたモニターの映像が印象的である。

デンマーク、フィンランド、スウェーデン、ノルウェー、アイスランドの五カ国が共同で出展したスカンジナビア館は、展示室の室内全面にマルチスライド映像を上映する演出が行われていた。実はこの展示室は左右に二分割されていて、左側にはポジティヴ、右側にはネガティヴという対照的な性格の映像が映し出され、観客は両方を見比べて鑑賞する趣向となっていた。「産業化社会における環境の保護」というテーマを反映して、映し出される映像は開発と公害を対照するものなどが多かった。

オランダ館では、マルチスクリーンを活用した「オランダの近代」が展示の目玉だった。これは、二時間三十分の動画と一千枚のスライドを二十分に凝縮したもので、オランダの近代工業国としての先進性を訴える内容となっていた。鏡面を導入した「鏡の間」の上映は大いに刺激的だったようだ。

アルジェリア館は、「白い都市」と呼ばれる首都アルジェのイメージを伝える白を基調としたパビリオンの中で、アルジェリアの風土や文化を伝えるマルチ映像の上映や写真の展示が行われた。

前回のホスト国であるカナダは大阪万博に力を入れて臨んだ国の一つであり、全体で二位の動員を記録したカナダ館のほか、ブリティッシュ・コロンビア、ケベック、オンタリオの三州がそれぞれ独自パビリオンを構えた。なかでもブリティッシュ・コロンビア館は、地域の自然と人々の暮らしぶりを伝える映像展示が多くの観客の耳目を集めた。

多くの興味深い映像展示が試みられたのは企業パビリオンも同様である。電力館では、前方の映像に合わせて実物大の自動車模型が上下左右に動く「空飛ぶ自動車ショー」をはじめ、映像を大胆に用いた引田天功（初代）のマジックショーや短編ドキュメンタリー『太陽の狩人』の五面マルチ上映など、多くの興味深い試みが行われた。

富士グループ館は、圧搾空気で膨張したエアチューブの内部空間がそのまま全天周型のスクリーンとなる仕組みで、特殊なプロジェクターを用いて二本のプログラム映像が上映された。またこのパビリオンで上映された短編映像『虎の仔』は、世界初のIMAX形式によって上映された作品として知られている。

東芝IHI館には、九面のマルチスクリーンが展示室内の空間を取り囲む「グローバルビジョン」が設置され、短編ドキュメンタリー『希望　光と人間たち』が上映された。十八分の上映時間のうち十分は回転しながら鑑賞する仕様だったという。

みどり館は「アストロラマ」が大きな話題を呼んだ。「アストロラマ」とはアストロ（天体）とドラマ（劇）の撞着語で、周囲三六〇度、上下二一〇度の画角で上映される体験型の映像プログラムである。埴輪からアポロ月面着陸に至る様々な場面が登場する「誕生」と「前進」の二つのプログラムで、多くの観客はスリルと興奮を味わったことだろう。

IBM館では「アイ・ビー・エムシアター」の上映が行われ、自動車館では、『砂の女』『他人の顔』『燃えつきた地図』でもコンビを組んだ脚本安部公房、演出勅使河原宏の短編映画『一日二四〇時間』の上映が行われた。

三菱未来館では、巨大なスクリーンにホールで踊る人々の姿を五倍の大きさに拡大して映し出す「シルエトロン」や液晶を用いたパネル型テレビの試作品が公開された。いずれも二十一世紀の現在では当たり前の技術だが、半世紀近くも前の当時は画期的なものだった。

以上のように、多くの国家や企業のパビリオンで興味深い映像展示が行われた大阪万博だが、私が特に注目したいのがせんい館である。

3　せんい館――エロスとタナトスのソラリゼートする場

せんい館は国内の多くの繊維業者の寄り合い所帯である日本繊維館協力会が運営していたパビリオンである。長らく日本の花形産業であった繊維業だが、産業構造の転換に伴い当時は斜陽に差し掛かりつつあった。多くの関係者がせんい館の展示が繊維業界の再浮上のきっかけとなることを期待していたのは確かだろう。

もっとも、「繊維は人間生活を豊かにする」というスローガンを掲げた同館だが、繊維の原料や製品などの展示は一切行われなかった。これはせんい館のコーディネートを請け負った広告代理店・協和広告が前衛的な映像を中心とした展示を強く望んだからである。

せんい館の展示には、松本俊夫（総合プロデューサー兼ドームの創作ディレクター）、工藤充（総合ディレクター）、鈴木達夫（映像ディレクター）、秋山邦晴（音響ディレクター）、今井直次（照明ディレクター）、横尾忠則（造形ディレクター）、植松国臣＋福田繁男（展示ディレクター、途中で辞任し吉村益信＋四谷シモンに交代）、湯浅譲二（作曲）、塩谷宏（音響技師）、遠藤正（スライド映像担当）といった錚々たる顔ぶれのクリエーターが関わったが、この中でも中心的な役割を担ったのが松本俊夫である。一九六七年の暮れに協和広告からせんい館のプロデューサー就任を打診された松本は、展示内容とスタッフ編成をすべて自分に一任することを条件にこの要請を受諾し、準備に着手することになった。

映像作家である松本にはもちろん上映用のプログラム映像の製作が期待されていたが、彼はそれと同時に映像が上映されるパビリオンにも強い関心を持っていた。一般の映画館であれば、映像作品はホールの壁に固定された一面のスクリーンに定型のフレームでしか上映することができないし、音響や座席の配置にも様々な制約があるが、もちろんこのパビリオンにはそんな制約はないので、予算と時間の許す範囲で様々な実験が可能であるからだ。意気込んだ松本は、早速様々な映像実験のリサーチを試みたが、その中でも大きな示唆を与えたのが、ブリュッセル万博におけるル・コルビュジエ＋ヤニス・クセナキスの「フィリップス館」（一九五八年）、ストックホルム近代美術館におけるニキ・ド・サンファルのインスタレーション（一九六八年）、ニューヨークで実験が行われたスタン・ヴァンダービークの「ムービードローム」（一九六三—六五年）などである。これらの映像実験は、いずれもドーム型のパビリオンの内部に全天周型のマルチスクリーン、他方向に向けられた多数のカメラ、サラウンド型のスピーカーを設置し、三六〇度すべての方向に映像を上映するという共通点があった（例えばニキ・ド・サンファルのインスタレーションは、豊満な女性の身体を模した張りぼてをカラフルに塗装し、女性器の部分に入口を設けた刺激的なものだった）。既に触れたように、こうしたマルチプロジェクションの実験は一九六七年のモントリオール万博で盛んに試みられていたのだが、松本は自らテーマと定めた「エロスとタナトスがソラリゼートするバロック的な時空間」を実現するべく多くの試行錯誤を重ねたのである。

一方、パビリオンの設計を担当したのはグラフィックデザイナーの横尾忠則であった。横尾は日宣美展や東京国際版画ビエンナーレで多くの受賞を重ねるなどその作品は既に高く評価されていたし、またアングラ演劇に深く関わるなど狭義のデザイナーの枠を打ち破る活動によっても注目されていたが、さすがに建築物のデザインは初めての経験であった。建築の門外漢である横尾にパビリオンの設計を委ねたのは、総合ディレクターとして全体の指揮をとって

図4　せんい館パビリオン
出典：同書145頁

いた松本の方針によるものだった。松本は、半年間の会期終了後には取り壊されるパビリオンの設計に専門の建築家を起用する必要はないと考え、それよりも「エロスとタナトス」というテーマの造形を優先して、それに最もふさわしいデザイナーとして横尾を抜てきしたのである。

設計の手順としては、まず横尾が原案を構想し、それをほかのスタッフと協議して若干の修正を行い、施工業者であった大林組の設計士が図面化するという段取りで進められた。こうして、いくつかのアイデアが浮かんでは消え、プライマル・ストラクチャーのような楔形の土台から、赤いドーム状の建物が突き出ているパビリオンのデザインが決定された。ちなみにこのドームは「クラインの壺」の原理が応用され、内と外の区別のない表裏一体の建物として構想されたものだった。

他方、せんい館のパビリオン写真を見ていると、赤いドームの周囲には建設途中に設置された工事用の足場が竣工後も残されていることがわかる。パビリオンの右手前方に設けられた巨大な看板についても同様だが、これが意図的なものであることは、足場の上に作業員をかたどった等身大の人形を載せていることからも一目瞭然だ。実のところ横尾は、「偽のお祭りを演出しようとしている」、「名だけの明るい未来にうんざり」、「万国博のテーマ〈進歩と調和〉はニセものだと思う。むしろ万国博は人間性をそこなうものではないか」など、かねてから万博に対して否定的な発言を繰り返していた。当時の万博反対の思潮はしばしば「ハンパク」と称されたが、横尾も紛れもない「ハンパク」を標榜する一人だったのである。松本の誘いに応じる形で万博に参加することが決定した後も、無条件で参加するわけにはいかないというハンパク思想とモノづくりに関わりたいというクリエーターとしての本能のせめぎ合いに悩み続けたことは容易に想像できる。パビリオンの足場は、そうした心境を反映したものだったと言えよう。

横尾の「ハンパク」思想は、同様にせんい館のドームディスプレー構想図にも認めることができる。横尾は「エロスとタナトス」というテーマに即した多くのラフスケッチを描いたが、その多くは成人女性が股を広げたエロティックな構図のものであり、また同様の構図の模型を壁に塗り込めるかのようなデザインが為された。パビリオンの内容には口を出さないことを約束していた繊維館協力会も、これにはさすがに過激すぎると判断してか修正を要求したため、最終的には蛍光塗料を塗った模型を壁に設置する形で決着した。

一方松本は、プロデューサーとしての統括業務と並行して館内で上映する映像作品の製作も進めていた。多数の観客が押し寄せ、短時間で退出していくパビリオンでの上映に合わせて、作品の上映時間は短くなければならないし、またマルチプロジェクション方式での上映に対応するため、映写や音響の入念なチェックを繰り返す必要があった。また当の松本が海外の新しい映像実験の動向を研究して可能な限りそれを作品に反映したいという強い意向を持っていたため、撮影スケジュールは開幕ギリギリまで遅延することになった。

こうして、辛うじて万博の開幕に間に合うタイミングで、せんい館パビリオンの上映作品『スペース・プロジェクション・アコ』が完成した。約十五分の短編映像で、「アコ」とはその作品に登場する女性キャラクターの名前である。二〇一四年の春、私はこの作品を自分自身がパネリストの一人として登壇した「記録映画アーカイブ」のワークショップで、初めて全編通して見る機会を得た。そもそもこの作品が公の場で上映されたこと自体、大阪万博の終了後初めてのことだったという。映像にこれといった物語はなく（丁寧なことに、万博会期中のせんい館ではそのことを告知するアナウンスが流れていた）、光学的な刺激を伴った映像が次々と明滅を繰り返すだけだったが、観客の知覚を攪乱し、「感覚と精神の間をはげしくフィードバックするサド・マゾヒスティックな恍惚感」を演出しようとする意図は伝わってきた。全天周型のマルチスクリーンで、凝ったデザインの会場との相乗効果を体験しなければこの作品本来の意図は理解できないのかもしれないが、とりあえず映像を見る機会に恵まれただけでも良しとすべきなのかもしれない。

ほかの部分にも目を転じてみよう。主会場であるドームの隣には、対照的な二つの部屋が設けられていた。この二つの部屋は、間取りはもとより、室内に配置されていた家具の大きさや形状まで全く同じなのだが、片方は白一色で統一されており、もう片方はサイケデリックな色彩で埋め尽くされていた。「ホワイト・ワールド」と「カラフル・ワールド」と命名されたこの二つの部屋は、前衛芸術グループ「ネオダダイズム・オルガナイザーズ」の中心人物であった吉村益信が手がけたものだった。

またエントランスの部分には、薄暗い空間の中に山高帽をかぶり、フロックコートを着た約二メートルの黒ずくめの紳士像が計十五体立ち並び、人形の合間を繊維に見立てた赤いレーザー光線が通過するという演出が行われていた。「ルネ・マグリットの男」というこの像を制作したのは四谷シモンである。彼は当時、状況劇場の女形役者として活躍していたのだが、この作品制作を機に人形作家へと転身していくことになる。

また横尾は、本職のグラフィックデザインの分野でもせんい館のポスター制作を手がけた。薄暗い画面の中にはライトアップされたせんい館のドームが浮かび上がっており、またその手前には和服を着た女性の一群が描かれている。横尾と親しく、この年の十一月に割腹自殺を遂げた三島由紀夫は、このポスターを見て「空襲の夜を思い出す」と呟いたという。

驚異的な動員を記録した大阪万博の中で、「記録映画アーカイブ」のワークショップにおける筒井武文の発表によるとせんい館は相対的に不入りであり、また当時の報道も批判的なものが多くを占めたが、その後再評価が進み、近年では大阪万博を回顧する展示では決まって取り上げられるものの一つとなっている。

4　ペプシ館——実験的展示の顚末

一方、ほかのパビリオンとは一線を画し、映像を一切用いない展示によって注目を集めたのがペプシ館である。文化活動に熱心な企業として知られていたペプシ社はいち早く大阪万博への参加を表明したが、一九六四年のニューヨーク世界博で計上した多額の赤字を引きずり、緊縮予算でのやりくりを迫られていた。

一九六七年にペプシコ社の副社長に就任したデヴィッド・トマスは、映像展示はモントリオール万博で飽きられてしまったのではないかと危惧して、会場内にプログラミングしたロック音楽を流すマルチメディア・ディスコティック方式を採用することを決定する。ただ予算の兼ね合いで著名なロックグループを招聘することは不可能だったため、会場の演出はビリー・クルーヴァー率いるE.A.T.へと委ねられることになった。

E.A.T.はExperiments in Arts and Technologyの略称で、一九六〇年代後半に結成された非営利の前衛芸術グループである。スウェーデン出身のクルーヴァーはベル電話研究所に所属するエンジニアであったが、若い頃からアート志向が強く、多くのアートプロジェクトにも関わった経験を持ち、一九六六年には著名なアーティストであったロバート・ラウシェンバーグとの共同で、アートとテクノロジーの融合を試みたイベント「九つの夕べ」を開催し、成功を収めた。E.A.T.は緩やかな専門家集団といった趣のグループだったが、この時点でメンバーは一千人以上に膨れ上がっていた。

図5　ペプシ館パビリオン
出典：同書140頁

ベル研究所を退職し、正式にE.A.T.の会長に就任したクルーヴァーは、開幕まで残り一年半に迫った大阪万博の準備に奔走する。既に決定していたマルチメディア・ディスコティック方式の演出を効果的に行うため、会場を開放型のオープン・エンドとして観客の流動性を高めることにし、また当初の方針通り映像の上映は一切行わないことを再確認した。

他方、契約の関係でパビリオンの建設には竹中工務店が当たることになったのだが、竹中のデザインしたドーム型のパビリオンは、明らかにモントリオール万博においてバックミンスター・フラーが設計した「ジオデシック・ドーム」の影響下にあった。音響の問題なども含めて、E.A.T.のメンバーの多くはパビリオンのデザインに強い不満を持っていたのである。

パビリオンのデザインに不満を持っていたメンバーの中には、霧や雲でドームを覆って見えなくしてしまえばいいという者もいた。そこでクルーヴァーが白羽の矢を立てたのが、当時東海岸で活動していた中谷芙二子である。若手アーティストとして頭角を現していた中谷だが、実は彼女は世界で初めて人工雪の製造に成功した科学者・中谷宇吉郎の次女に当たり、霧についても豊富な知識を持っていた。そのことを知っていたクルーヴァーは、彼女なら霧でドームを覆うというとっさの思いつきを実現してくれるのではないかと期待したのである。クルーヴァーの提案に魅力を感じた中谷はこの誘いを快諾してE.A.T.に参加し、以後現地コーディネーターとして日本に不慣れなほかのメンバーの活動をサポートしつつ、ドームを霧で覆うアイデアの実現に着手した。

人工霧を発生させるにはいくつかの方法があるが、安全管理やペプシコ社の意向などを踏まえると噴霧装置を使用する方法以外の選択肢はなかったため、苦心の末に中谷は高出力のジェット式噴霧装置の開発に成功する。これは毎時四十一トンもの水を消費する大がかりなものだったが、テスト段階をのぞけばこれといったトラブルもなく、ペプシコ社の社長が自宅への装置設置を強く望んだというエピソードも残っている。大阪万博以後、中谷は、この噴霧装置を用いた作品を世界各地で数多く手がけ、「霧の彫刻家」として知られるようになる。

その他、パビリオンの周囲を取り囲んだ彫刻からビーム上の光線が放たれ、幻想的な雰囲気を醸し出す演出なども行われた。

もっとも、ペプシ館では会期中に多くのプログラムが予定されていたのだが、その大半は実現されることはなかった。開幕間もない頃に行われた土方巽の舞踏公演をめぐって、ダイナミックな演出を志向するE.A.T.とパビリオンの保守管理を最優先に考えるペプシコ社との間で意見が対立、その後も関係は修復されずE.A.T.がペプシ館からの撤退を表明してしまったからだ。それは万博の開幕からわずか四十日後のことだった。ペプシ館でのプログラムには多くのアーティストの参加が予定されていたので、実現の機会を逸したことは残念だが、開幕当初の段階でかなりの予算超過となっていたことにペプシコ社が強い不満を募らせていたため、仮にこのことがなくても、両者の関係は遅かれ早かれ決裂していたに違いない。多分にエキセントリックな実験的展示の顛末であった。

5　会場計画から考えるアヴァンギャルド

さて、「パビリオンから見た大阪万博」というタイトルに引き寄せる上では、全体の会場計画についても一瞥しておく必要があるだろう。万博会場が大阪に決定したのは、もちろん対の関係を為す国家事業であるオリンピックが東京開催だったため、地域バランスを取る必要があったからである。会場に決まった千里丘陵は、一九六二年より千里ニュータウンの入居が開始されていたが、交通インフラがまだまだ未整備だったため、万博に合わせて整備が進められることになった。万博やオリンピックのような大規模な国家事業に合わせて都市環境を整備するという発想は、二十一世紀の現在も依然として健在である。

一九六五年に大阪万博開催が正式に決定した後、会場計画は京大の西山卯三と東大の丹下健三の二人が担うことになった。前者が前半を、後者が後半を担うという役割分担である。京大と東大で役割を分担するという決定はいかにも官僚的だが、実質的には大規模な会場計画をまとめる手腕に優れていた丹下が全体を掌握し、西山の関与はメイン会場である「お祭り広場」の命名など一部にとどまることになった。東京オリンピックで二つの屋内競技場のデザインを担当した丹下は、続く大阪万博でもメインの会場計画を手がけ、国民的建築家としての評価を不動のものとしていく。

丹下は当時ユーゴスラビア連邦（現マケドニア共和国）のスコピエの都市計画を手がけるなど、「都市のコア」に多大な関心を寄せており、万博の会場計画にもその関心が強く反映されることになった。三大人気パビリオンと称された日本館、ソ連館、アメリカ館はそれぞれ敷地の東端、北端、南端に配され、また中核部に設けられた全長約三百メートルのゾーンには巨大な大屋根が架けられ、それを取り巻くようにテーマ館、万国博ホール、万国博美術館、水上

図6　夜のお祭り広場
出典：同書187頁

ステージ、国際バザール、エキスポタワーなどの基幹施設が配置されることになった。このゾーンこそ、西山が「お祭り広場」と命名したメイン会場である。丹下は情報によってコントロールされる未来都市を出現させることを意図しており、当時丹下の下で会場計画に携わっていた磯崎新はその意図を「インヴィジブル・モニュメント」と呼んだ。

他方、丹下のこのアイデアには、クリスタルパレスやエッフェル塔のようなモニュメントによって会場全体を統制する従来型の万博からの脱却を意図した側面もあった。丹下は大阪万博が「エキスポジション」ではなく「フェスティヴァル」であることをしきりに強調している。この特有の言い回しのニュアンスを正確に汲むことは難しいが、大阪万博には欧米先進諸国だけでなく多くのアジア・アフリカ諸国も参加しており、その状況に対応した新たな情報都市のコンセプトを必要としていたことは確かだろう。

「お祭り広場」に架けられた屋根は長さ二百九十二メートル、幅百八メートルと非常に巨大で、これを六本の組柱で支える構造となっていた。このメガ・ストラクチャーは明らかに一九五五年に開催されたワックスマン・ゼミナールで提唱された「スペースフレーム」の延長線上にある。ほかにも、この大屋根の構造にはヨナ・フリードマンの「空中都市」やセドリック・プライスの「ファン・パレス」の影響が指摘されるなど、万博会場に新しい情報都市を造形すべく丹下は様々な試行錯誤を繰り返していた。

未来都市と言えば、注目すべきが空中テーマ館の展示であろう。空中テーマ館は大屋根の上階に設けられていたパビリオンで、地上とはもともとはエレベーターとして建てられた「太陽の塔」と連結されていた。ここには、黒川紀章や神谷宏治らの住居カプセルのほか、フリードマンをはじめ、モシェ・サフディ、ハンス・ホライン、ジャン・カルロ・デカルロ、クリストファー・アレクザンダー、アーキグラムなど当時世界の最先端で活躍していた建築家たちの作品が展示されていた。

大屋根の下の「お祭り広場」の演出を担当したのは磯崎新である。彼は持論である「インヴィジブル・モニュメント」の本質は「環境」にあると考え、「デメ」と「テク」と名付けられた二台のロボットを用いた様々なプログラムを実演した。私自身何度か指摘したことがあるが、当時「環境」という言葉のニュアンスは現在とは大きく異なっており、「実験」や「開発」とほぼ同様の意味で用いられていた。当の磯崎自身、万博の数年前に開催された「空間から環境へ」という展覧会に深く関わっていたから、そのことを強く自覚していたはずである。その「空間から環境へ」展の口上では、磯崎は「エンバイラメントの会」名義で「今日では、作品を見る観客や監修自身にも、以前のように、しずかに作品と対話するための安全地帯が保証されているとは限りません。傍観者あるいは自己満足した鑑賞者であった観客自体も自己崩壊を余儀なくされ、積極的にあるいは消極的に、作品が生み出す場にまきこまれ、のみこまれ、参加することが必要とされます」と述べ、観客を巻き込む必要性を強調していた。大阪万博では、「見る者と作品とのすべてを含んだ動的な混沌」としての「環境」がより大規模な形で実現されたのである。

こうした前衛的な志向は、ほかのパビリオン建築でも随所にうかがわれた。例えば、タカラ・ビューティリオンは黒川紀章が設計を手がけ、「美しく生きる喜び」というテーマを掲げたパビリオンだが、鋼管フレームにステンレスのカプセルを取り付けたユニットはすべて工場で製造され、わずか七日間で組み立てを完了したというそれは、都市の活発な新陳代謝を訴えるメタボリズムの理念に即したものでもあった。館内では、一柳慧の電子音、横尾忠則のイラスト、コシノジュンコのユニフォームなどが採用された。

「グローバルビジョン」の上映で人気を集めた東芝ＩＨＩ館は、「光と人間たち」というテーマを掲げ、これまた黒川紀章が設計を担当した。パビリオンの写真を見ると、テトラユニットと呼ばれる鉄製の三角形ピースの黒い構造体が、直径四十メートルのオレンジ色のドームを抱え込んでいることがわかる。これは「未来は森のようだ」という詩的イメージを造形したものであった。

もっとも、万博に参加した国家や企業のパビリオンの多くは著名な建築家を起用した前衛的な工法やデザインで建てられていたが、これらを「前衛的」と称する意見は当時ほとんど聞かれなかったし、今回の「記録映画アーカイブ」のワークショップがその典型だが、それを「前衛（＝アヴァンギャルド）」という観点から再評価する試みが行われるようになったのもごく最近のことに過ぎない。この点に関して、例えば美術評論家の椹木野衣は、大阪万博の会場に出現した一群のパビリオンを「奇矯」と称している。椹木によれば「本来であれば前衛と記されてよい実験的な工法で建てられた建築群であるにもかかわらず、そこには、一向に前衛の匂いがしないのだ。ましてや前衛が根源的に抱え込んでいるはずの、近代の文明に対するニヒリズムを感じ取ることは、とうていできない。かわりに漂うのは、一切の影を失った徹底的な明るさである」という。私はこの指摘には必ずしも同意しないが、ただ「奇矯」という形容には妙に心惹かれてしまう。

既に述べたように、万博のパビリオンは半年の会期終了後ほどなく取り壊される運命にある。もちろん大阪万博も例外ではなく、ほとんどのパビリオンは跡形もなく消え失せ、かつてのメイン会場である「お祭り広場」には、「太陽の塔」だけが今もひっそりと立っている。この事実を前にして、多くの人々は、かつての私と同様に、「太陽の塔」

は当初からモニュメントとして恒久設置の予定で建てられたものだったと考えるに違いない。「太陽の塔」という建物や作者である岡本太郎の現在の圧倒的な知名度からすればそれも無理からぬ話だ。しかしそれは事実ではない。恒久設置が予定されていたのはシンボルタワーとして建てられたエキスポタワーの方であって、大屋根の下で地上と空中テーマ館を結ぶエレベーターに過ぎなかった「太陽の塔」は解体されることが決まっていた。当初の計画はいつしか変更されてしまったのである。

エキスポタワーを設計したのはメタボリズムの建築家である菊竹清訓であり、当然ながらその「奇矯」な明るさにはメタボリズムの要素が色濃く反映されていた。しかし当時の先端的な思潮は時代の潮目の変化によって急速に色褪せ、同時に「奇矯」な明るさも失われていく。一方、「太陽の塔」のデザインは縄文的、こういってよければ反時代的であり、近代文明に対する暗くて強いニヒリズムを宿している。「奇矯」な明るさとほとんど無縁の造形は、時代の移り変わりにもほとんど影響されなかった。そしてそれはまた、晩年はテレビタレントとしての「奇矯」な言動によってイロモノ扱いされていた岡本太郎が、死後になって急速に評価が高まり、国民的作家として神話化されていくプロセスとも並行関係にあった。当初の計画が変更された経緯の詳細についてここでは立ち入らないが、椹木の指摘する「前衛」と「奇矯」の関係がこの変更に対して重大な示唆をもたらしてくれることは確かである。

一方、「一向に前衛の匂いがしない」という指摘は、愛知万博との比較という別の視点を導入することによって大きく様相を変えることになるだろう。大阪万博以来久々に日本で開催されたこの国際博覧会は、「人類の進歩と調和」と「自然の叡智」というテーマはもとより、多くの点で対比的な性格を持ち、三十五年という歳月の経過を否が応でも感じさせる。両者を対比する試みは既に様々になされているが、ここでは論点に即して二つの国家パビリオン、ソ連館＝ロシア館とスイス館の比較にとどめよう。

大阪万博のソ連館は敷地面積二万平方メートル、延床面積二万五千平方メートルを有し、延床面積に関してはホスト国の日本館をも上回る随一の規模を誇っていた。高さは最高で百九メートルに達し、地上三階地下三階の建物には八十メートルの吹き抜けをはじめ、コンサートホールや映画館が設けられ、連日多彩なイベントが開催された。

ソ連館の最大の売り物は、八十メートルの吹き抜けを最大限に利用した宇宙開発の展示で、ガガーリンの肖像やソユーズやボストークなどの宇宙船を吊るして浮遊感を演出していたほか、レーザー光線も用いられていた。モスクワ市建築計画総局が設計したパビリオンはプレハブ化された赤い鉄板で表面が覆われ、またパビリオンの頂上には鎌とハンマーが掲げられ、共産主義のアイコンとして強いインパクトを残した。こうした演出が好評を博し、三大人気パビリオンの前評判に違わず、ソ連館は全体を通じても一位の観客動員を達成したのである。

一方、愛知万博におけるロシア館は、全体との整合性を意識してか「人智圏の調和」というテーマを掲げ、ロシアの森林資源やバイカル湖の自然、ヤクートの動物標本などの展示を行っていた。宇宙開発やナノテクノロジーについても展示を行っていたが、パビリオンは何の変哲もない低層階の建物に観光物産展のような看板を張り付けただけの、「前衛」と呼ぶには程遠い代物だった。これは、ウクライナ館、リトアニア館、コーカサス共同館というほかの旧ソ連諸国のパビリオンにも等しく当てはまる特徴であった。

次にスイス館だが、大阪万博のスイス館は展示ではなく巨大オブジェが主役という異色のパビリオンであった。「光の木」という巨大オブジェはアルプスの樹氷をモチーフとしたとされる独特の造形で、一辺五メートルの正方形の柱からジャングルジムのように延びる白いフレームには三万個以上の白熱電球が取り付けられており、夜になるとその灯りと電子音楽の効果が相俟って幻想的な雰囲気を演出した。巨大オブジェの横の展示館では、「調和の中の多様性」というテーマに即した展示が行われた。

一方、愛知万博のスイス館のテーマは「山」という実にシンプルなもので、「スイスの神話」「ビジョン」「危険と注意」「科学の頂点」「モンテローザ」といういずれも山にちなんだ五つのテーマの展示が行われた。著名な現代アートの作家であるピピロッティ・リストなどの興味深い展示なども行われてはいたものの、これまた何の変哲もない低層階の建物の白いファサードに大きな赤い文字で「山」と書かれていたインパクトの強さの前には、その「前衛的な」印象もすっかり霞んでしまう。

こうして、「一向に前衛の匂いがしない」はずの大阪万博のパビリオンも、それ以後の万博と対比すれば十分に「前衛的」なものに感じられてしまうのはなぜなのか。この落差には、やはり大阪万博と愛知万博の間の三十五年という隔たりが決定的な影響を及ぼしていると言わねばなるまい。「前衛」そのものの検討はこのスペースでは到底手に負えないが、とりあえず大阪万博が開催された一九七〇年の時点では、階級闘争や進歩史観の最前線を担う過激な芸術表現という語源に忠実な理解が辛うじて可能であったことは指摘しておきたい。米ソ冷戦の渦中にあって、学生運動や新左翼闘争がまだ佳境にあった当時の時勢では、前衛はむしろハンパクの側にあり、大阪万博という体制側のイベントに加担すること自体が非前衛的との誹りを免れなかったのである。だがそうした本来の「前衛」の条件がほとんど失われ、最先端の現代芸術が「前衛」と称されることもほとんどなくなった二十一世紀の現代では、例えば愛知万博のようなそれ以降の国家事業と比較すると、大阪万博のパビリオンがいかに「前衛的」であったかが今さらながら自明のものとなる。その意味では、近年の大阪万博の再評価は、「前衛」の歴史性という観点からも考えられねばなるまい。

二〇一五年のディズニー映画『トゥモローランド』の冒頭には、一九六四年のニューヨーク世界博の会場風景が登場する。この会場を訪れた主人公の少年は、地下の迷宮からいつしか「トゥモローランド」という集合的記憶が生み出す未来都市へと迷い込んでしまうのだが、そもそも万博会場自体が多くのパビリオンが林立する仮構の未来都市であるため、現実と集合的記憶の境界は極めて曖昧であった。多くの国家や企業のパビリオンで実験的な映像や音響の展示が行われた一九七〇年の大阪万博の会場でも、映画さながらに多くの観客が現実と集合的記憶の混濁した状態に陥ったであろうことは想像に難くない。その「奇矯」な明るさは、開催から半世紀近くを経てようやくアヴァンギャルドとしての側面を明らかにしつつある。論者の立場の如何を問わず、今後「大阪万博」を論じるに当たっては、アヴァンギャルドという視点の導入は不可欠となるに違いない。

付記

本章の内容は、『オリンピックと万博――巨大イベントのデザイン史』（ちくま新書、二〇一八年）の第七章「万博パビリオン――「日本館」の系譜」と一部重複していることをお断りしておく。また、本稿は、二〇一四年三月十一日に行われた記録映画アーカイブ・プロジェクトワークショップ「第12回戦後史の切断面（3）――万博とアヴァンギャルド」における発表「パビリオンから見た日本万博」をもとに執筆されたものである。

参考文献

『大阪万博1970デザイン・プロジェクト』展カタログ、東京国立近代美術館、二〇一五年
『東京オリンピック1964デザイン・プロジェクト』展カタログ、東京国立近代美術館、二〇一三年
磯崎新『建築のキュレーション』（磯崎新著作集第七巻）、岩波書店、二〇一三年
暮沢剛巳／江藤光紀『大阪万博が演出した未来――前衛芸術の想像力とその時代』青弓社、二〇一四年
椹木野衣『戦争と万博』美術出版社、二〇一四年
豊川斉赫『群像としての丹下研究室――戦後日本建築・都市史のメインストリーム』オーム社、二〇一二年
平野暁臣監修『大阪万博――20世紀が夢見た21世紀』小学館、二〇一四年
堀江秀史ほか『デザイン化される映像――21・5世紀のライフスタイルをどう変えるか』フィルムアート社、二〇一四年
松本俊夫『映画の変革』三一書房、一九七二年
八束はじめ『メタボリズム・ネクサス』オーム社、二〇一一年
横尾忠則『横尾忠則自伝――「私」という物語1960―1984』文藝春秋、一九九五年

吉見俊哉『万博と戦後日本』講談社学術文庫、二〇一一年
Review of Japanese Culture and Society, XⅧ、dec 2011

第12章　大阪万博と記録映画の終わり
――成長の時代と言葉の敗北をめぐって

吉見俊哉

1　成長の時代

万国博覧会は、経済成長の時代の祭典である。万博の原点となる最初の産業博覧会が開かれたのは、一七九〇年代末のパリでのことだが、当時のフランスは、疾風怒濤のフランス革命の大混乱がまだ収束しきってはいなかったものの、時代はナポレオン政権の全盛期へと向かいつつあり、ヨーロッパ最大の人口を擁し、経済発展と国家拡大に向かって勢いづいていた。そうした拡張ムードのなかで最初の産業博覧会が開催され、その後も博覧会は、しばらくの間はフランスの国家発展と不可分に結びつきながら規模を拡大させていくのである。やがて、一八五一年にイギリスが世界初の万国博覧会をロンドンで開き、それを慌てて追いかけるように五五年にパリで二回目の万博が、これに対抗するかのように六二年に再びロンドンで、さらにこれに対するかのように六七年に再びパリでそれぞれ時代を画する万博が開かれていく。英仏の万博競争の時代といえるが、背景として、一八五〇年代から七〇年前後までヨーロッパ全土がかつてない好景気の時代であったことを忘れてはならない。一八四八年革命の混乱と労働者階級の勃興を受けながらも、蒸気船や鉄道、電信など、新しい交通とコミュニケーション手段を伴いながらヨーロッパは経済成長の只中にあり、その右肩上がりの気分は誰よりもナポレオン三世とオスマン男爵が代表していた。

英仏では、この成長の時代が一八七〇年代に暗転し、それから二十数年間の長引く不況に苦しむことになる。フランスは一八七八年、八九年とパリでの万博を開催し続けるが、万博開催の中心地は徐々にその外側のまだ大規模な経済成長の余地を残す国々に移動しつつあった。一八七三年のウィーン万博はその先駆けかもしれないが、十九世紀末から二十世紀初頭にかけて空前の経済成長を遂げたのはアメリカである。そしてまさにこの経済成長に歩調を合わすかのように、アメリカでは一八九三年のシカゴ万博や一九〇四年にセントルイス万博と、壮大な規模の万博が開かれていく。万博の祖国フランスでも、一九〇〇年に空前のパリ万博は再び開催されるが、その成功は、ヨーロッパ経済が世界の帝国主義支配の拡大によって持ち直し、好景気が第一次世界大戦勃発まで維持されたことと関係していた。

こうして見ると、一九二九年の大恐慌からアメリカ経済が立ち直ったことを確認するかのように一九三九、四〇年にニューヨークで世界博が開催され、また戦後になるとアントワープやブリュッセル、モントリオールと次々に欧米諸都市で万博が開催されるようになっていくのも偶然ではない。第二次世界大戦はとりわけヨーロッパと日本にとって壊滅的な出来事であり、一九四五年の時点で世界は荒廃していた。その荒廃から再出発した世界は、一九五〇年代から六〇年代にかけて、アジアや中近東、アフリカのまだ戦時下にあった地域を除き、とくに欧米や日本で人々は戦争が生んだ空白を埋めるかのように空前の好景気を経験していくのである。当然、この右肩上がりの好景気は、万博のようなイベントが大成功する潜在的条件をなしていた。このことは、一九五〇年代から六〇年代にかけて欧米の都市で開かれた万博の華やいだ雰囲気にもある程度は当てはまるのだが、なんといっても一九五〇、六〇年代を通じた戦後世界の経済成長を圧倒的な数の観客動員によって祝福していったのは一九七〇年の大阪万博だった。

つまり、大阪万博を十八世紀末以来の万博開催の世界史的文脈のなかに置くならば、長期的な経済成長が万博開催の条件をなしてきたという一般的傾向がはっきり確認されるのである。逆に言えば、一九七〇年の大阪万博を成功させたのは、決してこの万博が内容的に優れていたからではない。内容面で言うならば、過去の十九世紀や二十世紀初頭の欧米での万博に比して、大阪万博はその主張がはっきりせず、ただ未来礼賛と映像展示中心の企業パビリオンを林立させたお祭り騒ぎに終わったようにも見える。それにもかかわらず、これが六千万人を超える空前の入場者を集め、戦後日本人にとって長く歴史的記憶として残り続ける記念碑的なイベントになったのは、文字通りそれが一九六〇年代の目覚ましい日本の経済成長と一体をなしていたからである。別の言い方をすれば、六〇年代に経済成長を経験していたのは日本だけではない。アメリカでも、ヨーロッパでも、この時代は経済成長が続いていた。しかしこの時期の日本の経済成長は、一九四五年の時点での落ち込みがとりわけ惨憺たるものであっただけに一際目覚ましいものであり、この大いなる成長の波のなかにいた日本人は、この上り調子の時代に適した「お祭り」を望んでいたのである。それは決して、世界の現在を直視し、その困難を真摯に考えるようなものではなく、新しいテクノロジーが可能にする未来像を称揚し、「人類の進歩と調和」を無批判に祝福するものでなければならなかった。

2　知識人の敗北

この多幸症的な気分に溢れた大阪万博で、最初に敗北したのは知識人たちだった。一九七〇年の大阪万博の統一テーマは、言うまでもなく「人類の進歩と調和 Progress and Harmony of Mankind」であった。だが、実はもともと万博の統一テーマを起草する委員会で話し合われていたテーマ骨子は、決して「進歩と調和」という美辞麗句に回収され尽くせる内容のものではなかった。ＢＩＥ理事会で一九七〇年万博の大阪開催が正式決定される六五年九月、日本政府によって二カ月前に設置されていた大阪国際博覧会準備委員会（万博協会の前身）は、大阪万博の統一テーマを起草するテーマ委員会を立ち上げる。委員長は茅誠司（東大前総長）、副委員長は桑原武夫（京大人文研教授）、委員には井深大（ソニー社長）、大佛次郎（作家）、貝塚茂樹（京大教授）、曽野綾子（作家）、丹下健三（東大教授）、松本重治（国際文化会館理事長）、武者小路実篤（作家）、湯川秀樹（京大教授）などの錚々たる名前が並んでいた。これらの人々が同年九月一日に最初の会合を持ち、十月五日、二十日、二十五日と頻繁に委員会を開いていくなかで統一テーマが決められていく。全体のリーダーシップをとった桑原武夫が何度も主張していたことは、ある種の多文化主義であった。桑原は、現代ではもはや「東洋」対「西洋」という対立軸が成り立たなくなっていると主張する。

インドはアメリカより科学でも政治でも生活水準でも、劣っていることは客観的事実です。それをアメリカ風の生活、アメリカ流の科学をやらないからダメだとか、あるいはロシアから見て共産化しないからダメだという風にとらないで、インドにはインド以来のカルチュアがあるという風に変わっていかなければならない。（中略）インドの文化も中国民族の文化も、朝鮮の文化も、アメリカの文化も、アフリカの例えばガーナならガーナなんか、それぞれがそれぞれとしての存在というもの、（中略）多様性を容認しあいながら、それなりにそれぞれが努力して、場合によっては進歩というか発展というか、展開していく。（第一回テーマ委員会　一九六五年九月一日）

このような桑原の考え方を受けて、テーマ委員会で大阪万博が目指すべき中核的なコンセプトとしてまず関心を集めていったのは、松本重治が提案した「Light from Anywhere（光はいずこからも来る）」という言葉であった。これは、一般にいわれる「光は東方から来る」や「光は西方から来る」に対して語られていったもので、西欧近代を普遍化していこうとする西欧中心主義的発想に対するはっきりとした批判が含まれていた。

もう一つ、テーマ委員会で桑原らが繰り返し議論していたのは、二十世紀社会が直面している困難と矛盾に人類の知恵がどのように応じていけるのかという点であった。とりわけ議題となったのは、科学技術文明がもたらした困難と、民族や国家、イデオロギーの間での紛争という二つである。再び、桑原の次のような発言を引用しよう。

世界がめちゃめちゃ、灰でしょう。極端にひどいところだというところからもう目をそむけないで、それを直視していると、そこが世界が悪いと確認する。悪い世界はようなりますかと、こうなって、そこでペシミズムがニヒリズムになるはずだけれども、しかもわれわれはなおそういう知恵の存在を信じる。その知恵の存在によって、人類の未来は救われる（第三回テーマ委員会　一九六五年十月二十日）

テーマ委員会では、桑原以外にも多くの委員が、二十世紀世界に対する危機意識を大阪万博の基本コンセプトに反映させるべきだという思いを持っていた。たとえば湯川秀樹は、科学技術がもたらした問題について、「最近二〇世紀になってからですね、科学技術は非常に進んだ、急激に進んで、非常に深刻な問題がまた出てきたということはですね、非常に重要なこと」と述べ、脳天気な科学技術礼賛に陥らない姿勢が大阪万博では必要だと強調していたし、ベトナム戦争がますます深刻化しつつあったこの時代、東西冷戦と南北の地域格差の拡大に対する問題意識が、大阪万博のコンセプトにも何らかの仕方で反映されるべきであるとの観点も、何度か触れられていた。

こうした人類の危機を集約する語として委員会が採用したのは、「不調和」という言葉であった。基本理念の案文を書いた桑原は、当初は自身も案文で「矛盾」という言葉で表現していた部分を「不調和」に置き換えたと説明している。「矛盾」という語にはややマルクス主義的なニュアンスがあり、そうした傾向のものと見られるのを避けたかったのも理由の一つであった。逆に言えば、桑原や松本、湯川のような主流のリベラル派の知識人でも、大阪万博の主題と考えていたのは、決して人類の「進歩」でも「調和」でもなく、「矛盾」と「不調和」だったのである。

ところが、このように現代世界の「矛盾」と「不調和」をめぐり重ねられていたテーマ委員会の議論は、肝心の結論に向かうところで大逆転を喫することになる。というのも、委員たちの議論が一段落したところで、事務局側から提案されたのは「人類の進歩と調和」というテーマであった。事務局側の言い分は、「調和」は委員会で議論されてきた「不調和」を含み込んだもので、「進歩」は人類の「知恵」と不可分である。つまり「進歩と調和」は、「不調和」と「知恵」を含み込み、その先を示すコンセプトだということになる。

しかし、「不調和」や「人類の知恵」と「人類の進歩と調和」はまったく異なる。前者の根底には、「現代の不調和（矛盾）と人類の知恵（による克服）」をテーマにしようとの合意があり、さらにそのような「人類の知恵」は、文字通り「Anywhere」から現れ出てくるものだという認識があった。ところが、「人類の進歩と調和」となると、「進歩」という言葉の成長主義にすべてが呑み込まれ、委員会で議論されていた現代への危機意識は雲散霧消してしまう。桑原武夫による基本理念の解説文には当初の問題意識が残されているが、そのような解説文まで読み込む人はごくわずかである。結局、「進歩と調和」を前面に出す大阪万博は、科学技術礼賛と成長信仰を強化するだけとなる。

しかも、このように同時代の超一流の知識人の知恵を結集して草案された万博のテーマやサブテーマは、万博に文化的な風味を添えるお飾り的なお題目としてしか扱われなかった。テーマ委員会では、テーマやサブテーマに焦点を合わせたパビリオンを万博会場のポイントとなる地点にいくつか設置し、会場全体のイメージを方向づけるべきだと考えていた。会長の石坂泰三ら常任理事会の理事たちも、その提案に反対ではなかった。常任理事会の場で桑原は、一連のサブテーマの趣旨を説明した後、基本理念を実のあるものにするために、個々のサブテーマに対応した複数の「模範的な」パビリオンを国や協会が主導権を持って建設してほしいと訴え、石坂から「そういうことは、日本の誇りとしてやりたいような気がします」という言質もとっている。ところが事務局は、「テーマ委員会のエッセンシャルなお仕事」と、「テーマ館をつくるかどうかという問題」は別次元のもので、実際の会場づくりは専門のプロデューサーに一任すればいいと考えていた。結局、桑原たちの期待に反し、テーマ委員会が結晶させた万博の基本理念をパビリオンや展示に反映させていく仕組みは何ら確立されなかった。「人類の進歩と調和」だけが「キャッチフレーズ」として独り歩きし、テーマ委員会の委員たちとの意図から離れて科学技術のお祭り騒ぎを正当化した。

マスメディアもしだいに大阪万博を世紀の「お祭り」として宣伝するようになる。たとえば『毎日新聞』は、新しい産業技術の展示を主眼とする万博が限界に達しつつあることを指摘した上で、そうした限界を突破する活路が大阪万博の目指す「お祭り」としての万博にあると論じた。「ただの見世物や理屈だらけの哲学ではなく、博覧会を裸の人間が肩を組んで舞い踊る底抜けの祭りにしよう」とする大阪万博は、「最後の技術博」で「最初の人間博」になるというのである（『毎日新聞』一九七〇年三月二十九日付）。さらに、こうしたマスメディアの論調にあわせ、石原慎太郎、黛敏郎などからも、「祭りはただ祭りである。（中略）多くの人類が万国博という一つの行事のために浪費し、うつつをぬかすことが、どれほど有益なことか」（同前）とか、「日本人は遠慮深かったり、物事をむずかしく考えたりしがちだが、私にいわせれば、万国博の意義なんてめんどうくさく考えるより、にぎやかに、楽しくやったらいい」（『読売新聞』一九七〇年三月八日付）といった発言がなされていく。

3　企業パビリオン群の反復

大阪万博が開催されたのは一九六〇年代から七〇年代にかけて、世界が大きくパラダイム転換していく時代であった。桑原をはじめ、テーマ委員会に集った知識人たちの発言には、そうした同時代的意識が反映されていた。したがって、万博協会事務局をはじめ関係者が真摯に彼らの問題意識を受け止めていれば、大阪万博はアジアで初めての万博というだけでない、国際的にも万博史に新たな地平を拓くものとなったかもしれない。しかし、そうしたリーダーシップを万博協会が発揮することはなく、全体計画は丹下健三らの総合プロデューサーに、個々のパビリオンは出展企業に、そして当然ながら多くの業務が電通をはじめとする広告代理店に任された。「人類の進歩と調和」というスローガンは、あらゆるタイプのパビリオンや展示を大くくりにするには適した言葉だったが、「何のための万博か?」という問いには答えておらず、「お祭り騒ぎ」を超えて何らかの方向づけを万博に与えていくような類の言葉ではなかった。今から振り返るならば、一九七〇年の万博会場に出現したのは、その直前、一九六七年に開催されたモントリオール万博で一挙に広がった映像展示のアイデアを借用したものや、もっと古く、万博にコマーシャリズムが広く浸透する一九三九—四〇年のニューヨーク世界博に倣ったものが多かったと言わざるを得ないのではないか。

このことを最も如実に示したのは、会場に林立していった企業パビリオン群である。それらは全展示区画のほぼ半分を占め、数は三〇館、外資系はコダック、IBM、ペプシコーラ、アメリカン・パーク・コーポレーションの四社だけで、他は国内大企業によるものであった。そのなかには、住友童話館、三井グループ館、三菱未来館、日立グループ館、松下館、東芝IHI館、サンヨー館、富士グループ・パビリオン、古河パビリオン、サントリー館、クボタ館、リコー館、フジパン・ロボット館、自動車館、鉄鋼館、化学工業館、せんい館、電力館、電気通信館など、財閥系企業グループを中心に、産業別連合や公社まで、あらゆる種類のものが含まれていた。万博会場では、これらの企業による展示の数々が、好んでテクノロジーによる「豊かな未来」のイメージを描きあげていったのである。

たとえば、三菱未来館では、「五〇年後の日本」をテーマに展示が構成され、気象コントロール隊が宇宙衛星によって台風を消滅させる様子や、海底油田や鉱山の探査を進める海底開発基地、「個人空間と共同空間をたくみに組みあわせた」二十一世紀の都市が、動く歩道に沿って紹介されていた。電気通信館では、「コンピュータと通信、放送の結合が生み出す新しい未来社会の展望」を描き出そうと、巨大スクリーンを用いた多元放送や無線電話の自由な使用が実験されていた。自動車館では、未来の都市で、一日二百四十時間分の活動ができるようになる神経加速剤が発明されたという想定のもと、忙しく動き回る人々の姿が映し出され、同時に未来の交通システムのモデルとして、コンピュータの指示通り動く小型自動車のサーキットも設置されていた。また、鋼管ユニットをプレハブ式に組み立て、ステンレス製のカプセルをはめ込んだタカラ・ビューティリオンは、未来の居住空間のモデルと考えられていた。台所ユニットや化粧室ユニットから成る一階は、未来の住宅を暗示し、二階では、コンピュータによる美容相談が行われていた。フジパン・ロボット館では、「ロボットの森」「ロボットの街」「ロボットの未来」というセクションに沿って多種多様な未来のロボットたちが並んでいた。さらに松下館には、五千年後の未来に向けて現代生活の品々を入れたタイムカプセルが展示されていた。要するに、どの館もどの館も未来、未来、未来のオンパレードだった。

しかし、この大阪万博の未来博的なありようには、すでに先行者がいた。映像博という意味では、当然ながら一つ前のモントリオール万博との重なりが大きかったが、未来イメージという点では、日米開戦の直前、一九三九年から四〇年にかけて「明日の世界」をテーマに開催されたニューヨーク世界博が影響力あるモデルだった。そこには、ゼネラル・モータース、クライスラー、フォード、ファイヤーストーン、ウェスティングハウス、RCA、ゼネラル・エレクトリック、AT&T、アメリカン・タバコ、USスティール、デュポン、コカコーラ、コダック等をはじめ、大企業だけでも三四の企業パビリオンが広大な会場に立ち並んでいった。これは、会場内の全建築物百十二館（レストラン等は除く）のほぼ三分の一を占め、国家のパビリオン二十二館を大きく上回るものであった。しかも、これらの企業パビリオン群は、会場の中心となる正面のシンボル・ゾーンを囲み、放射状に広がっていた。つまり、博覧会場の中心部分を独占したのである。それに対し、諸外国のパビリオン群は、会場北端の一角を占めたにすぎない。

このニューヨーク世界博でとりわけ人気だったのは、テーマ館とゼネラル・モータース館に展示された二つの未来都市のパノラマであった。まずテーマ館は、「トライロン」という高さ二十二メートルの細長い三角錐の塔と「ペリスフェア」という直径六十メートルの球形パビリオンから構成されていた。ペリスフェアの内部には、観覧のための回廊が何層にも囲む中央に、二〇三九年の都市を表現した巨大パノラマが広がっていた。「デモクラシティ」と呼ばれるこの未来都市は、一万一千スクエアの面積を持ち、百五十万人が居住する放射状のコミュニティである。「センタートン」という名の中心業務地区の昼間人口は二十五万人、中央には管理中枢として百階建ての超高層ビルがそびえていた。周囲には、七十もの衛星都市が広がり、センタートンで働く労働者や管理職が居住する。そのなかには、人口一万の住宅専用コミュニティと人口二万五千の軽工業・住宅混合のコミュニティが含まれ、市街地の間には広大な緑地が確保されていた。そしてはるか彼方には、一帯に電力を供給する水力発電所も設置されていた。デモクラシティの照明は、一日の変化を五分半で表現し、観客は周囲の回廊が一回転する間に未来都市の全貌を見渡していた。

ゼネラル・モータース館の未来都市は、「一九六〇年の都市」をテーマにしていた。この未来都市では、格子状に区画化された都心部に流線型の超高層ビルと低層のビルが林立し、高速道路、車道、歩道は明確に分離され、公園が三分の一の面積を占め、ビルの屋上は庭園やヘリポートに利用されていた。観客は、ベルトコンベアーで運ばれる座席に坐ったまま十五分間でこの都市パノラマをめぐる千六百フィートの観覧コースを周遊できる仕組みになっており、このシステムは一日に二万七千人の入場者を処理することができた。しかも、この観覧ルートの終点近く、座席が「一九六〇年の都市」の典型的な交差点に近づくと、スピーカーからは「まもなくわれわれは、素晴らしい一九六〇年の世界のまさにこの交差点に到着します。一九三九年はもう二〇年前です。すべてのまなざしを未来に！」というアナウンスがあり、観客たちは座席から降りて建物の外に出ることになる。するとそこには、まさしくこの言葉通り、パノラマで見たのと同じ交差点が、パビリオンの中庭に建設されて広がっていたのである。

ゼネラル・モータース館は、数ある企業パビリオンのなかでも最も成功したものだが、同様の未来都市は他の企業パビリオンにも溢れていた。たとえば、USスティール館には、何層もの道路網と超高層ビルから成る未来都市のディオラマをつくり、観客たちが、そのひとつの超高層ビルのバルコニーから見下ろすという設定にした。エディソン館には、無数の摩天楼や高層ビルが連なるニューヨークの未来を描いた巨大ディオラマ「光の都市」が展示されていた。RCA館では、未来の視聴覚メディアとしてテレビが、デュポン館ではナイロンが大衆の眼前に登場していた。

さらにウェスティングハウス館では、皿洗い機がいかに主婦を家事労働から解放するかが実演で示されていた。そして、このウェスティングハウス館の正面には、この博覧会の未来感覚をひときわ象徴的に示すものであるタイムカプセルが展示されていた。五千年間、密閉状態が保たれる特殊金属でできた長さ七・五フィートの砲弾状のカプセルには、歯ブラシや帽子のような日用品から合金や布地の見本、絵画のマイクロフィルムやニュースフィルム、それに八百通の未来への手紙まで、アメリカ的生活様式を示すあらゆる種類の品々が挿入されていた。

ついでながら、この一九三九、四〇年のニューヨーク世界博から二十五年後の一九六四、六五年には、再びニューヨークで世界博が開かれている。この万博は、立地や会場構成から展示の内容に至るまで、明らかに前回の万博を反復していた。前回人気を集めた多くの企業パビリオンが再び建てられ、焼き直しの展示を行っていた。たとえばゼネラル・モータース館には、かつてと同様、座席に坐ったまま十五分で一周する未来パノラマが用意されていた。パノラマの場面は、月面探査や海底探検、ジャングルの探検、未来の人工農場へと変わり、最後に未来都市に至る。ウェスティングハウス館でも、再びタイムカプセルをパビリオンの正面に埋めていた。総じてこの六四、六五年の博覧会でのコマーシャリズムの氾濫は、戦前のそれをはるかに超えていた。巨大な自動車の形をしたパビリオンや巨大なタイヤ状のパビリオンや卵状の壁面に社名を無数に刻んだパビリオン、ソフトクリームをかたどったレストランなど、いずれも建築というよりも広告塔というべき代物であった。そしてこのニューヨーク世界博の企画者としてスター的存在となったのが、ウォルト・ディズニーだった。ディズニーは、博覧会開幕の四年前から、自分のスタジオ内に特別チームを編成して大企業を訪問させ、世界博での展示をプロデュースする話をもちかけていた。その結果、ゼネラル・エレクトリック館の「カルーセル・オブ・プログレス」、フォード館の「マジック・スカイウェイ」、ペプシコーラ館の「イッツ・ア・スモール・ワールド」、イリノイ州館の「ミスター・リンカーンとの偉大なひととき」の四つが、ディズニー・スタジオのプロデュースによる展示として登場し、博覧会の人気を独占していく。ここで開発された多くの技術は、その後のロサンゼルスやフロリダ、東京のディズニーランドで生かされていくのである。

このような流れのなかに置いてみると、一九七〇年に日本人を熱狂させた大阪万博は、少なくとも林立した企業パビリオン群に関しては、ニューヨーク世界博の焼き直しにすぎなかったことがわかる。たとえば、ニューヨーク世界博におけるウェスティングハウス館のタイムカプセルと大阪万博における松下館のタイムカプセルの類似は明白で、松下館は臆面もなくウェスティングハウス館のアイデアを借用したのである。また、三菱未来館の未来都市は、ペリスフェアやゼネラル・モーターース館の未来都市の焼き直しにすぎないとも言えた。超高層の管理された未来都市と電気エネルギー、様々なコミュニケーション技術と交通システム、それにロボット、機械化された合理的な生活様式と都市環境を理想化する点において、一九三九、四〇年の理想と七〇年の理想は重なっていた。一九二九年の大恐慌の悪夢からようやく解放されつつある時代に開かれたニューヨーク世界博と、一九六〇年代の高度成長の時代の頂点で開かれた大阪万博の間には、約三十年の時差を越えて多くの反復が見られるのである。おそらく違いといえば、ニューヨーク世界博のほうが大阪万博よりもはるかに明確に、共産主義に対する資本主義の優越を示す広告的装置としての意図を帯びていた点であろう。世界恐慌からわずか十年で、アメリカ経済は持ち直しつつあった。だが、新たなる恐慌の不安から解放されたわけではなく、資本主義の魅惑を大衆に訴えていく装置として万博は有効な手段であると考えられていた。このようなイデオロギー的側面は、たとえばウェスティングハウス社をスポンサーとして製作されたニューヨーク世界博の映画『ミドルトン一家、ニューヨーク万博に行く』に露骨な仕方で表現されている。

4　爆発だ！

万国博覧会の歴史とは、つまるところ進歩主義、帝国主義、そして資本主義のイデオロギー装置としての歴史である。十九世紀末には帝国主義の万博が前面化し、一九三〇年代以降は資本主義の装置としての万博が前面化した。十九世紀以来、欧米で万博を企画し、これに参加する国家官僚や知識人、企業家たちは、こうした万博のイデオロギー性に自覚的だった。たとえばウォルト・ディズニーは、資本主義の狡猾な先導者であり、彼のディズニーランドには帝国主義や資本主義の世界観が巧妙に表明されている。ところがいささか驚くべきことに、一九七〇年の大阪万博では、そうしたイデオロギー的自覚が欠如していたというか、相当に弱かったのである。同時代の知識人たちがこの万博にある種の思想性を盛り込もうとして失敗したことは前述したが、それは何か事務局側に別の思想的意図があって排除されたというよりも、要するに「お役所的事なかれ主義」で、最初から決められたことを決められた通りにする組織体制だったからである。その思考の中身は空虚で、何か自覚的な企図があったわけではない。万博を使って大衆のイデオロギー的教化をしようとしていたというよりも、要するに「万博を開催すること」自体が目標だったのである。だから、「何のための万博か」という問いに、何かイデオロギー的答えがあったのではなく、主催者たち自身も、これは日本の力が世界に認められ、「日本人が自信をつける」ための万博だと考えていた。

この点では、一九六四年の東京オリンピックも同じだったが、オリンピックの場合、すでにフォーマットはがっちり決まっており、裁量の余地は少なかった。開催地側ができたことは、せいぜい金メダルが有力視されていた女子バレーボールを正式種目に加えさせることや、主要スタジアムを丹下健三にデザインさせ、そのモニュメンタルな建築を世界にアピールすることぐらいだった。決められたフォーマットを着実にこなせばいいのだから、これは日本人の得意分野である。しかし、万博の自由度はオリンピックよりもはるかに大きい。万博の基軸としていかなる思想的柱を立て、それを実際の会場に浸透させていくかは、過去の多くの万博で根幹をなす事柄だったが、日本人的な感覚ではそれは堅苦しく、「お祭り」をやってみんなが自信をつければいいではないかということになる。

この底なしの無思想性は、しかし大阪万博に思いがけぬ自由の余地を生んでいた。というのも、大阪万博にプロデューサーやデザイナーとして参加した人々には、六〇年代には反体制的ともいえる活動をしてきた多くの芸術家が含まれていた。たとえば、せんい館の壁面の演出を担当したのは横尾忠則だったし、鉄鋼館では千田是也が舞台プランニングをし、武満徹が音の演出を、宇佐見圭司が光の演出を担当したショーが繰り広げられていた。自動車工業館では、安部公房がシナリオを書き、勅使河原宏が監督した映像作品が上演されていた。ガス・パビリオンでは、プランニング・ディレクターの福田恒存が、自分の主宰劇団が製作した映像を披露し、住友童話館では、市川崑の監督する竹田人形座のあやつり人形の映像が、みどり館では、谷川俊太郎の脚本、黛敏郎の音楽になる「アストロラマ」が上映されていた。三井グループ館では、山口勝弘がプロデュースをし、音楽は一柳慧、インテリアは倉俣史朗が担当していた。そしてフジパン・ロボット館のプロデューサーは、マンガ家の手塚治虫であった。無数の若き表現者たちがパビリオンの演出に参加し、欧米の万博では考えられないようなハプニング的なノイズを発生させていた。

周知のように、安部公房をはじめ、横尾忠則や武満徹、宇佐見圭司、勅使河原宏、倉俣史朗らは、一九五〇、六〇年代の日本のアヴァンギャルドの代表選手である。これはいわばアメリカの万博の主要な企画にジャクソン・ポロックやアンディ・ウォーホール、ジョン・ケージやジャック・ケルアックなどが関与するようなものともいえた。一九三九、四〇年のニューヨーク世界博の場合、企業パビリオンのプロデュースで大活躍したのは工業デザイナーたちであった。ゼネラル・モータース館のデザインを担当したノーマン・ベル・ゲデス、USスティール館など多くのパビリオンを手がけたウォルター・D・ティーグ、デモクラシティの展示を担当したヘンリー・ドレフェス、コミュニティ部門の中心展示を担当したギルバート・ロード、交通部門のレイモンド・ローウィ等々、当時を代表する工業デザイナーたちがこの万博に深く関与した。ところが一九七〇年の大阪万博では、工業デザインや広告と他のいくつかの芸術ジャンル、たとえば美術や音楽、文学との区別はあまり意識されておらず、とにかくデザイナー、アーティストが十把一絡げに活用されたのである。そしてこの曖昧さが、大阪万博に想定外の創造性を生んでいくことになる。

その圧巻は、岡本太郎の「太陽の塔」だった。テーマ委員会の錚々たる知識人たちが、同時代の世界を視野に入れたハイレベルの議論をしながらも、事務局側の介入と本気で闘うこともせず腰砕けとなったのに対し、岡本太郎は万博協会を相手にたった一人で挑戦し、自分の思想を形にして見せたのである。実際、岡本がもともと依頼されていたのは、お祭り広場内のテーマ館のプロデュースで、その中にお祭り広場地下の展示空間と大屋根内部に配置された展示空間をつなぐエスカレーター施設の造形が含まれていた。岡本は、この仮設とされていた付属施設を、大阪万博で最も印象深いモニュメントに変身させてしまう。この塔は、他のほとんどの万博施設が取り壊され、跡形もなくなってしまった後も万博会場に聳え続ける。岡本の芸術的ラディカリズムは、一九六四―六五年のニューヨーク世界博の地球儀をはるかに凌ぎ、一八八九年のパリ万博のエッフェル塔にすら迫るランドマークを生んでいくのである。

椹木野衣は、丹下のお祭り広場の大屋根をぶち抜く岡本太郎のこの「べらぼう」な代物が、「見る者をどこまでも鼓舞し、この相手を前に「なにか」をしでかさずにはいられなくなってしまうような異様な感情を掻き立てる」呪術であったという（椹木、二〇一五年、九五頁）。この岡本の「呪術」に刺激されて、大阪万博開幕間もない一九七〇年五月には、太陽の塔の顔の右目のところに突如として全学連風の男が現れる。彼は「バンパクをつぶせ」とアジ演説を始めたので、周囲は野次馬で膨れ上がり、男はさらに八日間も太陽の塔に籠城する。さらにこの男の報道に刺激されてテーマ館の入口付近に全裸の男が出現、奇声をあげて数十メートルを疾走した。椹木は、このようなハプニングすら岡本の太陽の塔は最初から期待しており、これは彼が作品は一方的に観覧者に見られるのではなく、観覧者を刺激し、彼らに非日常的な行動を喚起させてしまうものこそ芸術だと考えていたからだと論じている。

それだけではない。暮沢剛巳は、この太陽の塔は、実は広島に原爆が投下された瞬間を描いていたのではないかという実に瞠目すべき仮説を立てている（暮沢、二〇一四年、九〇―九一頁）。その意味で太陽の塔は、岡本が大阪万博に関わることになる直前、一九六〇年代半ばに滞在していたメキシコで製作した巨大壁画「明日の神話」（現在は、京王井の頭線渋谷駅構内に設置されている）での、第五福竜丸が被爆したビキニ環礁での水爆実験のモチーフの延長線上にあったことになる。暮沢は、岡本がかつて原爆について語ったこんな言葉を引用している。——「誇らしい。猛烈なエネルギーの爆発。夢幻のような美しさ。だがその時、同じ力でその直下に、不幸と屈辱が真っ黒くえぐられた。誇りと悲惨の極限的表情だ。あの瞬間は、象徴としてわれわれの肉体のうちにヤキツイている。過去の事件としてでなく、純粋に、激しく、あの瞬間はわれわれの中に爆発しつづけている」（倉林、一九九六年）。この発言において、岡本は率直に核のエネルギーに圧倒され、同時にそれがもたらした被爆の悲惨、その悲惨が戦後日本人の身体に「ヤキツイて」いることを確認している。そして、この原子力の両義性が、塔の表側に刻まれた「白い太陽」と、裏側に描かれた「黒い太陽」に表現されていた。この暮沢説に従うなら、岡本は確信犯的に、戦後日本の高度成長を祝賀する祭典の、そのお祭り広場のど真ん中にまがまがしい黒い太陽を配することで、戦後の原点にあった広島と長崎の経験を持ち込んでいたということになる。そうだとするなら、岡本は確実に、言葉だけで敗退した知識人たちよりもはるかにラディカルな実践を成し遂げ、その刻印を今日まで残していることになる。

一九七〇年の大阪万博で、岡本のような「べらぼうさ」や「ハチャメチャさ」により「人類の進歩と調和」というテーマの凡庸さに亀裂を走らせていったのは、独り岡本太郎だけではなかった。心のなかでは万博が謳う「進歩」など信じてはおらず、「調和」よりも「違和」を唱えることに熱心だった多くの前衛が、行きがかりで大阪万博に参加していた。時として、それらの何人かが結託し、万博協会や企業側の思惑を乱暴に超えて驚くほどラディカルな展示空間を生んでもいたのである。松本俊夫、横尾忠則、秋山邦晴、吉村益信、四谷シモンらが参画したせんい館はそうした代表的な事例だった。本書の暮沢論文（第11章）が示すように、ここで松本が試みたのは、何よりもスクリーンのフレームを粉砕することだった。定型的な枠を失い、パビリオンの壁面に飛び散った映像は、観客たちがいる空間全体を映像環境化する。しかも「エロスとタナトス」をテーマにしたその映像はサイケデリックで、六〇年代末のカウンターカルチャーの雰囲気をよく伝えていた。さらに当時のせんい館の外観を眺めると、中心のドームの部分の足場が完成後も組まれたままの姿になっており、それはまるで唐十郎の紅テントの芝居小屋を想起させる。このようなラディカルさは、資本主義のイデオロギー装置であることにより自覚的だった海外のいかなる万博も持ち得なかったものだった。だから、同じ頃に新宿あたりのアングラ芝居に集っていた若者たちならば、このせんい館の外観や松本による『スペース・プロジェクション・アコ』に歓喜してもおかしくはなかったが、その一方で「人類の進歩と調和」の祝祭気分に浸るために万博にやって来た一般観客にとってこれは意味不明、ハチャメチャでわけのわからない展示であったに違いない。こうした反応を予想してか、ご丁寧に会場案内の解説は、（お客様はこの展示を）「お分かりいただいても、お分かりいただけなくても結構でございます」と、突き放したようなアナウンスで始まる。このせんい館における妥協なしの前衛と、そのような展示を期待も想像もしていなかった観客との遭遇は実に興味深い。

他方、自動車館の『一日二四〇時間』は、原作が安部公房、監督が勅使河原宏というコンビが生み出した作品で、「人類の進歩と調和」を真っ向から否定する内容だった。この作品と背景に関しては、本書の友田論文（第10章）が詳細な解説を行っており、付け加えるべきことはほとんどない。この映像でとりわけ印象的なのは、登場人物たちがスクリーンのフレームを越えてパビリオンの壁面を自由に行き来することである。前述したせんい館の『スペース・プロジェクション・アコ』と同じように、ここでもフレームは人物たちの動きによって突破されている。こうした越境行為は作品の至るところに溢れており、加速薬が招いた社会的混乱に嫌気がさした主人公の博士が、新薬製造をストップさせてしまおうとすると、枠外から全学連風の男が現れ、実験室の壁を切り裂いて大衆の手が内部に乱入してくるという場面もある。要点は、先端的な科学技術が結局は大衆的欲望のアノミー状態を招き、自爆せざるを得なくなっていくところにある。技術の発展は、結局のところ人類を幸福にしない。つまりそれによって「人類の進歩と調和」は訪れないのである。『一日二四〇時間』は、このことをはっきりとしたメッセージで伝えているが、万博の公式イデオロギーを真っ向から否定するそうした作品が、高度成長の主役だった自動車産業のパビリオンで上映されていた事実を、私たちはどう考えればいいのだろうか。おそらく、スポンサー企業が展示内容について十分な認識をしていたら、このズレに気づき、何らかの介入をしていたかもしれない。しかし、一九七〇年の大阪万博で、「何のための万博」という問いは、人々の側からのみならず、企業の側でもほとんど問われることがなかった。つまり、ここにおいて万博は、ニューヨーク世界博がそうであったような意味での資本のための祭典ですらなかったのだ。

5　大阪万博と記録映画の終わり

以上で述べてきたように、大阪万博はまず何よりも「言葉」が敗北した万博である。万博に先がけて知識人たちが構想していたテーマ、「光はいずこからも来る」も「不調和」も、万博開幕以前に抹消されてしまっていた。知識人たちは会場で配られる様々なメッセージに自分たちの現代に対する問題意識を書き記したが、それを真面目に読んだ者など、六千万人の万博入場者のなかにほとんどいなかっただろう。人々は万博会場のゲートが開くと、お目当てのパビリオンを目指して疾走し、長蛇の列を作り、ただぽかんと展示品や映像を眺め、最後には「なにを見たかって、わからんなあ。でかい建物があって、人がうじゃうじゃいて、なにを買っても高くて」だとか、「なにを（見たか）なんて聞かれたってムリだよ。オレは「バンパク」を見にきたんだから」（『読売新聞』一九七〇年九月七日付）といった発言を残して去っていった。一九七〇年代以降の日本人は、この空疎な万博体験を高度成長で日本が達成した成功のかけがえのない集合的記憶として再演し続けていく。つまり人々は、それぞれ大阪万博が「自分の人生のなかで何であったか」を語り続けることになるが、そもそも大阪万博が「どのような歴史的課題や考え方を表現した万博であったのか」を語ることは決してなかったし、またそのようなことが必要だなどとは考えもしなかったのである。

だから大阪万博において、テーマの「人類の進歩と調和」の中身が何であるかは、まったく問題にならなかったといえる。最初から空疎な記号として浮遊することを約束されていたこの言葉は、まさに到来し始めていた消費社会の象徴とも言えた。しかし、このような言葉の無力化をあざ笑うかのように、大阪万博では映像作家や造形家が、お仕着せの凡庸さに亀裂を走らせる爆発力を発揮していた。岡本太郎の太陽の塔も、松本俊夫らのせんい館も、安部公房と勅使河原宏の映像作品も、押し寄せた観客たちに意図が伝わったかどうかはともかく、それまでの欧米のいかなる万博も実現し得なかったアヴァンギャルド的達成だったと言える。これら以外にも、三菱未来館に展示された液晶テレビから後年のヴァーチャルリアリティの先駆をなした三和銀行を中心とするみどり館のアストロラマまで、大阪万博には数々の映像技術上の実験があったし、スイス館の繊細な建築からテトラ状の鋼材を積み上げた東芝ＩＨＩ館（黒川紀章設計）、いくつもの円盤が浮いた状態の住友童話館（大谷幸夫設計）などまで、建築上の実験もあった。

だが、大阪万博が映像の万博だったことには、実はもう一つの意味がある。会場で展示の主役を担った数々の映像の他に、そのような会場風景を広報し、報道し、記録した無数の映像があった。これらの映像のいくつかは大阪万博の記録として、その後も繰り返しテレビに流され続けてきた。当然、それらの映像を通じ、私たちは今も大阪万博に集った群衆の表情やふるまい、当時の会場やパビリオンの生々しい情景に接し続けることができる。こうした映像のいくつかは、今もYouTubeなどで視聴可能だが、それらのなかには当時のニュース映像や企業や国が広報用に撮影した映像の他に、一般の来場者が自宅の八ミリカメラで撮影した映像も含まれていた。つまり、一言で万博映像と言っても、撮影メディアが比較的安価になっていたこの時代、①パビリオンのプロデューサーやアーティストが製作した展示映像、②スポンサーによる広報や記録のための映像、③テレビ局やニュース映画社が撮影した報道映像、④会場にやって来た観客が自分のカメラで撮影した映像の少なくとも四つの異なるタイプが存在した。このなかでも観客たちによる映像の多くは無音だが、当時、一般の入場者がどのような視線で大阪万博を眺めていたかが窺われ興味深い。そしてやがて、この種のアマチュアの映像が、プロの映像を圧倒していく時代が来るのである。

こうした溢れんばかりの映像は、しかし戦後的な意味での記録映画の時代の終わりも示していた。大阪万博に際しても、岩波映画製作所等の手でいくつかの記録映画が撮影されていた。日本建築学会特別賞や科学技術長官賞を得、文部省選定にもなった『日本万国博　お祭り広場建設の記録』は、同製作所による『佐久間ダム』以来の手法を踏襲したものである。つまり、かつて巨大ダムや原子力発電所の建設記録映画と同じように、丁寧な説明と図解、そして俯瞰的な視界や客観性を重視した映像が重ねられていく。しかし、五〇年代のダム建設と七〇年の大阪万博会場の建設の位相は根本的に異なる。過剰なまでに詳しく建設の諸段階について説明を重ねていくナレーションは、もはや当事者以外には何の感動も呼ばないし、正直、耳障りでしかない。それまでの記録映画手法が無批判に踏襲された大阪万博の記録映画が示しているのは、皮肉にも記録映画の時代がもはや確実に終わった事実なのである。

私たちは三巻本の『記録映画アーカイブ』シリーズを、記録映画としての『佐久間ダム』を再論するところから始め、大坂万博のパビリオンを彩った映像技術を振り返るなかで閉じる。後者は、厳密に言えば「記録映画」ではない。むしろ後者のような映像が、記録映画よりもはるかに魅力的なものと感じられ、逆に岩波映画製作所による記録映画が、もはや色あせたものとしてしか感じられなくなる時代が来たことは、岩波映画的な意味での「記録映画」というジャンルの終焉を意味していたのである。記録映画の時代とは、日本では早ければ一九三〇年代、「文化映画」の時代に始まっていたとも考えられるが、本格的な開始は、本シリーズの第一巻が示すように五〇年代である。そして、その時代が終わるのは一九七〇年代、大阪万博を契機とした映像の氾濫のなかでのことだった。

もちろん、ドキュメンタリー映画全体が、七〇年代以降に衰退に向かったのではまったくない。岩波映画製作所出身の土本典昭や黒木和雄は、それぞれの領域で二〇〇〇年代までドキュメンタリー映像作家として活動を続けるし、羽田澄子は八〇年代以降、独自の世界を開拓し、羽仁進は軽やかにジャンルを越境しながら精力的な活動を続けてきた。この三巻本のシリーズにまとまる記録映画アーカイブ・プロジェクトも、羽仁や羽田、故人となった時枝俊江らの協力がなければあり得なかった。その後のこれらの人々の活動を含めたドキュメンタリー映画の潮流は、今も息づき続けている。だが、それにもかかわらず本シリーズが対象としてきた〈岩波映画的なるもの〉は、たしかに一九七〇年の大阪万博をもってその歴史的使命を終えるのである。

大阪万博における映像の氾濫は、そうした時代の先駆けでもあり、時代のあだ花でもあった。先駆けというのは、その後のテレビ全盛の時代を経て今日のネット動画やヴァーチャルリアリティまで、大阪万博が予言した通り社会の隅々まで映像が氾濫し続けたからである。他方、あだ花と言うのは、そのような映像万博のなかで突出していた松本俊夫や勅使河原宏の境界侵犯的な試みが、直接的な後継者を万博後に生んでいったようには思われないからである。彼らの前衛的な実践は、一九五〇年代の前衛や六〇年代のカウンターカルチャーとの結びつきが強く、七〇年代以降の消費社会のなかで埋もれていった。これはしかし、万博がそもそも資本主義のイデオロギー装置であり、万博後の日本が経験するのはその資本主義の現代的様態である消費社会の徹底であった以上、致し方のないことだったのかもしれない。しかし、そうしたポスト大阪万博の七〇年代、土本監督はライフワークとなる水俣病をテーマにした一連のドキュメンタリー製作を始め、黒木監督は『竜馬暗殺』や『祭りの準備』などのATG映画を撮っていた。羽田監督が『早池峰の賦』や『痴呆性老人の世界』を世に出すのは八〇年代である。他方で羽仁監督は、いち早く六〇年代末から七〇年代にかけてアフリカに向かっていた。水俣、幕末、早池峰、アフリカといった点在する時空をつないでみれば、ポスト〈岩波映画的なるもの〉がどこに向かうベクトルを持っていたかが透けて見えてくる。大阪万博につきあう愚かさを巧みにすり抜けつつ、近代日本国家の外部に向けてまなざしを届かせていく動きがあった。それはまた、戦後日本の映像表現がポスト戦後時代に向けて内包していた最良の可能性であったようにも思う。

参考文献

椹木野衣「岡本太郎――塔にひきよせられるひとびと」、吉見俊哉ほか編『ひとびとの精神史』第5巻、岩波書店、二〇一五年
倉林靖『岡本太郎と横尾忠則』白水社、一九九六年
暮沢剛巳「万博と原子力――アトミウムから『太陽の塔』へ」、暮沢剛巳・江藤光紀『大阪万博が演出した未来――前衛芸術の想像力とその時代』青弓社、二〇一四年、九〇―九一頁

終章　記録映画保存センターの活動成果と今後の課題

村山英世

1　はじめに

記録映画保存センターは、二〇〇八年七月、記録映画製作会社の出身者三名により、準備会としてスタートしました。二〇〇九年一月に一般社団法人となり、以後、記録映画を中心としたフィルムの保存活動を行っています。

これまでに、多くの企業や団体等から抱えきれなくなったフィルムを受け入れ、東京国立近代美術館フィルムセンター（二〇一八年四月一日より国立美術館国立映画アーカイブになる、以下、国立映画アーカイブ）への寄贈を行ってきました。私たちが窓口となり国立映画アーカイブへ寄贈されたフィルムの総本数は、二〇一七年三月現在で一万本を超えています。

また、記録映画保存センター発足当時から、現像所が抱える引き取り手のなくなったオーファン（孤児）フィルムの問題についても、専門家を交え議論を重ねてきました。

二〇一四年から文化庁の支援を得て映画フィルムの保存に関わる全国調査を実施しており、フィルムの発掘にも力を入れています。

以下では記録映画保存センターのこれまでの活動成果を紹介します。

表1　「記録映画の保存・活用研究会」が推計したフィルム数（2007年12月）

	本数	推計根拠
製作会社保管	40,000	製作会社聞き取り推計（原版）
企画会社保管	10,000	上場会社1,677社の活動から推計
自治体保管	20,000	自治体数から推計
現像所保管	50,000	現像所聞き取り数（原版）
個人等	10,000	コレクター等の推計
総　計	130,000	

2　記録映画の保存・活用研究会から記録映画保存センターへ

記録映画保存センターが発足する以前の二〇〇七年六月、多くの映像メディアがデジタルに移行していく中で、戦後の日本を記録した貴重なフィルムが急速に失われていく現状を憂えた研究者、映画製作者、保存機関、現像所、マスコミ関係者、弁護士等が、個人の立場で東京大学大学院情報学環の吉見俊哉教授のもとに集まりました。ここに「記録映画の保存・活用研究会」が発足し、フィルムの保存活動が始まったのです。

研究会はまず、フィルムの置かれている現状を確認するため、フィルムがどこにどの程度あるのかを映画製作会社や現像所に対して聞き取り調査を実施しました（表1）。また、保存・利用を妨げている原因を調べ、解決策等を弁護士も交えて検討しました。

近年、過去の記録映画の価値は高まっているものの、フィルムの保存は年々厳しくなっています。その大きな理由として保管環境の問題があげられます。フィルムの寿命は常温で五十年程度とも言われています。現存する多くのフィルムは常温保管しているため劣化が進行しており、このままではやがて複製も映写機にかけることができなくなってしまいます。

そこで、世界でもトップクラスのフィルム専用保存庫を持つ国立映画アーカイブでの保存をお願いすることを考えました。

国立映画アーカイブに原版の所有権を寄贈することで、フィルム所有者の経済的な負担が解決できます。その寄贈の手助けを記録映画保存センターが肩代わりすることで寄贈が促進するのではないかと考えました。実務は事務局スタッフを中心にボランティアで行う保存活動を開始したのです。

3　岩波映画作品の権利処理

活動を開始した直後に行った業務のひとつに、岩波映画製作所（以下、岩波映画）の作品（約四千本）の権利処理があります。

岩波映画製作所は戦後の日本を代表する記録映画製作会社で多くの映画人も輩出しましたが、一九九八年十二月に倒産しました。残されたフィルムはデジタルコンテンツとしての利用を考えた日立製作所に買い取られました。その後作品の著作権・所有権の帰属が不明確なままで、二〇〇八年に同社から東京大学と東京藝術大学に寄贈されました。

両大学にフィルムの保管庫はなく、寄贈されたフィルムは、国立映画アーカイブへ再寄贈することで、初めて安全な場所で長期保存されることになります。しかし国立映画アーカイブにフィルムを受け入れてもらうためには所有権を明確にする必要があります。岩波映画の管理運営を任された記録映画保存センターがその権利処理にあたることになり私たちはその確認作業に約三年間を費やしました。

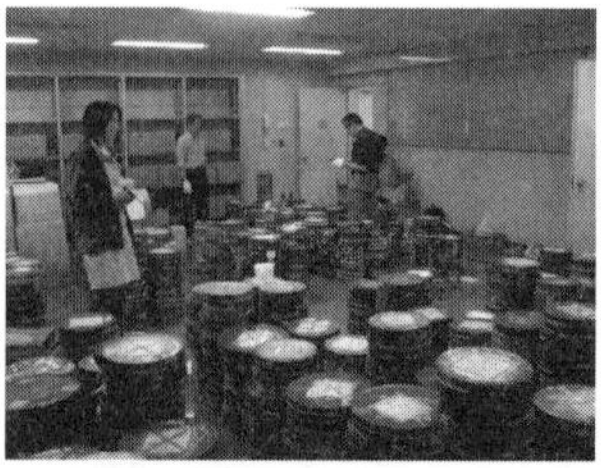

図1　仮置室でのフィルム整理

図2　フィルム検査

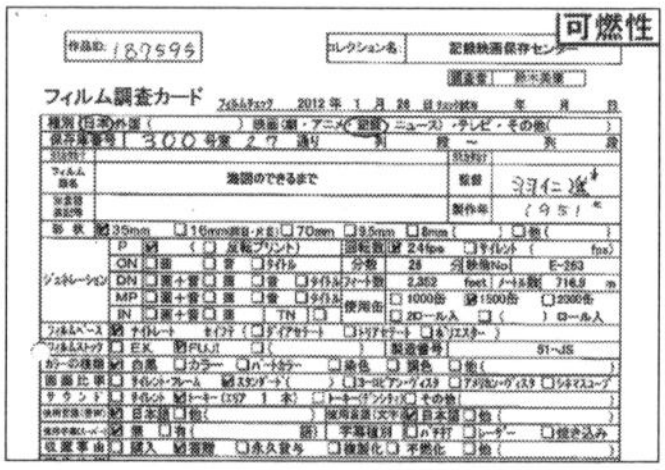

図3　フィルム調査カード

図4　フィルム保管庫

4　国立映画アーカイブへの寄贈

寄贈が決まったフィルムはどのような手続きと流れで国立映画アーカイブに送られ、保存されるのでしょうか。

まず初めに私たちは、寄贈者から提供を受けた作品の題名リストを国立映画アーカイブに送り、寄贈についての同意を得ます。

国立映画アーカイブから正式に受け入れ可能の連絡を受けたのち、京橋もしくは相模原市にある国立映画アーカイブ相模原分館にフィルムを届けます。搬入したフィルムは、いったん相模原分館の仮置室に保管されて、その後国立映画アーカイブの職員の手により検査室でフィルムの状態等が詳しく調べられ、記録されます。そして検査が終了すると新しい缶に入れられ、低温低湿度に保たれた保存庫に入庫されます。また、可燃性フィルムについては別の場所にある専用倉庫に保管されます。

最後に寄贈者に受領書が渡され、寄贈手続きが完了します。

寄贈者のみが寄贈フィルムをいつでも借り出すことができま

図5　毎月開催された研究会

図6　保有者、保管者、利用者三者連携をめざした記録映画保存センターのロゴ

す。

現在、記録映画保存センターでは、このような手続きを踏み、岩波映画をはじめ、日本映画新社、英映画社、記録映画社、桜映画社、東京文映等二十社のフィルムを国立映画アーカイブでの寄贈保存を実現しています。

5　オーファンフィルムの存在

さて、フィルムの保存活動を行っていく上で大きな問題のひとつがオーファンフィルムです。オーファンフィルムとは、所有権者や著作権者が不明となってしまったフィルムを指します。二〇〇七年の研究会の調査時点で、日本には所有権不明のオーファンフィルムが現像所に大量にあることがわかりました。製作会社の映画フィルムを現像所が長年の商習慣で、無償で預り続けてきたのです。時代とともに製作会社の数は減り、返却先がなくなったオーファンフィルムは増え続けていきました。預かっている立場の現像所に、廃棄や寄贈、活用といった権利はなく、高額な倉庫料を負担し続け保管しているのが実情です。しかも現像所の所有するオーファンフィルムは基本的にオリジナル原版で、文化的・資料的価値の高い作品も多く含まれている可能性があります。そこで、私たちは「映画フィルム保存法検討会」を立ち上げ、オーファンフィルムを抱える各現像所と、各分野の専門家との間で解決に向け議論を重ねてきました。しかし、新しい法律を作って保存することはハード

図8　教室でのミニワークショップ

図7　福武ホールでのワークショップ

ルが高いことからなかなか前に進まず、現在も未解決のままです。

6　保存されたフィルムの活用

フィルムの保存活動を続けていると、保存を推進するためにはフィルムを再活用していくことが重要であることに改めて気づきます。どんなに保存価値があると訴えても、活用事例がないと説得力がありません。

その活用事例の一例として、東京大学大学院情報学環の丹羽美之研究室が主体となって運営する「記録映画アーカイブ・プロジェクト」の連続ワークショップ（研究上映会）があります。二〇〇九年二月から年に二、三回のペースで開催されており、記録映画保存センターも企画運営に参加しています。東京大学・東京藝術大学が寄贈を受けた岩波映画を中心に、その回ごとのテーマに沿った作品を上映し、各分野の専門家を招いて話をうかがう、研究上映会形式のワークショップです。このワークショップには、学生、研究者、一般人、映画関係者と、毎回幅広い層の人たちが参加しています。(1)

古い映画を、新しい眼で学び直すこのワークショップを支えているのは、豊富な記録映画アーカイブの存在です。(2)

アーカイブフィルムの多くはネガフィルムで直接上映できないため、スポンサーにあたる企業にデジタル化を促したり、放送番組等に資料映像として部分的に提供したり、あるいは映画祭等に貸し出したりしてデジタル化をしています。こうした業務で得た収

図９　『カラーでよみがえる東京』

図１０　『夢と憂鬱　吉野馨治と岩波映画』

図１１　『表現に力ありや　「水俣」プロデューサー、語る』

入は、フィルムのさらなる保存活動にあてています。

以下は記録映画保存センター提供のフィルムを多く使用して作られた作品です。

『カラーでよみがえる東京』（**監督：岩田真治、二〇一五年**）

大正六年に撮影された「東京見物」を構成の柱に白黒フィルムをカラー化して東京の街の変遷を新しい視点で描いたＮＨＫテレビ番組。菊池寛賞受賞作品。

その他、デジタル化されたフィルム映像を再活用する作品製作の試みも行ってきました。利用された部分映像は元の作品から資料として完全に分離され、別の創作物となりました。

『夢と憂鬱　吉野馨治と岩波映画』（**監督：桂俊太郎、二〇一一年**）

岩波映画の創業者の一人である吉野馨治の仕事を資料映像で構成した作品。文化庁文化記録映画賞優秀賞。

『表現に力ありや　「水俣」プロデューサー、語る』（**監督：井上実、二〇一六年**）

水俣病を告発した土本典昭監督の映画作りをプロデュ

ーサーとして支えた高木隆太郎の記録映画にかけた情熱を、本人の語りと資料映像で構成した作品。二〇一七年『キネマ旬報』ベストテン文化映画四位。二〇一七山形国際ドキュメンタリー映画祭特別招待作品。

7　全国フィルム所蔵調査

保存活動を開始して以来、製作会社のフィルムの保存は順調に進みました。

二〇一四年の夏、文化庁より美術館・博物館の活動を支援する補助事業の案内があり、これに応募しました。すでに、二〇〇七年に吉見俊哉教授のもとで映画現像所や製作会社に残されているフィルム本数（オリジナル原版）について聞き取り調査を行っていましたが、フィルムはそれ以外にもさまざまな場所で保管されていることが推察されるため、大規模なフィルム所蔵調査を行う必要があると考え、全国的なフィルム調査事業の支援を文化庁に申請しました。幸い補助事業として認められました。

本調査は日本の文化施設を対象に、二〇一四年（平成二十六年）の秋から開始しました。

（a）調査票集計

初年度（平成二十六年度）は、規模の大きな美術館や博物館、公文書館、視聴覚ライブラリー等一千三百九十八カ所に調査票を送りました。(3)

送付先の選定や調査票の質問項目等については関係団体や専門家の意見を参考にしました。また、郵送で一方的に送るアンケート方式の回答率を高めるため、締切日にゆとりを持たせるなど、さまざまな工夫を凝らして、回答をお願いしました。（表2）現地調査は十五カ所で実施しました。

表 2　平成 26 年度第 1 回フィルム所蔵調査

送付先	発送数	回答数	回収率	所蔵施設数	所有率	所蔵総本数
博物館	865	515	59.5%	175	34.0%	32,076
美術館	267	163	61.0%	34	20.9%	1,070
視聴覚ライブラリー	169	109	64.5%	105	96.3%	126,573
公文書館他	97	62	63.9%	27	43.5%	6,246
総　計	1,398	849	60.7%	341	40.2%	165,965

表 3　平成 27 年度第 2 回フィルム所蔵調査

送付先	発送数	回答数	回答率	所蔵施設数	所有率	所蔵総本数
博物館	1,685	820	48.7%	128	15.6%	7,220
美術館	293	136	46.4%	8	5.9%	235
視聴覚ライブラリー	325	117	36.0%	97	82.9%	21,181
図書館	1,206	643	53.3%	96	14.9%	16,574
公民館	594	185	31.1%	13	7.0%	567
総　計	4,103	1,901	46.3%	342	18.0%	45,777

表 4　平成 28 年度第 3 回フィルム所蔵調査

送付先	発送数	回答数	回答率	所蔵館数	所有率	所蔵総本数
一般企業	712	65	9.1%	18	27.7%	4,293
各種法人	97	24	24.7%	9	37.5%	642
地方自治体	49	30	61.2%	15	50.0%	5,747
NHK（地方局を含む）	54	11	20.4%	1	9.1%	110,000
民間放送局	138	70	50.7%	30	42.9%	138,819
記録映画製作会社	35	10	28.6%	10	100.0%	18,056
その他	8	8	100.0%	7	87.5%	5,613
総　計	1,093	218	19.9%	90	41.3%	283,170

平成二十七年度の調査は小規模美術館・博物館・図書館、視聴覚ライブラリー等、四千百三ヵ所に調査票を送付しました。（表3）現地調査は二十一ヵ所で実施しました。

平成二十八年度の調査はNHKも含めた全放送局、過去に映画企画をした一般企業、映画製作会社等、千九十三ヵ所に調査票を送付しました。（表4）現地調査は二十八ヵ所で実施しました。

この年の回答率は一九・九パーセントにとどまりました。その原因は調査先の多くを占めた大企業の回答率が極端に悪かったためです。調査票が担当者まで届いていないか、担当者がフィルムの存在そのものを知らないためと推測しました。NHKは埼玉県川口市にあるNHKアーカイブスにフィルムが集中しています。民間放送局はフィルムで撮影されていた時代のニュース素材や番組を多く所蔵し、一般企業はかつて委託製作したPR映画の一六ミリプリントを所蔵していました。

（b）現地調査

現地調査は、古い年代のフィルムを所有している施設、多くのフィルムを抱えている施設、未整理で保存方法に悩んでいる施設等を中心に訪ねました。その結果、アンケートだけでは得られない問題点等も明らかとなりました。フィルムの状態は、北の地方へ行くほど良い場合が多く、高温多湿の南の地方に行くほど劣化が激しいこともわかってきました。フィルムにも南北問題が存在しているようです。

直接会って話をすることで、担当者にフィルムの保存や活用に関する意識を持ってもらうこともできました。さらに、先方の相談には可能な限り応じました。

表5　3年間のフィルム所蔵調査合計（2017年5月現在）

調査票送付先	発送数	回答数	回収率	所蔵施設数	所有率	所蔵総本数	備　考
博物館	2,550	1,335	52.4%	303	22.7%	39,296	26、27年度調査
美術館	560	299	53.4%	42	14.0%	1,305	26、27年度調査
視聴覚ライブラリー	494	226	45.8%	202	89.4%	147,754	26、27年度調査
公文書館他	97	62	63.9%	27	43.5%	6,246	26年度調査
図書館	1,206	643	53.3%	96	14.9%	16,574	27年度調査
公民館	594	185	31.1%	13	7.0%	567	27年度調査
一般企業	712	65	9.1%	18	27.7%	4,293	28年度調査
各種法人	97	24	24.7%	9	37.5%	642	28年度調査
地方自治体	49	30	61.2%	15	50.0%	5,747	28年度調査
NHK（地方局含む）	54	11	20.4%	1	9.1%	110,000	28年度調査
民間放送局	138	70	50.7%	30	42.9%	138,819	28年度調査
記録映画製作会社	35	10	28.6%	10	100.0%	18,056	28年度調査
その他	8	8	100.0%	7	87.5%	5,613	28年度調査
総　計	6,594	2,968	45.0%	773	26.0%	494,912	＊国立映画アーカイブ所蔵除く

（c）デジタル化

また調査の一環として、現地で確認したフィルムの中からこれまで七十本をデジタル化し、フィルムの劣化具合や映像内容を確認しました。同時代に製作されたフィルムでも施設の保存環境や担当者のフィルムへの理解度によりフィルムの劣化に大きな違いがありました。保存状態が良ければ昭和初期のフィルムでもデジタル化に問題はありませんでした。

調査終了後、フィルムはDVDに複製して所有施設に戻しました。調査で発見された可燃性フィルム、また希少性の高いと思われるフィルムについては、国立映画アーカイブへの寄贈を促しました。

8　フィルム所在調査のまとめ——見えてきた問題点と今後の課題

三年間の調査結果から記録映画の保存や活用における問題点と課題が明らかになりました。表5は三年分の調査を合計したものです。

調査全体で四十九万本のフィルムのほとんどが使用

されていない状態で残されていました。この膨大な数字は二〇〇七年に「記録映画の保存・活用研究会」で推計した十三万本をはるかに上回ります。その数の違いは当時の調査対象がオリジナルネガ原版をメインとしていたのに対し、今回のフィルムは大部分が上映用の複製物（プリント）であったためと思われます。ただ、調査作品の一部一千六百十本を国立映画アーカイブが所蔵する三万タイトルと題名照合をした結果、同題名作品は二五パーセント程度しか国立映画アーカイブに所蔵されていませんでした。

多くの製作会社が消滅している現状を踏まえると七五パーセントのフィルムはオリジナル原版が不明と推定されます。つまり、複製プリントの姿でしかこの世に現存していないとも考えられるのです。特に、戦前から一九七〇年頃までに製作された作品は大変貴重であると思われます。

回答のあった二千九百六十八施設の内、七百七十三施設（約二六パーセント）にフィルムが所蔵されていることから、未回答の施設にもまだかなりのフィルムが存在していると推測されます。重複タイトルを除くと、日本に現存する記録映画の総数は六十万タイトル（国立映画アーカイブ所蔵を含む）以上あると思われ、廃棄も年々進んでいるため一刻も早い対策が望まれます。

（a）施設別の問題点

・美術館／博物館／公文書館

寄贈や移管を受けたフィルムを常温の保管庫で管理している施設が多く見受けられました。フィルムに詳しい担当者は少なく、映像内容を確認するために高額なデジタル化の費用を投じることは困難であるという意見が多く聞かれました。フィルムの劣化は進んでいるものの、やむを得ず現状のまま保存という施設が大半でした。フィルムが映写機にかからなくなってしまう前に対策を講じる必要があります。

・図書館／視聴覚ライブラリー

全国には、一九五五—七五年を中心に販売された一六ミリの教材プリントを数千本という単位で保存している視聴覚ライブラリーが複数あります。現在はほとんど活用されておらず、廃棄となるケースも年々増え続けています。DVDに複製するにも著作権の問題があり、製作会社が現存していなければ許諾を得ることも困難です。しかしこれらの複製プリントの中にも、すでにその基となるネガ原版が消滅している貴重な作品も含まれていることがあります。

・一般企業／各種法人団体／地方自治体等

過去に委託製作したPR映画、ニュース映画等の映写用プリントを保管し続けている、という企業や自治体は複数ありました。しかしその作品の基となるネガ原版については、通常は製作会社が管理しているため今現在どうなっているのかを把握できているところは少ないようです。製作会社が消滅している場合、ネガ原版は返却先のないオーファンフィルムとなり、現像所の倉庫に置かれたままになっている可能性もあります。

・NHK／民間放送局

放送局の多くは現在、番組やニュース素材のデータファイル化を進めています。フィルム撮影されていた時代の映像はすでにビデオ化され、その時点でフィルムを廃棄したという放送局も多くありました。フィルムの情報量はビデオテープより多いといわれていますが、フィルムを残している場合でも、手間やコストの問題からデータファイル化は複製したビデオテープから行っている場合が多いようです。また現在、フィルムを扱える人がほとんど残っておらず、OBの方がフィルム整理を行っているという放送局も複数見受けられました。また、放送局には、取材等で入手した開局前の時代のフィルムが保存されていることもあり、これらは資料映像として活用されています。

・記録映画製作会社

記録映画を製作してきたプロダクションの多くは、前述のように現像所にネガ原版を預けたままにしていました。近年、現像所がそれらのフィルムの返却を進めていることから、引き取ったフィルムを有料の倉庫へ預ける、もしくは国立映画アーカイブへ寄贈する、などの対応をとっている会社が多くみられます。デジタル化できていないフィルム作品は、視聴するにも費用がかかり、なかなか活用に結びつけることができない状況となっています。

（b）今後の課題

三年間（二〇一四―一六年）の調査で明らかになった課題を整理すると次のようになります。

①文化施設の所蔵フィルムの統一した目録を作成し、共同利用を図る。
②所蔵フィルムの目録をウェブ上で検索可能にする。
③低価格でのフィルムのデジタル化を実現する。
④文化施設の担当者に対し、フィルム保存やデジタル化等の情報提供をする。
⑤未整理フィルムの整理と可燃性フィルムの安全な保管を推進する。
⑥オーファンフィルムへの対策を進める。

9　記録映画再活用の試み

今回の調査結果も踏まえて過去の記録映画フィルムが今後どのようにしたら再活用できるのか、その実践をいくつか試みました。

（a）所蔵作品の目録化と検索データベース（http://kirokueiga-hozon.jp）

作品リストの提供を受けた三百九十施設九万六千六百三十六作品目録をデータ化し、その中で一般公開の承諾を得た二百二施設、三万八千六十六作品をウェブ上で検索できるデータベースを作成しました。この作品名は記録映画保存センターのホームページで検索できます。

これにより、フィルムを所有する施設と情報を共有できると共に、映像を探している研究者や放送局、映像製作会社等とフィルムを結びつけ、活用につなげていくこともできると考えます。

（b）チラシデータベース（http://kirokueiga-hozon.jp/）

教材用として販売されていた視聴覚フィルムの多くには、B5判のチラシが添付されていました。そこには映画のあらすじやスタッフ等の情報が盛り込まれていることが多く、映画利用の参考資料にもなります。二〇一五年の調査では、それらのチラシ二千百四十七作品をスキャンしてデータベース化しました。この情報も記録映画保存センターのホームページ上で検索することができます。

（c）作品検索のための各種資料のテキスト化

著作権の保護期間中にある作品をデジタル化するためには、著作権者を特定し、許諾をとらなければなりません。また、いつの時代に、どの製作会社が製作したかという情報は、その映像を利用するにあたり、常に必要となります。今回の調査で提供を受けた作品リストの大部分には、製作会社名や製作年が記載されていません。そのため、それらの手がかりとなりそうな映画祭や書籍資料から、可能な限りテキスト化し、照合作業の資料としました。

- 教育映画祭受賞作品（一九五四―二〇〇七年）一千九百十一タイトル
- 産業映画祭受賞作品（一九六二―八七年）九百六十七タイトル
- 『日本教育映画発達史』記載作品（一八九九―一九七五年）一千八百七十八タイトル
- 『PR年鑑』記載作品（一九四七―七〇年）三千四百三十五タイトル

10　おわりに

フィルム映画の多くが作られていた時代から半世紀以上たちました。現在、文化施設にあるフィルムの大部分は活用されていません。映像の活用形態がアナログからデジタルに切り替わり、フィルムのままではアクセスできなくなったのがその主な原因と考えられます。

映像に記録された情報を今後どのように活用するのか。これまでも映像の部分活用や教育活用は試みられてきましたが、それらは従来の活用方法の延長に過ぎません。

デジタル社会で過去の映像を再利用するための新しい見せ方が生まれなければ、映像は死蔵されたままになります。これからは保存されたフィルムをいかに活用できるかが活動の本当の価値になるのではないでしょうか。

謝辞

記録映画保存センターは、代表を務めていただいた小林宏一先生、羽仁進監督の下で九年間記録映画の保存活動を続けてきました。

これまで保存活動を支えていただいた吉見俊哉先生、丹羽美之先生、法律問題をサポートして頂きました山元裕子弁護士、立法相談をお願いしました上妻博明先生、柳与志夫先生、フィルムセンターの栩木章さん、岩波映画ＯＢの故・時枝俊江さんほか、ご支援ご協力いただきました関係者にこの場をお借りして心よりお礼申し上げます。

注

（1）記録映画保存センター上映実績

★東京大学大学院情報学環記録映画アーカイブ・プロジェクトワークショップ　（2009.2 ～ 2014.3）（※肩書は当時）

	会場　東大　福武ホール他			
	テーマ	日時	上映作品	登壇者
1	岩波映画の１億フレーム	2009.2.14	岩波映画ダイジェスト	羽仁進（元・岩波映画監督） 中村秀之（立教大学） 鳥羽耕史（徳島大学） 筒井武文（東京藝術大学） 桂英史（東京藝術大学） とちぎあきら（フィルムセンター） 藤岡朝子（山形国際ドキュメンタリー映画祭） 丹羽美之（東京大学）
2	①イメージとしての開発 ～岩波映画・佐久間ダムを見る～	2009.5.23	「佐久間ダム第１部」 「佐久間ダム総集編」	藤井仁子（早稲田大学） 町村敬志（一橋大学） 小村静夫（元・岩波映画カメラマン）
3	②たのしい科学	2009.10.18	「凸レンズ」	牧衷（元・岩波映画プロデューサー）

	～岩波映画の理科教室～		「冷蔵庫」 「ものの燃える速さ」	岡田秀則（フィルムセンター） 佐倉統（東京大学） 長谷川智子（中学理科講師） 櫻井順子（高校理科講師）
4	③おかあさんの民主主義 ～岩波映画にみる昭和30年代のくらし～	2010.3.14	「村の婦人学級」 「町の政治――勉強するおかあさん」 「映画にみる母親像ダイジェスト」	中村秀之（立教大学） 斎藤綾子（明治学院大学） 吉見俊哉（東京大学） 羽田澄子（元・岩波映画監督） 時枝俊江（元・岩波映画監督）
5	④高度経済成長と地域イメージ ～岩波映画「日本発見」を見る～	2010.10.11	「東京都」土本典昭版 「東京都」各務洋一版 「群馬県」黒木和雄版 「群馬県」羽仁進版	若林幹夫（早稲田大学） 筒井武文（東京藝術大学） 吉原順平（元・岩波映画プロデューサー）
6	⑤社会科映画と日本の民主化 ～発見された常総市コレクション～	2011.3.6	「わが街の出来事」 「はえのいない町」 「伝染病との闘い」 「町と下水」	中村秀之（立教大学） グレゴリー・フルークフェルダー（コロンビア大学） 藤瀬季彦（元・岩波映画カメラマン）
7	⑥いま、記録映画を生きなおす	2011.6.19	「夢と憂鬱――吉野馨治と岩波映画」	中村秀之（立教大学） 筒井武文（東京藝術大学） 鳥羽耕史（早稲田大学） 桂俊太郎（記録映画監督）
8	⑦原子力発電と安全神話 ～原発ＰＲ映画を見る～	2011.10.30	「東海発電所の建設記録」 「原子力発電所と地震」 「海岸線に立つ日本の原子力発電所」 「いま原子力発電は…」	藤本陽一（早稲田大学名誉教授） 吉見俊哉（東京大学） 羽田澄子（元・岩波映画監督）
9	原子力発電と安全神話 ～原発ＰＲ映画を見る～	2011.12.17	「東海発電所の建設記録」 「原子力発電所と地震」 「海岸線に立つ日本の原子力発電所」	橋浦洋志（茨城大学） 木村競　（茨城大学） 村山英世（記録映画保存センター）

			「いま原子力発電は…」	
10	⑧空に、地下にのびる都市 ～東京オリンピック前の建設記録映画～	2012.6.17	「東京タワーの建設記録」 「空にのびる街」 「銀座の地下を掘る」	伊藤滋（東京大学名誉教授） 鳥羽耕史（早稲田大学） 西村健治（元・日本映画新社カメラマン）
11	⑨フィルムを捨てないで！ ～記録映画の保存と活用～	2013.1.26	「東京見物」 「近郊武蔵野」 「東京ヒットソング」 「路地のある街」 「This is Tokyo]	福井健策（弁護士） とちぎあきら（フィルムセンター） 山元裕子（弁護士） 上妻博明（元・衆議院法制局参事） 村山英世（記録映画保存センター）
12	⑩戦後史の切断面（1） ～過疎・開発・公害の記録～	2013.7.7	「忘れられた土地」 「水俣の子は生きている」 「汚水カルテ」	栗原彬（立教大学名誉教授） 四宮鉄男（映像作家） 角田拓也（イェール大学大学院生）
13	⑪戦後史の切断面（2） ～ 1968・映像のコミューン～	2013.11.24	「ニュース映画で見る 1969 年 1 月東大安田講堂の攻防」 「おきなわ――日本 1968」 「死者よ来たりて我が退路を断て」 「'69・6・15」 「地下広場」	井坂能行（元・岩波映画監督） 北村隆子（元・日本映画新社監督） 水野征樹（作品カメラマン） 長崎浩（評論家） 筒井武文（東京藝術大学）
14	⑫戦後史の切断面（3） ～万博とアヴァンギャルド～	2014.3.1	「ニュース映画で見る万博」 「希望・光と人間たち」 「1 日 240 時間」 「スペース・プロジェクション・アコ」	暮沢剛巳（東京工科大学） 坂口康（展示監督、元・岩波映画） 友田義行（信州大学） 筒井武文（東京藝術大学）

参加者総数　2682 名　　上映作品総数　46 作品　　登壇者総数　57 名

★記録映画研究上映会（2009.4 ～ 2012.11）
＊制作者等を招いた小規模の研究上映会（主催　記録映画保存センター　会場　21 コーポレーション他）

1	「佐久間ダムの水脈」	2009.4.24	「佐久間ダム第 1 部」	小村静夫（元・岩波映画カメラマン）
2	「岩波映画を作った男――吉野馨治の憂鬱」	2009.6.26	「雪の結晶（戦前編、戦後編）」・「法隆寺」（戦前編）	吉原順平（元・岩波映画プロデューサー）

3	「岩波の科学映画の魅力」	2009.8.28	「凸レンズ」「二本足のコマは立たない」「ものの燃える速さ」「とぶ」	牧衷（元・岩波映画プロデューサー）
4	「地域のくらしを描く」	2009.12.11	「町の政治」「結城紬」	時枝俊江（元・岩波映画監督）
5	「農家の嫁」	2010.2.3	「村の婦人学級」「古代の美」	羽田澄子（元・岩波映画監督）
6	「羽仁進監督と岩波映画初期作品」	2010.5.28	「海図ができるまで」「生活と水」	羽仁進（元・岩波映画監督）
7	「東陽一さんが語る黒木和雄監督」	2010.7.27	「恋の羊が海いっぱい」	東陽一（元・岩波映画監督）
8	「発見された教材映画」	2010.11.19	「産業と電力」「町と下水」	藤瀬季彦（元・岩波映画カメラマン）
9	「三木茂と三木映画社」	2011.10.19	「火事をなくす仕組み」「警察の仕事」「電信の働き」「漁村のくらし」	岡田秀則フィルムセンター
10	「時枝さんの作品を見る」	2012.5.10	「ケンチャンたちの音楽修行」「ぶんきょうゆかりの文人たち」	坂口康（元・岩波映画）
11	「企業の保有作品を見る」	2012.11.16	「コメットさん」「近郊武蔵野」「ひばりのアンコール娘」	増田博雄（製作）・山際永三（監督）

★東京大学大学院情報学環記録映画アーカイブ・プロジェクト・ミニワークショップ（2014.9～　）
＊これまでのワークショップと研究会を統合した研究上映会

1	第1回「テレビと記録映画」	2014.9.26	「ハローCQ」「わが輩はニッポン人」	羽仁進（元・岩波映画監督）
2	第2回「カラーでよみがえる白黒映画」	2014.12.12	「カラーでよみがえる東京」	岩田真治（NHKディレクター）
3	第3回「関東大地震の記録」	2015.3.4	「大震災」「関東大震災」	大澤浄（フィルムセンター）
4	第4回「記録映画の4K変換」	2015.6.19	4K「法隆寺」	小野定康（元・慶應義塾大学）
5	第5回「64年東京オリンピックと建築」	2015.11.27	「国立競技場」「かわった形の体育館」「東京オリンピックニュース」	南後由和（明治大学）
6	新作記録映画特別上映会	2016.4.29	「表現に力ありや――「水俣」プロデューサー語る」	高木隆太郎（元・映画プロデューサー）
7	第6回「アマチュア・フィルムの保存と活用」	2016.5.13	「牛込区郷土映画」「昭和8年の東京見物」	松本篤（東京大学大学院生）
8	第7回「満洲の旅～ホームムービーから観光映画まで」	2016.12.1	「後藤新平家ホームムービー」「満洲の旅」「娘々廟会」	高媛（駒澤大学）
9	第8回「物語としてのPR映画～企業がつくり上げる「わたし」と「あなた」」	2017.4.29	「みち子の夢」「おやじの日曜日」	河炅珍（東京大学）
10	第9回「戦争を描かなかった文化映画」	2017.9.29	「或る保姆の記録」「雪国」	マーク・ノーネス（シカゴ大学）

（2）寄贈製作会社一覧（二〇一七年六月現在）

岩波映画製作所・日本映画新社・記録映画社・英映画社・桜映画社・東京文映・シブイフィルムス・古賀プロダクション・東京カラーフィルム・トマトメディアネットワーク・ファースト教育映画社・日本シネフィルム研究所・科学映画製作所・ケルン企画・横山映像工房・文化工房・大峠プロ・放送番組センター・千葉テレビ・福島テレビ

（3）調査票

映像制作会社等における映画フィルムの保存　実態調査票　＊ビデオ作品は除きます

平成　　年　　月　　日

会社名		所在地				
ご記入者名		部署等		お電話番号		Eメールアドレス

ご所有の映画フィルムについて質問いたします。チェックボックスに印をつけてご回答ください。（複数回答可）

1.フィルムの所有	□ 有　（総数　　　本）　　□ 無	有 を選択された方は以下のご回答を、無 の選択をされた方は末尾欄へのご記入をお願いいたします。
2.フィルム種類	□ ネガフィルム　　□ ポジフィルム（プリント）	
3.フィルム種別・本数	<種別> □ 8mm □ 16mm □ 35mm □ その他（　　　mm）	<本数>　おおよその数字でも構いません □ 1〜10　□ 11〜50　□ 51〜100　□ 101 〜200　□ 201以上　□ 未確認 □ 1〜10　□ 11〜50　□ 51〜100　□ 101 〜200　□ 201以上　□ 未確認 □ 1〜10　□ 11〜50　□ 51〜100　□ 101 〜200　□ 201以上　□ 未確認 □ 1〜10　□ 11〜50　□ 51〜100　□ 101 〜200　□ 201以上　□ 未確認
4.所蔵種類・本数	□ 受注制作映画 □ 放送番組 □ CM □ 自主制作映画 □ 他から入手したフィルム □ その他（ □ 不明	本数：＿＿＿＿本（主な内容：　　　） 本数：＿＿＿＿本（主な内容：　　　） 本数：＿＿＿＿本（主な内容：　　　） 本数：＿＿＿＿本（主な内容：　　　） 本数：＿＿＿＿本（主な内容：　　　） ）本数：＿＿＿＿本（主な内容：　　　）
5. 映像内容	□ 劇映画　□ 記録映画　□ ニュース映画　□ 教育教材　□ アニメーション　□ その他（　　　）	
6.所蔵フィルムの年代	□ 1945年以前　□ 1946〜1955年　□ 1956〜1970年　□ 1971〜1980年　□ 1981〜1999年　□ 2000年以降　□ 未確認	
7.作品データベース	□ 表計算ソフトで作成（ソフト名　　　）　□ データベースソフトで管理（ソフト名　　　）　□ 独自データベースに登録済み　□ 未着手　□ その他（　　　）	
8.フィルムの管理・担当	□ 制作部門（担当）　□ 総務部門（担当）　□ その他（　　　）　□ 担当部門、担当者なし	
9.保存場所	□ 職場内（具体的な場所：　　　）　□ 職場外（具体的な場所：　　　）	
10.フィルムの活用	□ フィルムを上映、貸出　□ビデオ化、デジタル化して閲覧　□テレビ局等へ素材提供（ライブラリー業務）　□パッケージ販売　□その他（　　　）　□現在活用なし	
11.フィルムのデジタル化	□ 有　（　　　本）　□ 無	
12.未デジタル化の理由	□ 著作権上の問題　□ 予算上の問題　□過去のフィルム作品について把握できていない　□ デジタル化を必要としていない　□ その他　（　　　）	
13.今後の管理	□ 現状のまま保管　□ 寄贈を検討　□ 廃棄を検討　□ その他　（　　　）	
14.提供可能な作品リスト	＊フィルム作品の一覧表（タイトル・分数・形状等・その他制作年等）　□ エクセルデータ　□ ワードデータ　□印刷物　□その他（　　　）　できましたらエクセルデータをご提供いただけると助かります。	

<フィルムに関するご意見、また、フィルムを寄贈、廃棄された場合の詳細について、可能な範囲でご記入ください。>

あとがき

本書は、東京大学大学院情報学環を拠点に活動している記録映画アーカイブ・プロジェクトの成果出版の第三弾であり、丹羽美之・吉見俊哉編『記録映画アーカイブ1　岩波映画の1億フレーム』（東京大学出版会、二〇一二年）、同編『記録映画アーカイブ2　戦後復興から高度成長へ　民主教育・東京オリンピック・原子力発電』（同、二〇一四年）の続編にあたる。

記録映画アーカイブ・プロジェクトは、もともと記録映画保存センターが、東京大学、東京藝術大学、東京国立近代美術館フィルムセンター（現在の国立映画アーカイブ）、映画現像所などの関係機関とともに進めてきた記録映画保存の運動の中から生まれた。同プロジェクトは平成二十二―二十五年度科学研究費補助金（基盤研究（B））「記録映画アーカイブに見る戦後日本イメージの形成と変容」（研究代表者：丹羽美之）の助成を受けている。

本書は、同プロジェクトが二〇一三年から二〇一四年にかけて開催した第九回から第十二回までのワークショップ（上映討論会）をもとに編まれた。ワークショップでの報告をもとに新たに論考を書き下ろしてくださったパネリストの方々にあらためて感謝の意を表したい。また土本典昭監督の貴重な論考の再録を快諾してくださったご遺族の土本基子さんにもこの場を借りてお礼を申し上げたい。さらに映画のDVD化にあたってご協力を頂いた放送番組センター、グループびじょん、草月会、記録映画保存センターにも謝意を表したい。

ワークショップの準備・運営では、記録映画保存センターの村山英世さん、浜崎友子さん、保科恵子さん、また東京大学大学院学際情報学府吉見研究室（当時）の山内隆治さん、丹羽研究室の大学院生の皆さんに大変お世話になった。皆さんの支えがなかったら、ワークショップの成功も本書の刊行もなかっただろう。こうした共同作業の成果を書籍として刊行できることを大変うれしく思っている。

最後に、前二巻に引き続き、本書の刊行に尽力してくれた東京大学出版会編集部の木村素明さんに心よりお礼を申し上げたい。書籍とDVDを組み合わせた画期的な本書を今回も無事に刊行することができたのは、木村さんの寛大な支援ときめ細やかな編集作業のお蔭である。

記録映画アーカイブ・プロジェクトの成果出版は、本書をもって一応の完結となる。しかし、記録映画保存センターを中心とする記録映画の保存活動は現在もなお進行中である。記録映画アーカイブ・プロジェクトでは、研究者向けに動画データベースを公開する準備も進めている。これらの活動と合わせ、本シリーズが貴重な記録映画を公共の財産として保存し、様々な活用への可能性を開く一助となれば幸いである。

二〇一八年四月

丹羽美之
吉見俊哉

さ　行

は　行

ま　行

や 行

ら 行

わ 行

作品名索引

た　行

な　行

は　行

ま　行

や　行

ら　行

わ　行

人名索引

あ 行

か 行

北村隆子（きたむら　たかこ）

1940年東京生まれ．1963年日本映画新社に契約社員として入社．『胃カメラの進歩』，『不思議なフィルム』，『千里ニュータウン』，『加賀友禅』などの脚本・演出を担当．69年グループびじょんで『死者よ来たりて我が退路を断て』を演出．

長崎　浩（ながさき　ひろし）

評論家．

著書に『叛乱論』（合同出版，彩流社［新版］），『叛乱の六〇年代』（論創社），『共同体の救済と病理』（作品社），『革命の哲学』（作品社），『リアルの行方』（海鳥社），『乱世の政治論』（平凡社新書），『摂政九条兼実の乱世』（平凡社）など．

筒井武文（つつい　たけふみ）

東京藝術大学大学院映像研究科教授．映画監督．

監督作品に『映像の発見＝松本俊夫の時代』，『自由なファンシィ』，『孤独な惑星』，『バッハの肖像』，『オーバードライヴ』，『ゆめこの大冒険』，編著に『女地獄・森は濡れた』（ワイズ出版），共編著に『女獄門帖引き裂かれた尼僧』（ワイズ出版）など．

坂口　康（さかぐち　やすし）

映像プランナー．

1940年東京生まれ．61年に岩波書店を経て岩波映画製作所入社．75年以後フリーランサー．85年イメージシステム参加．記録映画，産業映画の企画，脚本，演出をはじめ，博覧会・博物館・テーマパークなどの大型映像のプロデューサー，プランナーを多数担当した．2012年以降記録映画「福島生き物の記録シリーズ」（群像舎）製作支援に携わる．

友田義行（ともだ　よしゆき）

信州大学学術研究院教育学系准教授．専門は日本近代文学，映画研究．

著書に『戦後前衛映画と文学』（人文書院），共著に『越境する言の葉』（彩流社），『安部公房 メディアの越境者』（森話社），『映画と文学 交響する想像力』（森話社），『テクスト分析入門』（ひつじ書房）など．

暮沢剛巳（くれさわ　たけみ）

東京工科大学デザイン学部教授．専門はデザイン論，デザイン史．

著書に『オリンピックと万博』（ちくま新書），『エクソダス』（水声社），『世界のデザインミュージアム』（大和書房），『自伝でわかる現代アート』（平凡社新書），『現代美術のキーワード100』（ちくま新書），『美術館の政治学』（青弓社）など．

村山英世（むらやま　ひでよ）

記録映画保存センター事務局長．元映画・テレビ製作者．

製作作品に『おこんじょうるり』，『里山っ子たち』，『いのち耕す人々』，『死者の書』，『海女のリャンさん』，『ＨＡＺＡＮ』，『みすゞ』，『土の世界から』，『にっぽん洋食物語』など．

著者紹介（編者以外は執筆順）

丹羽美之（にわ　よしゆき）［編者］

東京大学大学院情報学環准教授．専門はメディア研究，ジャーナリズム研究．

共編著に『記録映画アーカイブ 1　岩波映画の 1 億フレーム』（東京大学出版会），『記録映画アーカイブ 2　戦後復興から高度成長へ』（東京大学出版会），『メディアが震えた　テレビ・ラジオと東日本大震災』（東京大学出版会）など．

吉見俊哉（よしみ　しゅんや）［編者］

東京大学大学院情報学環教授．専門は文化研究，社会学．

著書に『視覚都市の地政学』（岩波書店），『都市のドラマトゥルギー』（河出文庫），『博覧会の政治学』（講談社学術文庫），『カルチュラル・ターン，文化の政治学へ』（人文書院），『大学とは何か』（岩波新書），共編著に『記録映画アーカイブ 1　岩波映画の 1 億フレーム』（東京大学出版会），『記録映画アーカイブ 2　戦後復興から高度成長へ』（東京大学出版会）など．

土本典昭（つちもと　のりあき）

映画監督．1928-2008．

監督作品に『ドキュメント　路上』，『パルチザン前史』，『水俣　患者さんとその世界』，『水俣一揆　一生を問う人々』，『水俣レポートⅠ実録公調委』，『不知火海』，『医学としての水俣病』，『水俣病　その 20 年』『水俣の図・物語』，『水俣病　その 30 年』など．

中村秀之（なかむら　ひでゆき）

立教大学現代心理学部教授．専門は映画研究，文化社会学，表象文化論．

著書に『敗者の身ぶり』（岩波書店），『特攻隊映画の系譜学』（岩波書店），『瓦礫の天使たち』（せりか書房），『映像／言説の文化社会学』（岩波書店），共編著に『〈ヤミ市〉文化論』（ひつじ書房），『甦る相米慎二』（インスクリプト），『映画の政治学』（青弓社），共編訳書に『アンチ・スペクタクル』（東京大学出版会），共訳書に『メロドラマ映画を学ぶ』（フィルムアート社）など．

角田拓也（つのだ　たくや）

シカゴ大学映画メディア学科講師．専門は映画研究．
著書に *A Companion to Japanese Cinema*（分担執筆，Wiley-Blackwell，近刊），『日本戦前映画論集』（解題分担執筆，ゆまに書房），*Films That Work Harder*（分担執筆，Amsterdam University Press，近刊）など．

鳥羽耕史（とば　こうじ）

早稲田大学文学学術院教授．専門は日本近代文学．

著書に『1950 年代　「記録」の時代』（河出書房新社），『運動体・安部公房』（一葉社），編著に『安部公房　メディアの越境者』（森話社），共著に『杉浦明平を読む』（風媒社），共編著に『「サークルの時代」を読む』（影書房）など．

井坂能行（いさか　よしゆき）

岩波映画在籍，足掛け 33 年．演出，企画脚本，製作に携わる．のち，連携・協力関係のフリーを経て，岩波映像顧問．労組員として足掛け 25 年（事務局長，委員長，副委員長を歴任）．その間，60 年代後半から 70 年代，短編連合代表幹事．並行して，70 年代から，東京造形大学，日本工学院専門学校で講師，足掛け 39 年．映画・映像では地域文化，地域医療，人権等の分野に力を注ぎ，また小笠原の島で 10 作余．

記録映画アーカイブ3

戦後史の切断面

公害・大学闘争・大阪万博

2018年7月25日　初　版

［検印廃止］

編　者　丹羽美之・吉見俊哉

発行所　一般財団法人　東京大学出版会

代表者　吉見俊哉

153-0041 東京都目黒区駒場 4-5-29

http://www.utp.or.jp/

電話　03-6407-1069　Fax　03-6407-1991

振替　00160-6-59964

組　版　有限会社プログレス

印刷所　株式会社ヒライ

製本所　牧製本印刷株式会社

ISBN　978-4-13-003252-0　Printed in Japan